艺术体育
高校学术研究论著丛刊

乒乓球技战术诊断研究

肖丹丹　张晓栋　吴飞　主编

中国书籍出版社
China Book Press

图书在版编目(CIP)数据

乒乓球技战术诊断研究/肖丹丹,张晓栋,吴飞
主编．-- 北京：中国书籍出版社,2019.12
ISBN 978-7-5068-7636-0

Ⅰ．①乒… Ⅱ．①肖…②张…③吴… Ⅲ．①乒乓球运动－运动技术－研究 Ⅳ．① G846.19

中国版本图书馆 CIP 数据核字（2019）第 284582 号

乒乓球技战术诊断研究

肖丹丹　张晓栋　吴　飞　主编

丛书策划	谭　鹏　武　斌
责任编辑	毕　磊
责任印制	孙马飞　马　芝
封面设计	东方美迪
出版发行	中国书籍出版社
地　　址	北京市丰台区三路居路 97 号（邮编：100073）
电　　话	（010）52257143（总编室）（010）52257140（发行部）
电子邮箱	eo@chinabp.com.cn
经　　销	全国新华书店
印　　刷	三河市铭浩彩色印装有限公司
开　　本	710 毫米 ×1000 毫米 1/16
印　　张	18.25
字　　数	318 千字
版　　次	2021 年 1 月第 1 版　2021 年 1 月第 1 次印刷
书　　号	ISBN 978-7-5068-7636-0
定　　价	80.00 元

版权所有　翻印必究

编委会

主　编：肖丹丹　张晓栋　吴　飞

副主编（以姓氏拼音为序）：

　　　　郭文霞　国家体育总局体育科学研究所 博士后
　　　　钱　磊　西安工业大学 助教
　　　　熊金凤　国家体育总局体育科学研究所 博士后
　　　　薛瑞坤　吉林大学 副教授
　　　　周星栋　北京体育大学 博士

编　委（以姓氏拼音为序）：

　　　　曹爱斌　山西大学 副教授
　　　　陈春南　国家体育总局体育科学研究所 硕士研究生
　　　　房文宇　中国邮政集团公司山东省分公司 职员
　　　　霍嘉升　北京体育大学 硕士研究生
　　　　李　亮　南开大学 讲师
　　　　刘国兵　北京大学医学部 副教授
　　　　梁美富　北京体育大学 博士生
　　　　路茂智　马鞍山学院 助教
　　　　彭　博　中国政法大学 副教授
　　　　吴亭亭　汕头大学 助教
　　　　叶梦劼　湖南大学 讲师
　　　　张兴林　韩山师范学院 教授
　　　　钟宇静　中国传媒大学 副教授

目 录

第一章　乒乓球技战术诊断研究的进展……………………………1
第一节　乒乓球技战术诊断方法研究现状……………………2
第二节　乒乓球技战术诊断视频分析软件的研究进展……9
第三节　乒乓球关键分技战术诊断研究现状………………13
第四节　乒乓球双打技战术诊断研究现状…………………19

第二章　乒乓球技战术三段指标评估法的扩展与应用………28
第一节　乒乓球技战术动态三段法的构建与应用…………28
第二节　乒乓球技战术双三段统计法的构建与应用……37
第三节　乒乓球双打技战术八轮次三段法的
　　　　　　构建与应用………………………………………47

第三章　"乒乓军师"专项技战术视频分析系统的研发……60
第一节　"乒乓军师"专项技战术视频分析系统的功能…62
第二节　乒乓球技战术数据采集系统的研发………………65
第三节　乒乓球视频数据管理系统的研发…………………112
第四节　乒乓球技战术智能诊断系统的研发………………117
第五节　"乒乓军师"专项技战术视频分析
　　　　　　系统在国家乒乓球队的应用……………………129

第四章　中国优秀乒乓球男子运动员"关键分"
　　　　　技战术特征分析…………………………………………141
第一节　中国优秀男子乒乓球运动员
　　　　　　关键比分段得失分特征………………………………143

第二节　中国优秀男子乒乓球运动员关键
　　　　比分段发抢段技战术特征……………… 153
第三节　中国优秀男子乒乓球运动员关键
　　　　比分段接抢段技战术特征……………… 159
第四节　中国优秀男子乒乓球运动员关键
　　　　比分段相持段技战术特征……………… 172

第五章　中国优秀乒乓球女子运动员"关键分"技战术分析… 175

第一节　中国优秀乒乓球女子运动员
　　　　"关键分"得分特征　……………………… 176
第二节　中国优秀乒乓球女子运动员
　　　　"关键分"技战术特征　…………………… 185
第三节　中国优秀乒乓球女运动员
　　　　"关键分"上手特征　……………………… 216

第六章　2020年东京奥运会乒乓球项目主要对手
　　　　日韩男子双打技战术特征分析……………… 224

第一节　日本双打主力运动员森园政崇/
　　　　大岛祐哉技战术特征……………………… 226
第二节　韩国双打主力运动员李尚洙/
　　　　郑荣植技战术特征研究…………………… 252

参考文献……………………………………………… 277

第一章 乒乓球技战术诊断研究的进展

中国乒乓球运动近半个世纪在世界乒坛保持领先地位,取得了许多优异的运动成绩。其中以科技支持为重要手段,努力实现科学化训练,提高乒乓球运动员的竞技能力,进而通过比赛将其最大限度地转化为运动成绩。乒乓球运动员的竞技能力包括体能、技能、战术、心理能力等方面,它们综合地体现在专项训练和专项竞技比赛过程中。其中,对于优秀乒乓球运动员而言,技战术能力对于比赛的胜负起着重要作用。

国家乒乓球队历年来一直非常重视对技战术训练水平的分析和诊断。经过我国几代乒乓球科研人员的长期跟队,在乒乓球技战术水平的诊断方面积累了丰富的成果和大量的数据。吴焕群、张晓蓬等人于20世纪80年代总结与归纳了"乒乓球技战术三段指标评估法",该方法已深入人心,在乒乓球实践中被广大教练员和运动员自觉运用,并已成为乒乓球技战术分析与诊断的理论和方法的基础。

技战术训练水平的诊断主要是指,采用科学及合理的监测方法和手段,获取与运动员技战术训练水平有关的各种信息,并对这些信息进行系统的整理、归纳和分析,从而对运动员的战术训练水平做出客观的评定,从中找出训练中的不足,对症下药,为提高战术训练质量提供依据。现在还没有成熟的可以直接运用于乒乓球项目的技战术训练水平科学化诊断系统。

技战术水平的诊断系统的基础是技战术数据的采集,其技术手段是应用相关的技术视频分析软件进行采集。视频技战术分析软件的基本原理是标记法(Notation)。在进行视频分析时把技战术在视频文件上出现的不同时刻点打上标记并进行定义,并将技战术数据及对应的视频文件同时保存在数据库中;使用数据库时,可以将发球、接发球、第三板阶段等模板技战术信息中的任意一个作为检索词,设定条件筛选、分类以及统计分析不同的技战术应用情况,并可快速定位于所选出的技战术所对应的视频或者相应视频时刻点,并对同类视频进行连续播放。

随着时代和乒乓球运动的发展,优秀乒乓球运动员的战术能力的诊断方法,需要进一步发展与完善。

第一节　乒乓球技战术诊断方法研究现状

一、"三段指标评估法"

经过多年实践的观察和研究成果的积累,结合专家经验和乒乓球各种打法特点,吴焕群和国家体育总局科研所乒乓球组的同事们把乒乓球竞技的这种阶段性命名为"三段",把揭示"三段"训练基本规律的理论命名为"三段评估理论",所用的方法称为"三段评估指标评估法"。吴焕群、张晓蓬等人著的《乒坛竞技科学诊断》(国家体委科研所乒乓组、中国乒乓球协会科研委员会印制 1996)、由国家体育总局《乒乓长盛考》研究课题组编的《乒乓长盛的训练学探索》(北京体育大学出版社 2002)以及由国家体育总局体育科学研究所承担的,由张晓蓬作为课题组长完成的国家发展计划委员会的国家重点科技项目《我国优秀运动员竞技能力状态的诊断和监测系统的研究与建立——战术训练水平的诊断》(人民体育出版社 2004)等著作,对乒乓球运动员战术能力诊断的理论与方法都进行了比较深入的探讨。随着乒乓球运动的发展,乒乓球"三段指标评估法"的指标和标准也在不断地发生变化。

第一章 乒乓球技战术诊断研究的进展

（一）"三段指标评估法"原理

1988年,吴焕群等人从运动员比赛能力的整体观出发,把总体能力分解为三个阶段,并把这种阶段性命名为"三段",把揭示"三段"训练基本规律的理论命名为"三段评估理论",同时,以得分率和使用率为评价指标,提出了乒乓球比赛制胜的模式。

其理论框架是,将乒乓球二十四项技术划分为"三段"进行分析、评估。主要内容如下。

——划分为三段的原理是：

（1）从比赛的整体出发,把运动员总体能力分解为三个部分。

（2）每一分的争夺取决于发抢、接抢和相持技术能力的强弱。

发抢包括：发球、发球抢攻和发球被攻等三项技术。

接抢包括：接发球、接发球抢攻、接球后被攻、接球后抢攻等四项技术。

相持包括：主动进攻、被动防御及其相互转换十七项技术。

——计算各段得分率和使用率：

（1）得分率＝（段得分之和/得分加段失分之和）×100%。

（2）使用率＝（段得分之和/全局得失之和）×100%。

利用得分率和使用率对某运动员的比赛能力进行分段分析与评估,并进行纵向和横向的比较,使比较模糊的观察定性方法向比较准确的统计定量方法过渡。

这一理论自1988年创立以来,先后在1992年、1996年和2000年奥运会及其间的多次世界大赛前的中国乒乓球队备战训练科研攻关与科技服务中运用,证明其具有很强的实用性,对中国乒乓球队的科学训练起到了较强的推动作用。这是乒乓球项目技战术训练评价研究的一个突破,可以用于现场统计和录像统计。表1-1为在国家乒乓球队使用的乒乓球比赛三段统计表。

2000年,张晓蓬、吴焕群等人在原有"前三板"的基础上,根据客观需要加进了前五板内容的战术评价,以求更能反映当代乒乓球技战术水平,更加体现攻防转换作用的需要,丰富了分析技战术变化的研究内容。

表 1-1 乒乓球比赛三段法统计表

运动员：　　时间：　　比赛名称：　　结果：

		第一局	第二局	第三局	第四局	第五局	第六局	第七局	合计	
									得	失
发球										
发球抢攻										
发球后控制										
发球被攻										
第五板衔接										
接发球										
接发球抢攻										
接球后被攻										
接球后抢攻										
接球后控制										
主动	正手									
	反手									
	侧身									
相持	正手									
	反手									
	侧身									
被动	正手									
	反手									
	中路									
比分										

（二）"三段指标评估法"指标体系

　　指标的选定是诊断的中心环节。在选定指标时，一方面要正确、客观地反映其质量，另一方面要符合竞技乒乓球运动的发展趋势。根据多年备战奥运会和世界大赛的资料积累和专家经验，结合乒乓球竞技运动的特点，目前乒乓球竞技战术训练水平诊断在实践中普遍采用的指标体系如表 1-2 所示。

表 1-2　乒乓球战术诊断指标体系

指标	内容	评价参数
发球抢攻	发球、发球抢攻、发球被攻、发球后控制、抢攻后被攻	1. $SR = S_1/(S_1+L_1)$ 式中：SR 为得分率，S_1 为环节得分数，L_1 为环节失分数。 2. $UR =(S_1+L_1)/(S+L)$ 式中：UR 为得分率，S 为总得分数，L 为总失分数。 3. $ER = I/(I+S+P)$ 式中：ER 是有效率，I 为有效，S 为一般，P 为差。 4. $TR = S_1/S+L$ 式中：TR 为成功率。 5. $OR=O/S+L$ 式中：OR 为上手率，O 为上手数
接发球	接发球、接发球抢攻、接发球后抢攻、接球后被攻	
相持	主动状态、被动状态、相持状态	
线路	直线、斜线、中间	
远近	长球、短球、半出台球	
站位	近台、中台、远台	
方位	正手、反手、中路、侧身	
技术	发、攻、推、拉、搓、削	
比赛进程	开局（1-4 分）、中局（5-8 分）、尾局（9-11 分）	
比分	领先、落后、平分	
战术训练	上台时间、平均回合、上台比例、供球频率	

（三）"三段指标评估法"的诊断标准

乒乓球竞技是一项以"争胜"为最终标准的运动。争胜是它最根本的目的。一切科学研究工作都要围绕最终目的进行。这一运动基本属性决定了战术诊断研究也不例外。目前在科研攻关与科技服务工作中普遍采用的是以得分率、使用率、有效率、成功率、上手率等为参照值，按优良程度划分等级的诊断标准，如表 1-3 和表 1-4 所示，是在小球时代对单打和双打的战术评价标准。

表 1-3　单打战术评价标准

	发球抢攻	接发球	相持段
优秀	>65%	>50%	>55%
良好	>60%	>40%	>50%
及格	>55%	>35%	>40%
使用率	30%±5	30%±5	40%±5

表 1-4 双打战术评价标准

	发球抢攻	接发球	相持段
优秀	>65%	>55%	>50%
良好	>60%	>50%	>45%
及格	>55%	>45%	>40%
使用率	30%±5	40%±5	30%±5

近年来，随着国际乒联对规则进行了一系列重大改革：乒乓球的直径由 38 毫米改为 40 毫米；实行 11 分赛制，并由原来的 5 分球为一个发球轮次改为 2 分球一个发球轮次；实行无遮挡发球。这些规则的变革打破了原来的训练模式，对已形成的技战术体系也造成了冲击。在新的竞技条件下，张晓蓬对单打三段标准进行了修正（表 1-5）。

新竞技条件下的三段标准与小球时代的标准相比，发抢段的得分率指标略有下降（约 5%），接发球的标准上升幅度较大，及格线上升了 8%。这说明，新竞技条件使接发球的难度下降了，有时也可以成为得分制胜的主要手段。相持段得分率指标变化不是很大，但使用率有减少的趋势，比赛的重心有一定的前移。

表 1-5 单打新三段标准

	得分率（%）优秀	良好	及格	使用率（%）
发抢段	>60	>55	>50	34±5
接发球	>57	>52	>48	34±7
相持段	>56	>50	>44	33±10

而对于新竞技条件下的双打比赛的三段标准还未见有研究。2008 年奥运会乒乓球比赛使用了新的赛制，把原来的双打比赛改成了团体赛，且取消了 1/4 决赛。2008 年奥运会固然取消了双打的单项比赛，但在团体赛中的第三场比赛规定为双打，且双打对于团体赛的胜负起着重要的作用。同时规定参加奥运会的总

人数不能增加,使得团体的人数只能用单打的参赛人员来确定,造成了每个队最多有 3 名运动员参加比赛,而团体上场的就需要有 3 名。这种新的赛制要求参赛的 3 名运动员必须具备既能打双打,又能打单打的能力。不会再出现前两届奥运会我们有陈玘、闫森那样专门打双打的运动员了。运动员的双打能力将是选拔奥运会参赛名单的一个重要评价指标。新的赛制取消了 1/4 决赛就意味着我们在团体赛中必须保证不能有任何闪失,所以需要我们从各个环节做好备战工作,对乒乓球双打的战术诊断与监测是确保团体赛获胜的一个重要保障,迫切需要对以往的诊断的指标、标准进行修订。

二、技战术分析的研究方法

(一)现场统计和录像分析法

目前,国家队所采用的研究方法主要是现场统计以及录像分析法。在现场观看比赛或回看录像的同时,在"三段指标评估法"表格上进行标记,进而在 Excel 上对数据进行统计与分析,然后参考三段指标评估标准对运动员在比赛中所运用的战术进行诊断与监测。这是长期以来国家队技战术分析所使用的方法,曾对国家队运动员的战术能力的提高起到了重要的作用。但随着时代的进步,其落后性已逐渐显示出来,无法直观地将数据与录像中所使用的战术一一对应起来。

(二)多媒体及视频技战术分析

近两年,在乒乓球科研攻关和服务工作中,运用多媒体及视频对技战术进行分析,即将比赛录像输入计算机并进行剪辑,根据技战术的组合进行分类并配以统计数据和说明文字,生成一种影像资料。该技术的引用,推动了技战术分析的直观性和生动性,取得了良好的效果。但这种方法极其耗费时间,一场比赛需要用几天的工夫才能完成录像视频的编辑,不能做到即时反馈,很难应用到大量比赛的技战术分析中去。

三、小结

前人的研究成果是本项目研究的基础。在乒乓球运动实践中,对于乒乓球运动员的战术能力的诊断,主要使用的是"三段指标评估法"。但随着时代与乒乓球运动的发展,该方法需进一步发展与完善。

(一)乒乓球技战术分析的方法需要创新

随着时代的发展,以往用录像手工统计的技战术分析的方法过于陈旧,要借助于技战术分析软件,提高技战术分析的智能化,提高技战术分析的效率,做到统计数据与视频相对应,进而做到比赛现场的技战术分析与视频的快速反馈,为运动员和教练员制定克敌制胜的战略战术提供技战术视频与数据的支持。

(二)乒乓球三段诊断评估法需要进一步修订

近几年来,乒乓球竞技条件发生了很大变化,如球体的变大,比赛分数的减少,发球难度的增加,球体材质的变化,以及2020年奥运会混双项目的增加等,这些变化给中国乒乓球队带来了新的挑战。根据国家乒乓球队的实践需要,在基于传统的"乒乓球三段法"的基础上,需要对乒乓球技战术分析指标与战术模型进一步扩充。

第二节 乒乓球技战术诊断视频分析软件的研究进展

一、国外研究现状

（一）总体分析

现在各运动队所运用的软件多为国外研发的软件，如德国 Simi Reality Motion Systems 公司的 Simi Scout、澳大利亚的 Sports Code、瑞士的 Dartfish TeamPro 都是较为成熟的技战术分析软件，功能稳定性较好，开放性和灵活性较强，适用于一般的技战术指标统计与分析。这些软件都是英文界面，可通用于所有的球类项目。在应用过程中，对于项目技战术分析没有太多经验的科研人员以及不精通英文的教练员来说，很难在运动训练实践和比赛中应用这些软件；只有极少数长期从事技战术分析研究的科研人员，经过长时间使用这些软件，才能建立起专业性较强的技战术分析模型；同时，对于高水平深层次的、专业性更强的技战术分析要求，这些软件又往往不能实现。这些较为成熟的国外软件大多价格不菲，软件加密、文件格式等方面的版权保护又常常让使用者经常受限，功能上也无法根据用户需求做相应改动。

（二）德国 Simi Scout 技战术视频分析软件在国家乒乓球队应用的现状分析

自 2006 年，乒乓球课题组肖丹丹等将德国 Simi Scout 技战术视频分析软件引入国家乒乓球队的技战术分析工作中来，已有 10 余年，积累了大量的技战术视频分析的经验。运用 SimiScout 技战术视频分析新软件，提高了乒乓球技战术分析的准确性和效率，提供了直观、便捷、快速的数据与视频，已成为乒乓球技战术诊断与分析的一个有效的工具与手段。但在长期的使用过程中,发现以下几个大的问题。

（1）与乒乓球专业结合性不够强。

（2）该软件安装时对电脑的硬件要求很高,总出现安装不成功的情况。

（3）由于电脑操作系统的不断升级,该软件最新版本播放视频时无声音。

（4）无法进行分段视频的合成与导出。

（5）所生成的数据和表格无法直接使用,需拷贝到 excel 中进行二次加工与处理后,才能符合乒乓球项目的需求。

（6）数据库管理部分的功能不好用。

（7）视频兼容性虽有提高,但一些视频格式仍不能兼容,还需转换视频格式。

（8）界面不够友好,英文界面,教练员和运动员不易掌握。

（9）软件价格昂贵,一套软件配一个加密狗,价钱为 10 万元一套,本课题组已购买 4 套。每次升级还需另外收费。

（10）售后服务不够好,受制于人。

二、国内研究现状

近年来,国内科研人员逐渐重视对技战术视频分析软件的研发工作,尤其是专项技战术视频分析软件。如,洪平等人开发了篮球技术统计软件,北京工业大学赵会群团队的关于体育比赛技战术分析的一系列研究,包括乒乓球、篮球和沙滩排球等的技战术分析软件的研发,北京体育大学杜翠娟所做的乒乓球技战术统计软件的设计(该软件无视频标记的功能),上海体院张辉等人编制的"乒乓球比赛临场统计分析系统",以及国家体育总局体育科学研究所胡水清等人研发的"乒乓球视频技战术统计分析软件",在技战术视频分析软件的研发方面都做出了有益的尝试和贡献。但这些国内开发的技战术视频分析软件,相比于国外已成熟的软件而言,功能尚不稳定和完善,还未见到成熟地能够形成产品,投放于市场上的技战术视频分析软件。专业的视频技战术分析软件具有很大潜在市场空间。

对于乒乓球项目而言,张辉所编制的乒乓球比赛临场统计分析系统经过近 10 年的研发工作,运行曾较为稳定,但随着电脑操作系统的升级及张辉工作的调动,该软件现已几乎无法继续使用。胡水清等所开发的"乒乓球视频技战术统计分析软件"实现了许多国外软件中无法实现的功能,基本可用,但由于开发时间短、研究经费不足、后期的延续性不够等原因,运行尚不稳定,仍需进一步研发。其他有关乒乓球专项的技战术软件或者功能单一,或者与乒乓球专项结合不够紧密,尚不能真正应用于乒乓球运动实践中去。故乒乓球专项的技战术视频分析软件有很大的研发的必要性和空间,但同时其研发工作必定是一个耗时长、烦琐、艰辛而又细致的系统大工程。

三、"技战术水平科学化诊断系统"的开发空间

无论国外还是国内的"视频技战术分析软件",在与专项结合方面仍有很大的开发空间。以"中国乒乓球队技战术水平科学化诊断系统"为例,可在以下三方面进一步开发。

(一)技战术分析模型模块有待于开发

已有的国外的技战术分析软件,技战术分析指标体系(技战术分析模型)的构建部分是开放式的,需要科研工作者自己去开发,能够运用于运动实践的专项技战术分析模型需要科研工作者对专项有一个很深的理解,需要一个反复的长时间的不断开发与完善的过程。已有的国内的技战术分析软件,对于技战术分析的指标又往往是固定的,不易增加或删减。对于乒乓球项目而言,比赛项目有单打和双打之分,按照比赛双方的打法类型可大致分为攻 vs 攻打法、攻 vs 削打法、削 vs 攻打法、削 vs 削打法、根据不

同的运动员的特点,还可建立针对该运动员个性特点的技战术分析指标模板。本乒乓球项目组在近10年的长期使用Simi Scout技战术视频分析软件中,在继承"乒乓球技战术三段评估分析法"的基础上,不断完善和建立了适应快速反馈和详细反馈的不同技战术分析模型二十余种,这些技战术分析模型仍需在乒乓球运动实践中根据不同的需求,不断地进行修正与完善。

故,在乒乓球技战术视频分析软件方面在技战术分析模型模块可以采用固定和开放式相结合的方式,一方面可将我们已有的成熟的技战术分析模型作为固定的技战术分析模型放进去,便于使用者直接使用;另一方面,预留开放式模板,以便于根据乒乓球具体的实践需求增减技战术指标或建立新的技战术分析模型。

(二)视频数据管理系统有待于开发

对于视频数据库的管理有待于进一步开发。目前的"视频技战术分析软件"仅可做到对一场比赛的技战术进行标记,若要纵向或横向对多场比赛进行综合分析或比较,还做不到自动实现,需要人工的办法或是将数据统一拷到excel表格中做后期的处理。另外,对于运动队一个奥运周期的上千场比赛视频的管理和检索还只能按照人工的办法进行,对于海量的大数据的视频和数据的管理,需进一步研发。

(三)技战术智能分析与诊断系统有待于开发

在国家乒乓球队进行技战术分析结果呈现时一般有两种形式,一是形成纸质的分析报告,二是形成文字与视频相结合的幻灯片。根据不同教练与运动员的不同需求,技战术分析报告的撰写内容和方式有多种,都需要很强的专业知识。用各种"视频技战术分析软件"所能完成的只是得到初步的数据及数据背后所对应的视频,且简单结果的呈现必须在该专业软件上进行播放,而后期可以呈现给运动员和运动队的有指导意义的分析报告和分段视频还需花费大量的时间去完成该项工作,是标记过程的

2～5倍的时间,甚至是更长的时间。分析报告的撰写是定性与定量分析的结合。其中,对技战术的定性分析部分是软件不可替代的,需要科研工作者对乒乓球专项的理解和整体把握。而固定的定量分析部分若编写成软件自动生成将会省去很多的时间,数据也会更加准确,这一部分有进一步开发的空间。

第三节　乒乓球关键分技战术诊断研究现状

自21世纪以来,为进一步推动乒乓球运动的普及与提高,增加乒乓球竞技比赛的观赏性,国际乒联对乒乓球竞赛规则进行了四次重大改革(即从2000年10月1日改用直径40毫米的大球;从2001年9月1日起,将每局21分赛制改为11分赛制,发球由每方发5分球后轮换改为每方发2分球轮换;从2002年9月1日起实行无遮挡发球;从2008年9月1日起使用健康、环保、绿色的无机胶水)。这些改革无疑是对中国队"霸主"地位的强烈冲击,特别是11分赛制,从比赛结果来看,其最基本的特征为使比赛的偶然性增大,从比赛具体细节来看,虽然11分制实施后打满七局的77个总球数比原来的21分制时打满5局的105个总球数少,但由于局点数由原来的5个变为现在的7个,关键分的次数增多,比赛的激烈程度增加。即11分赛制比赛实质上是增加了比赛中关键场次、关键局甚至关键分出现的概率。

11分赛制实行后,中国乒团参加的第一个赛事是2001年韩国公开赛。赛后,冠军得主王楠对11分赛制的最大感受为:"每一个球都得当关键球打,每一个球都好像是20平。"马琳在2007年与世锦赛男单冠军(输给王励勤)失之交臂后,终于2008年半决赛战胜王励勤从而进入决赛战胜王皓获得北京奥运会冠军。赛后马琳说道:"这一次我在关键分的把握上很果断,决赛能战胜王皓,也是因为对关键分的处理比他更好。"2005年4月国乒选拔赛专练关键分,比赛采用特殊比赛规则即每局从8比8开始。

2009年乒乓球队进行了"直通横滨"第一阶段队内选拔赛,比赛中男队使用了新的四分关键球赛制,其核心思想是在比赛中谁先得到4分就直接加到9分继续比赛,目的即提高关键分水平。国家队教练们常说一句话:"平常练习中掌握的技术不是真正自己的技术,能在比赛中运用的才是自己的技术,能在关键分用且能够得分的技术才是自己最有效的得分手段。"由此可见,11分赛制时代,运动员在比赛中必须高度重视每一分的争夺,更要慎重对关键分技战术的处理,尤其高水平运动员之间的较量,关键分技战术处理的好坏直接关系到比赛输赢,关键分技战术水平是高水平竞技制胜的核心。

从目前查阅的文献来看,对关键分技战术的研究寥寥无几,且多以对男子个例或整体关键分技战术的研究为主,另有对运动员关键分心理的研究,更多的文献只是提到关键分的重要性,并未对其进行专门的探讨和研究,尤其对女子运动员关键分的研究,至今为零。

一、"关键分"概念界定的研究

《辞海》对"关键"解释为比喻事物最紧要的部分,是对情况起决定作用的因素。在现代乒乓球竞技比赛中,每一分球都很重要,随着比分的交替上升,哪一方先得一分,则得分方赢得此局的胜率随之上升,尤其当双方比分焦灼至尾局时,每得一分即对比赛的胜利起着至关重要的作用,即关键分技战术水平是高水平竞技制胜的核心。

早在1988年,程小鹏在《在乒乓球比赛中怎样打好关键球》中即对关键分进行了明确的阐述:将关键场次、关键局次和每局比赛中的关键比分统称为关键分。

1993年,黄发明在《谈乒乓球运动员的赛场情绪对关键球的影响》中定义关键分为结局1、2分之差或中局比分交替上升的比分,也即水平相当的对手决一雌雄的关键时刻。

第一章 乒乓球技战术诊断研究的进展

进入11分赛制时代后,国内专家学者在对乒乓球进行研究时,很多文章均提到关键分(球),但并没有明确界定关键分(球)的概念。如宋绍兴在《"每局11分制"对乒乓球比赛的影响》一文中提到:11分赛制局点增多,运动员在一场比赛中处理关键球的次数也增多。因此,对运动员处理关键球时的技术、战术和心理素质提出了更高的要求。随着对乒乓球关键分研究的深入,近几年对关键分概念有了比较全面界定:如葛鸿、肖丹丹在《2007年乒乓球世界杯1/4决赛中马琳反手技术使用的微观分析》一文中,明确定义关键分是指一局比赛中当比分进入8∶8以后的几分球。李明、黄芳在《如何打好乒乓球的关键球》一文中对关键分(球)做了更细致的解释,将关键分分为三类:(1)关键场次的关键分,在所有场次的比赛中,这场球胜,牵动最后的决赛或名次;(2)关键局次的关键分,这局球的胜负可能决定着全场比赛的成败;(3)关键比分的关键分,这是指如8∶9;9平;10∶9等关键比分,此时能领先1到2分掌握先机,或是追平,可以威慑对方,从而起到牵动这一局乃至整个场次的命运的作用。

(一)乒乓球"关键分"理论研究成果

乒乓球理论研究已有相当数量的成果,但对乒乓球关键分的研究,至今屈指可数。归纳起来,对关键分的研究主要在上述概念基础上从心理、技战术两个方面进行研究。

(二)"关键分"心理方面的研究

乒乓球运动心理学研究论文数量偏少,对乒乓球关键分心理层面的专门性研究更是寥寥无几,查阅文献发现,11分赛制以后,对乒乓球关键分心理层面的专门性研究仅有2篇,一篇为李肇民的《乒乓球赛中处理关键球心理的探讨》,其在文中深入讨论了乒乓球比赛中对关键球处理的相关心理问题及解决方法,提出比赛期望值、运动员个性、以往比赛经验、信心、平时训练方法均可不同程度地影响关键分(球)的处理质量,并阐述了培养运动员处理关键分(球)的良好心理状态的方法,分别为实战、掌握正确的心理定向、树立信心、增强心理耐受能力、适度的比赛的期望值以及运用呼吸调节法和提高抗干扰能力调节处理关键球时的焦虑心理。另一篇为李明、黄芳的《如何打好乒乓球的关键球》。其在文中对乒乓球中的关键分进行了分类,且认为打好关键分(球),应从体力、心理和战术三方面加以全面训练,具体表现为:从小树立求胜欲;强化打好开局的观念;灌输"两强相遇,勇者胜"的意识;善于抓住战机,扩大战果;虚实并举的心理训练。

另有文献在对乒乓球心理方面的研究中提到关键分(球),如戴佳妮在《乒乓球比赛中心理战术的运用》以及郜宇在《优秀乒乓球运动员心理素质研究——以王皓为例》中将心理类型分为三种:发挥型、超水平发挥型和紧张型。其中对发挥型运动员解释为头脑冷静、表现稳定,能保证技术水平的正常发挥,特别是对关键球的处理能力很强。另一方面还提到可使用"关键球练习法"进行赛前心理调节,具体方法为在练习中把每次接发球都当作关键球来处理,或是每局练习都从 9:9 或 10:10 开始,通过把自己置身于危险之中来不断提高自身动机水平,树立战胜对方的必胜信念,提高关键球意识即对关键球的处理能力,从而提高心理素质。

(三)"关键分"技战术方面的研究

相对于关键分心理层面研究的匮乏,技战术方面的研究要丰富许多。主要从优秀运动员整体和个例两个方面分析关键分技战术特征。

以运动员整体进行"关键分(球)"技战术研究的文献有 2 篇。一篇为丁伟等的《世界优秀乒乓球男子运动员关键球技战术分析》,其文以胜负方对比的方式对世界优秀乒乓球男子运动员处理关键分(球)进行了比较细致的研究,认为在进入关键分阶段,优秀男子乒乓球运动员发球时提高了上旋球的使用机率;在击球落点的运用上,发球和第三板主要注重左路的运用,而在第五板及以后落点运用相对灵活多变;胜方运动员在主动进攻时,进攻技术运用的比例呈现出波浪状；暂停时机的运用对于运动员比赛胜负有较大的影响。另一篇为赵欣慧的硕士论文《我国优秀男子乒乓球运动员处理关键分运用的技战术分析》，其以马龙、张继科、王皓为研究对象，分析了三人关键分的技战术运用特征，得出认识：进入关键分后前三板依旧是取得比赛胜利至关重要的因素，同时也要充分发挥自己的技战术特点，从而取得最终比赛的胜利。

　　以运动员个例进行关键分（球）技战术研究的文献有6篇。葛鸿、肖丹丹在《2007年乒乓球世界杯1/4决赛中马琳反手技术使用的微观分析》中对马琳关键分时反面拉技术的使用情况进行了分析，认为马琳在关键分时敢于运用反面拉技术且线路较为丰富，若能提高此技术的得分率，则可有效地提升整体实力。刘琨在《从技战术角度分析王皓在北京奥运会乒乓球男单决赛中失利的原因》一文中，从开局、中局、尾局分别分析了王皓在三段的技战术情况，认为王皓在末局关键分（球）的处理上能力比较差。王艳在《第51届世乒赛张继科技战术制胜因素》一文中对张继科比赛视频开局、中局和关键分走势进行了分析，认为张继科前三板和关键分处理较好，在局点和赛点能积极主动抢先上手是比赛制胜的关键因素。袁玉峰在《对世界优秀乒乓球运动员波尔关键球处理手段及效果研究》一文中将波尔关键分（球）与常规球从发抢、接抢、相持三段的技、战术运用特征进行对比分析，总结出波尔处理关键分时的技术使用习惯和战术运用模式：波尔关键分（球）发抢段主要是以发中路偏反手逆旋转侧下旋短球为主，结合发强烈逆侧下长球至两角后抢冲或抢拉；接抢段则以正手摆近网短球为主，结合搓两角长球，第4板抢拉或抢冲至对方正、反手大角；相持段主要依赖于正手相持和反手相持得分；与常规球比较，关键分波尔主动侧身相持得分能力明显下降，而反手被动相持得分能力则有显著提高。陈春雨等在《对中国新、老女子乒乓球运动员交替的对比分析和探究中》分析了刘诗雯在开局、中局和局点的表现情况等，认为刘诗雯关键分（球）处理经验不足。

王道平在《析王皓在雅典奥运会乒乓球男单决赛技战术》中对王皓比赛中三段的技战术使用情况进行了统计分析,认为王皓关键分能力较差,需要提高心理素质。

(四)同项群其他项目(网球)"关键分"理论研究成果

罗溢杰在《世界优秀男子网球运动员硬地赛事"关键分"技战术分析》一文中将"关键分"定义为在双方队员比赛中每局都会出现且当比分领先的球员如果赢下这一分就能赢下该局的那一分(即局点)定义为网球比赛的"关键分"。其通过研究认为优秀男子网球运动员关键分落后情况下的挽救率及领先情况下的赢球率高,发球、接发球,以及接发球之后的抢攻是当今世界男子网坛争夺的焦点。

黄鸿、邓日生在《业余网球选手比赛中心理状态对关键球处理的影响》一文中将业余比赛"关键分"定义为第1局的局点、比分为4∶4和5∶4的局点,其研究认为不良心理变化会导致技术动作变形、生硬、不协调,从而影响到关键球的处理。

徐磊在《2013年澳网李娜在发球局中处理关键球技战术分析》一文中将"关键分"定义为直接影响本局的得失或影响本盘的得失以及能够破掉对手的发球局的球。其研究认为正反手抽球是李娜关键分使用率和得分率最高的技术。

二、小结

综述以上文献,对关键分概念界定仍较为混乱、笼统,没有统一且操作性强的界定。对关键分技战术方面的研究,数量不多且多以对男子个例或整体关键分技战术的研究为主,另有对运动员关键分心理方面的研究,更多的文献只是提到关键分的重要性,并未对其进行专门的探讨和研究,尤其对女子运动员关键分的研究,至今为零。

总的来看,关键分虽然很早即被关注,但专门的研究较少,尤其是对女子运动员的研究。11分赛制时代,关键分技战术水平是高水平竞技制胜的核心,因此,对中国女队"关键分"技战术进行系统的研究势在必行。

本研究思路来源于国家队科研实践,将国家队教练陈彬对丁宁关键分技战术分析的研究方法及关键分概念界定方法应用于本书,更加贴合运动实践。关键分的概念界定为每局比赛中当双方队员得分数大于18以后的比分,如9∶9不是关键分,9∶10这一分为关键分。

第四节 乒乓球双打技战术诊断研究现状

从目前国内的研究情况来看,通过以"乒乓球"为关键词在中国知网检索1989年1月到2018年12月的文献,共检索到相关的文献12198篇。在此结果的基础上,以"双打"为关键词进一步检索,仅得到76篇文献,占0.62%,可见,近30年对乒乓球双打的研究极少。从仅有的研究结果来看,多数学者从线路变化、落点、个人贡献率和配对规律等方面对双打技战术进行了研究,这些研究多是采用经典三段法对整体进行研究,将两名双打运动员归为一个整体。

一、关于双打技战术整体三段的研究

邱钟惠在《双打的主要战术》一文中,介绍了双打几种主要配对在对付不同类型打法的对手时所运用的主要战术,指出发球以发侧上、下旋或转与不转为主,配合发长球至对方的右大角和中线稍偏右处进攻。第三板抢攻者要求抢得快,落点活。接发球要求速度快、落点活,主要攻击对方空当。多回合中进攻对方一点,然后再攻相反方向,专门向对方身体进攻,使回球者迅速让位。此文是在当时还没有提出三段法时对双打战术、各种打法配

对如何应用战术进行的早期研究之一,为当时国乒队双打训练和比赛提供参考。

张晓蓬在《对中、韩男双技术特点的比较研究(之一)》一文中,以当时韩国优秀双打组合李哲承/秋教成为研究对象,对李哲承/秋教成对阵中国选手两场比赛,采用上手数(发抢3、5板和接抢2、4板上手数)有效率两个指标进行了对比研究,发现李哲承/秋教成上手积极主动,对当时我国男双构成了较大威胁。此文针对不同选手技战术打法而选取不同指标进行研究,为当时男双进行针对训练和比赛提供了建议。

李振彪、吴焕群以女双配对焦志敏/陈静和原练习配对焦志敏/戴丽丽为研究对象,为奥运女双配对的选择进行了可行性研究。此文对两队双打组合对内模拟比赛进行了统计,根据他们"三段"的得分率、使用率对其技战术实力进行诊断,研究发现焦志敏/陈静在对不同打法风格双打组合整体实力要高于原练习配对焦志敏/戴丽丽,国家队在参考完数据后,最终确定了奥运会女双参赛人员。

苏丕仁在《双打的战术》一文中,对双打发球和发球抢攻、接发球和第四板、相持段技战术的使用进行了详细阐述,同时对双打项目比赛发接顺序进行了研究,指出在比赛中中签时,优先选择接发球。混双时多选择男打女的次序,因为女选手不仅易吃男选手的发球而且易被男选手攻死。在男双或女双比赛选择以强打强的次序,这样限制对方强者的进攻。还可选择适应对方球路的发接组合。此文对双打技战术研究的同时对发接顺序也进行了研究,在以后对双打的研究中,可预先对比赛时挑边选择发球和接发球,谁发谁接进行提前研究,以保证进行比赛时以有优势的发接轮次进行比赛,增加比赛的胜率。

吴焕群、李振彪在《乒乓球比赛中实力评估与技术诊断的方法及应用效果》对乒乓球双打技战术的研究,首先从整体三段上进行把握,通过每段得失分细节,可以直观地看出双打组合整体实力结构,保持优势环节,在今后的训练中弥补不足之处。观察

第一章　乒乓球技战术诊断研究的进展

得分率和使用率情况，便于对双打技战术进行分段评估与诊断，也便于进行纵向和横向对比，使比较模糊的观察定性方法，向准确的定量统计过渡。

唐建军、李志刚对第 43 届世乒赛中国优秀男双选手技战术运用情况进行了研究，研究发现我国优秀男双前三板技术是取得胜利的主要因素，并指出我国优秀男双技战术中能合理运用"变化"（指对击球节奏变化能力强），欧洲男双选手攻防转换是强转换，中国选手攻防转换是巧转换。

刘丰德以第 48 届世界乒乓球锦标赛女双、混双选手为研究对象，对她们整体三段进行了研究，发现当时女双发抢段总体占优势但并不突出，接发球和接发球抢攻总体占优势，相持能力较强。混双发抢接抢稍占优势，相持技术优势明显等观点。并对当时女双、混双的发展趋势及国外女双、混双优秀选手进行了分析，对当时针对性训练提供参考，同时为我们以后在女双项目上继续保持优势提供保障。

刘铮以 5 名中国优秀女子乒乓球运动员的双打比赛为研究对象，采用三段法对近三年国内外重要场次进行研究。整篇文章从技战术运用和贡献特征两个方面对女子双打进行了研究，技战术应用方面对女子双打三段中的战术组合、战术组合中的技术手段、同侧手和不同侧手战术组合和战术组合中的技术手段、同侧手和不同侧手战术组合的得分线路和失分位置对双打组合进行了整体分析。个人贡献方面从每个运动员双打比赛中每板球得失分分布、所有比赛得分率和失分率对比、上手贡献、控制助攻贡献对双打组合中的个人进行了全面研究，最后得出结论并提出针对性的训练建议。该文结构清晰，逻辑清楚，对每个环节的研究环环相扣，对女子双打从整体配合和个人贡献发挥进行了全面分析，为以后双打研究设计提供参考。

彭博以当时中国优秀女子双打组合张怡宁/郭跃、郭跃/李晓霞、丁宁/刘诗雯；韩国女子双打组合金景娥/朴美英；中国香港女子双打组合姜华珺/帖亚娜；新加坡女子双打组合冯天薇/

王越古、李佳薇/王越古、李佳薇/孙蓓蓓为研究对象,采用三段指标评估法作为研究方法,对这些优秀双打组合进行了研究。发抢段对发球、发抢、发球后控制和发球抢攻进行了分析。接抢段对接发球、接发球抢攻、接发球后抢攻和接发球被攻进行了分析。相持段从主动相持和被动相持方面进行了分析。对这些优秀双打组合整体技战术运用情况以及优势环节和劣势环节进行了研究,为以后中国队女子双打训练提出了针对性的建议。

刘翔选取第52、53届世界乒乓球锦标赛混合双打前三名以及一对特殊打法攻削组合作为研究对象,采用三段法进行研究,发球抢攻意识强的组合在混合双打发抢段得分率与使用率成正比,发球方有既定战术的高质量发球能够在赛场上占据主动。防守控制战术不再是混合双打比赛中接发球的最佳选择。相持段的使用率在三段中比重偏大,相持段的使用率与得分率的综合表现与成绩呈正相关,未来相持段的竞争将成为混合双打比赛的关键部分,乒乓球混合双打三段使用率呈现3:3:4的特征。异侧手持拍组合成绩更理想,同侧手持拍组合在跑位上不如异侧手持拍组合流畅,攻削组合的表现显示出这种打法也具备强大的竞争力。此文对混双同侧手和不同侧手、攻削组合进行了研究,并提出一些针对性建议,为中国队混双以后进行针对训练提供参考资料。

向小华以当时亚洲、欧洲优秀双打选手作为研究对象,采用三段法对他们比赛中应用的技战术的使用进行了对比研究。文章首先从双打组合整体两人得失分、三段得分率和使用率、前四板战术组合得失分进行了研究,得出每队双打组合技战术优缺点。其次对双打发抢段、接抢段和相持段进行了细分,从细节上得出具体每段具体手段得失分的使用情况。最后将中国和外国优秀男子双打技战术的功能和作用进行了对比研究,并为以后双打如何训练提供参考建议。

谢东兴对当时世界优秀双打男子运动员接发球技术进行了研究,对当时国内外优秀双打运动员接发球手段进行对比分析,指出世界优秀男子双打运动员接发球以控制为主,进入僵持阶段可有意识地运用搓长技术,并对接抢段前四板的训练提出参考建议。

二、关于双打技战术线路落点的研究

郭威利采用三段评估法对我国男子双打主力队员进行战术应用分析,从整体三段评估标准、线路和落点组合、非参数检验方面进行了研究。他们首先采用三段评估标准对我国男子双打选手整体进行了分析,发现发抢段、接发段战术运用效果评估为优,相持段的战术评估为良好,比赛中相持段正在逐渐变为争夺的重点战场。随后对线路和落点组合特征进行了研究,将一张球台按线路与落点战术组合分为九条基本线路战术和三个落点区域战术,并将这两个部分进行排列组合为27项具体的线路和落点战术组合,对男子双打线路和落点组合进行研究。最后用非参数检验方法对所研究比赛各项指标进行了检验。此文重点研究了男子双打线路和落点组合特征,为以后双打线路和落点的研究提供参考。

焦飞通过对我国乒乓球男子双打运动员在第50、51届世界乒乓球锦标赛上2场决赛、4场半决赛的视频进行分析,从落点战术、线路战术两方面对运动员战术运用来展开研究。将比赛中运动员分单元相关战术运用的情况进行统计和分析,以得分率和使用率为评价指标,归纳比赛战术运用的得失分构成及优缺点,总结出比赛战术运用特征,为运动员更好地进行战术训练和比赛运用提供理论依据。

居江以第48—50届世乒赛、2007年乒乓球团体世界杯进入4强的部分选手作为研究对象,对其接抢段接发球、二、四板衔接战术、对接抢段不同战术、对接发球对手(第三板接球者)的位置进行了研究。

李树清对韩国李恩实/石恩美双打技战术进行了研究,因两人打法都是右手直拍正胶快攻,对当时中国女双冲击较大。作者对两人三段技战术打法风格、习惯性线路进行了总结,并为中国队以后遇到该双打组合提供打法建议。

三、关于双打技战术配对规律的研究

吴焕群、周健康等在《第 24 届奥运会双打主要对手技战术分析》一文中,对当时欧洲、亚洲左手、右手双打强手大多采用的战术套路进行了总结:发球抢攻战术主要对发球方的发球落点、旋转对应左手和右手接发球者的线路落点进行了研究。接发球对双打现有所有配对组合,两个右手直拍、两个直拍一左一右、两个右手横拍、两个横拍一左一右和较少出现的双打配对组合两个左手横拍或一直一横如何接近网短球接发球的手段和接发球的落点进行了详细分析。相持段对直横拍搭配不同持拍手组合相持中一些失分落点进行了研究。此文是最早对双打技战术不同持拍组合和左右手配对进行研究的文献之一,适应当时双打技战术发展潮流,保证当时国乒队双打项目长盛不衰,同时为今后双打技战术研究奠定了基础。

岳华将我国优秀男子运动员参与的双打比赛为研究对象,采用三段法对左右手配对和右右手配对的选手在双打比赛中发抢段、接抢段、相持段、发球落点、接发球落点及常用技术进行统计分析,得出三段左右手配对和右右手配对各项指标的共性特点和个性特点。此文对双打左右手配对和右右手配三段进行了系统研究,为以后双打如何配对和训练提出了建议。

翟洪军以第 28 届雅典奥运会男双冠军组合马琳/陈玘为研究对象,采用三段法对双打技战术进行了研究,对马琳/陈玘发抢段、接抢段和相持段进行了分析,并总结出在双打比赛中,像马琳/陈玘这种左右手配对可以不受双打规则的限制,充分发挥了左手持拍运动员在双打中发球和接发球的优势的观点。

岳华、张瑛秋以我国优秀乒乓球男运动员双打比赛为研究对象,采用三段法对不同配对形势在各项技术表现特征及正手和反手的运用做出详细对比分析。指出发抢段左右手配对抢拉和挑打是得分的主要手段,右右配对反手抢拉频数高。接抢段左右手配对正手使用率高且劈长和挑打技术运用效果好,右右手配对反手使用率高,但中性球多、得分少。发抢段右右手配对反手使用

频数多于左右手配对，但效果差。此文对双打三段不同配对形势技战术运用进行了系统研究，对不同手配对出现的问题和优点进行了总结，对以后双打配对和比赛提供了科学依据。

高立波从每次乒乓球规则的改变对乒乓球双打造成的影响进行研究，发现在规则改变后，乒乓球双打最明显的特征是接抢段使用率上升，相持段得分率、使用率下降，并提出双打的配合不能各自为政，必须有一个人占主导地位，起到发动进攻和得分的作用；另一个人必须为自己的同伴进攻和得分创造条件，根据同伴需求来决定处理球的方式这一观点，对以后根据单个运动员技战术打法如何选择双打的配对提供参考。

四、关于双打技战术评估方法的研究

吴焕群、张晓蓬在《乒乓球竞技研究中定量方法的开发及效用》一文中，从运动员比赛能力的整体观出发，首次将20多项常用技术依比赛情况分为三段：（1）发球和抢攻；（2）接发球和接球后抢攻；（3）相持（即第五板后）。每段均用得分率和使用率作为评价指标。根据各段所含技术得失分统计，对运动员进行技术诊断。并对双打三段建立了技战术评估标准（表1-6）。三段法的构建，对乒乓球训练和比赛中的诸多问题，提供了一个科学的、有效的定量方法，为以后中国乒乓球长盛不衰奠定了基础，也是迄今为止乒乓球双打技战术研究的核心方法。得分率和使用率的计算如下：

$$得分率 = \frac{段得分}{段得分+段失分} \times 100\%$$

$$使用率 = \frac{段得分+段失分}{全局得分+全局失分} \times 100\%$$

表1-6 双打比赛三段技术评估标准

三段	得分率			使用率（%）
发抢段	优65%以上	良60%以上	及格55%以上	25～30
接抢段	优55%以上	良50%以上	及格45%以上	30～45
相持段	优50%以上	良45%以上	及格40%以上	35～45

吴焕群、秦志峰、张晓蓬等人在《为中国队准备25届奥运会科研攻关的成果及效益》一文中,针对中国乒乓球队备战1992年奥运会存在的训练和比赛问题进行了监控和诊断。针对当时乒乓球发展趋势,结合中国乒乓球队现状,制定出男队"重点抓双打,争取一块奖牌",女队"单、双打一起抓,争取女双翻身"的攻关方向。通过大量统计和研究发现,国内外双打比赛前四板使用率高于相持段,在55%~70%之间,纠正了当时国内盛行"单打看前三板,双打比相持"的观点,为当时确定双打训练重点提供了依据,同时进一步对双打制胜规律进行了验证和完善(表1-7)。

表1-7 双打比赛制胜模式

三段	得分率			使用率(%)
发抢段	优65%以上	良60%以上	及格55%以上	25~30
接抢段	优55%以上	良50%以上	及格45%以上	30~35
相持段	优50%以上	良45%以上	及格40%以上	35~45

秦志峰在《乒乓球双打比赛技术应用和配合规律研究》一文中,通过多场比赛对双打三段评估标准进行了验证,研究发现双打相持中一般以打斜线为主,因为斜线比直线距离长,并总结出双打常用战术,连续压一角2~4板后打空当;一左一右打正手位后攻空当(对方不同持拍手配对)。并在双打三段评估标准基础上制定出双打相持段评价标准(表1-8),作为检验双打配合程度和训练效果的重要依据。

表1-8 双打相持段评估标准

状态	得分率	使用率(%)	评价
主动	60%以上	35~40	两人进攻节奏和连续攻配合能力强
相持	55%以上	30~45	两个跑位配合及整体实力较强
被动	30%以上	20~30	两人配合较熟练,防守能力较强(本项使用率越低,两人技术漏洞越少)

乔云萍在继承"三段评估法"的基础上,应用德国著名Simi Scout视频技战术分析软件,结合乒乓球双打项目特点,建立双打

视频技战术分析模型,对双打技战术统计指标进行确定,做到对乒乓球比赛视频快速反馈与诊断,并采用发接轮次对双打技战术进行研究。此文将双打技战术统计方法与软件相结合建立了模型,并在三段法的基础上对统计办法进行了完善,采用发接轮次对双打进行研究,为后续研究双打技战术提供了新思路,但没有对双打研究方法进行具体分析与研究。

国家乒乓球队教练闫森以马琳/陈玘对波尔/许斯两场比赛为研究对象,也采用 Simi Scout 视频技战术分析软件,对两场双打比赛技战术进行了研究。此文对双打研究方法与乔云萍对双打技战术研究方法相同,但也没有上升到方法论层面。

王应强、张辉等采用 VC6.0 开发环境,开发了乒乓球比赛技战术分析系统,实现了乒乓球比赛视频数据采集与实时分析功能和技战术数据检索与统计分析的功能,同时在技战术分析系统中对双打经典三段法统计进了扩展,能够记录双打中的 4 轮技战术统计数据,该四轮是以研究方运动员板数划分轮次,即 A 发球 –B 第三板轮次、A 接发球 –B 第四板轮次、B 发球 –A 第三板轮次、B 接发球 –A 第四板轮次。此文 A 发球 –B 第三板轮次和 B 发球 –A 第三板轮次对应经典三段法的发抢段和发球轮相持,A 接发球 –B 第四板轮次和 B 接发球 –A 第四板轮次对应接抢段和接发球轮相持,该统计方法是对双打经典三段法的一种补充,为以后双打技战术的研究提供参考。

五、小结

以上研究表明,历年来对乒乓球男双技战术研究较少,对于双打技战术研究的方法还是以传统三段为主,研究方法上有一定的创新空间;对于 2020 年东京奥运会乒乓球项目主要对手日本、韩国男子双打技战术的研究几乎空白。

第二章 乒乓球技战术三段指标评估法的扩展与应用

乒乓球老前辈创建的"三段指标评估法"开创了乒乓球项目定量分析技战术的先河。近几年,国家乒乓球队科研团队在继承"三段法"的基础上和教练员一起,不断丰富和完善了乒乓球技战术分析的方法、内容、指标、手段、结果反馈形式等,提出了"动态三段法""双三段法",以及"双打三段八轮次法"等。

第一节 乒乓球技战术动态三段法的构建与应用

一、前言

乒乓球是我国的国球,是我国竞技体育的优势项目之一,我国的乒乓球运动员几乎包揽了各大赛事的金牌,近60年长盛不衰,长期占据着世界的霸主地位。不断探索乒乓球项目的发展规律,在把握项目规律的基础上进行理论与实践创新是中国乒乓球队的一个优良传统。乒乓球运动是一项以技战术为主导的竞技体育项目,对于中国乒乓球队的教练员与科研人员而言,技战术方面的研究是奥运科研攻关与科技服务工作的重中之重。

在乒乓球技战术分析与诊断研究中,吴焕群等(1989年)提出的乒乓球技战术三段指标评估法,解决了乒乓球技战术定量分析的方法问题,一直被视为经典,并沿用至今。传统的三段法是以每分球在产生得失分时的板数为划分依据,将一三板归为发抢

第二章　乒乓球技战术三段指标评估法的扩展与应用

段,二四板归为接抢段,五板及以后归为相持段。近些年来,国际乒联多次对乒乓球项目的规则进行了修改,对乒乓球的器材做出了改变,从而导致运动员的技战术也随之发生变化,这对乒乓球科研中的技战术分析提出了新的要求。近年来,有不少学者提出传统的三段法已经不能满足如今技战术发展的需要,且有必要进行相应的改进。吴飞(2014年)提出了需对传统三段法进行微调,杨青(2014年)提出了四段指标评估法,蒋津君(2015年)提出了双系统五段评估,黄文文(2017年)提出了丁宁个性化三段法等。诸多学者对传统三段法做出了相应的评价,指出了各自所认为的不足之处,并针对性地提出了解决方案。但在技战术分析的实践中,改进后的这些新方法均出现了原本不存在的各类问题,使得技战术分析变得更为复杂,各段之间的使用率无法进行直接对比等问题。诸多研究和实践证明传统三段法是不可被否定的,传统三段法是进行乒乓球技战术分析和诊断基本和核心的方法。对于在乒乓球技战术发展过程中出现的新问题,必须是在充分继承传统三段法的基础上,进行局部微调和创新。

近年来随着接发球台内进攻技术——反手拧拉的出现,打破了以往采用接发球先控制后抢攻的接发球体系,使得相持段相对前移,乒乓球项目呈现出了强上手、强转换、强对抗的发展趋势。为了在技战术分析中能够更好地体现当今乒乓球技战术的新变化,更好地为乒乓球运动员的技战术能力进行分析和诊断,需要对传统的三段技战术统计方法进行一些微调。本研究根据这一乒乓球运动实践的需求,与国家乒乓球男队教练员和运动员进行了充分研讨,在传统乒乓球三段法的基础上,根据接发球一方接发球技术的使用情况,动态地对三段指标进行划分,提出了"乒乓球技战术动态三段法"。

二、研究对象与研究方法

(一)研究对象

以中国国家男子乒乓球队主力运动员马龙、张继科、许昕、樊振东等在参加国际比赛中的技战术表现为研究对象。

(二)研究方法

1. 文献资料法

以"乒乓球""技战术分析"等为关键词,在中国知网(www.cnki.net)进行了文献检索,查阅了有关乒乓球技战术分析研究的科技文献40余篇,精选出10篇,并参考了乒乓球专业的书籍1本。相关的文献资料为本研究提供了一定的理论依据。

2. 专家访谈法

就指标的选定和动态三段法的划分标准,本研究访谈了国家乒乓球男队的吴敬平教练(许昕、樊振东的主管教练)与秦志戬教练(马龙的主管教练),并与国家乒乓球队的主力队员马龙、许昕、樊振东进行访谈与交流,获取第一手资料。

3. 乒乓球三段技战术统计法

采用乒乓球单打比赛三段技术统计法,将发抢段、接抢段和相持段的得分率和使用率作为技术指标。

$$得分率 = \frac{段得分}{段得分+段失分} \times 100\%$$

$$使用率 = \frac{段得分+段失分}{全局得分+全局失分} \times 100\%$$

4. 对比分析法

为了更清晰地对比动态三段法与传统三段法三段判定的异

同,对两种方法的判定进行了对比。以2016年韩国公开赛许昕vs马龙一场比赛为例(许昕4∶3获胜),用传统三段法和动态三段法分别进行统计分析与对比。

三、结果与分析

(一)乒乓球技战术动态三段法的构建

在备战2016年里约奥运会封闭集训期间,国家乒乓球男队科研人员在继承传统三段法的理念的基础上,结合前人的研究结果,与吴敬平、秦志戬指导反复讨论、摸索与实践后,提出了"乒乓球技战术动态三段法"(下称动态三段法)。该统计方法在继承传统三段法的基础上,提出不严格以板数来划分三段,而是根据双方接发球使用的技术类型,是控制技术还是进攻技术,动态地、灵活地对双方进行三段判定的方法。其与传统三段法判定不同之处在于对于第四板、第五板的判定,其他板数与传统三段法判定相同。其判断的基本标准是在前三板中,连续两板进攻就视为相持。具体来说,如下。

1. 对第四板三段归属的判定

(1)我方接发球(第二板)运用接发球抢攻技术(简称接抢),即使用拧、挑、拉技术后,第四板得分归为相持段得分;第四板失分则归为接抢段失分。

(2)我方接发球(第二板)使用接发球控制技术(简称接控),即使用控、劈技术后,该方第四板得失分归为接抢段。

2. 对第五板三段归属的判定

(1)对方第二板接抢后,我方第五板得失分都归为相持段。

(2)对方第二板接控后,我方第五板得分归为相持段得分;若第五板失分则归为发抢段失分。

具体统计方法如图2-1所示,发抢段包括发球得、失分,第3

板得、失分和发球被控后衔接(第五板)失分;接抢段包括接发球得、失分,接发球控制后衔接(第四板)得、失分和接发球抢攻后衔接(第四板)失分;相持段包括接发球抢攻后衔接(第四板)得分,发球被控后衔接(第五板)得分,发球被攻后衔接(第五板)得、失分和第六板及以后得、失分。

乒乓球技战术动态三段法
- 发抢段
  1. 发球得、失分
  2. 第3板得、失分
  3. 发球被控后衔接(第五板)失分
- 接抢段
  1. 接发球得、失分
  2. 接发球控制后衔接(第四板)得、失分
  3. 接发球抢攻后衔接(第四板)失分
- 相持段
  1. 接发球抢攻后衔接(第四板)得分
  2. 发球被控后衔接(第五板)得分
  3. 发球被攻后衔接(第五板)得、失分
  4. 第6板及以后得、失分

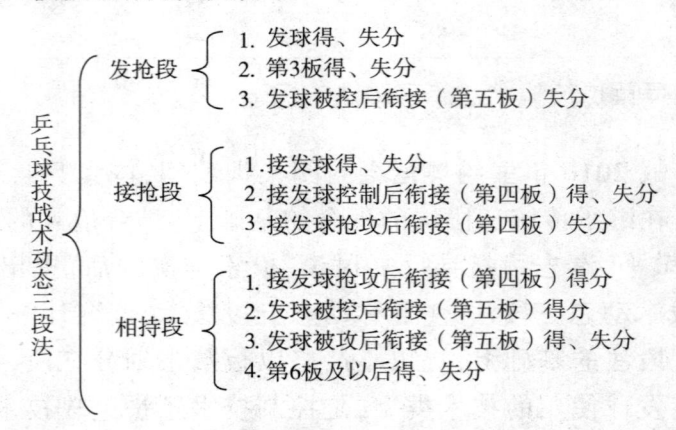

图 2-1　动态三段法具体统计方法

(二)动态三段法与传统三段法三段判定的对比

表 2-1　动态三段法与传统三段法三段判定的对比表

具体情况			动态三段判定		传统三段判定	
板数	条件	得失分	本方	对手	本方	对手
发球		得、失	发抢段	接抢段	发抢段	接抢段
第三板		得、失	发抢段	接抢段	发抢段	接抢段
第五板	对方接抢	得	相持段	相持段	相持段	相持段
		失	相持段	相持段	相持段	接抢段
	对方接控	得	相持段	相持段	相持段	相持段
		失	发抢段	接抢段	相持段	接抢段
接发球		得、失	接抢段	发抢段	接抢段	发抢段
第四板	接控	得	接抢段	发抢段	接抢段	相持段
		失	接抢段	发抢段	接抢段	发抢段

第二章 乒乓球技战术三段指标评估法的扩展与应用

续表

具体情况			动态三段判定		传统三段判定	
板数	条件	得失分	本方	对手	本方	对手
	接抢	得	相持段	相持段	接抢段	相持段
		失	接抢段	发抢段	接抢段	发抢段
五板以后		得、失	相持段	相持段	相持段	相持段

动态三段法与传统三段法在三段的划分上均以一三板为发抢段、二四板为接抢段、五板及以后为相持段的概念为核心,而动态三段法仅比传统三段法多了一方连续两板进攻后得分为相持这一个条件。

从各板得失分的具体判定看,两种方法仅在第四板得分和第五板失分的情况下存在一些差异。例如,接发球控制后第四板得分,按传统三段法判定,对手为相持段,而按动态三段法判定,对手则为发抢段;接发球上手后第四板得分,按传统三段法判定,为接抢段,而按动态三段法判定,则为相持段;对手接发球抢攻后,本方第五板失分,按传统三段法判定,对手为接抢段,而按动态三段法判定,对手则为相持段;对手接发球控制后,本方第五板失分,按传统三段法判定,为相持段,而按动态三段法判定,则为发抢段。两种方法的判定虽有不同,但差异不多,除上述四类问题,其他的判定均无区别。

(三)动态三段法的应用举例及与传统三段法的对比分析

表 2-2 许昕 vs 马龙(2016年韩国公开赛)传统、动态三段法对比一览表

		动态三段指标统计法			传统三段指标统计法		
		发抢段	接抢段	相持段	发抢段	接抢段	相持段
许昕	得分	26	17	20	25	21	17
	失分	18	31	20	12	26	31
	得分率	59.1%	35.4%	50.0%	67.6%	44.7%	35.4%
	使用率	33.3%	36.4%	30.3%	28.0%	35.6%	36.4%

续表

		动态三段指标统计法			传统三段指标统计法		
		发抢段	接抢段	相持段	发抢段	接抢段	相持段
马龙	得分	31	18	20	26	25	18
	失分	17	26	20	12	25	26
	得分率	64.6%	39.9%	50.0%	68.4%	50.0%	40.9%
	使用率	36.4%	33.3%	30.3%	28.9%	37.9%	33.2%

在2016年韩国公开赛中,许昕vs马龙4∶3(7,10,-4,10,-7,-6,9)胜,本场比赛共132分球,许昕总得63分,总失69分,出现了比分倒挂现象,即虽取得了比赛胜利,但总得分低于总失分。这种情况较少见,分析技战术时需要非常慎重。

从表2-2可以看出,首先,从使用率数据可以看出:使用传统三段法时,许昕与马龙的三段数据无法对应。许昕发抢段的使用率为28.0%,马龙接抢段的使用率为37.9%;许昕接抢段的使用率为35.6%,马龙发抢段的使用率为28.9%;两人相持段的使用率分别为36.4%和33.2%。而使用动态三段指标统计法时,两人的三段数据可以对应。许昕发抢段的使用率为33.3%,与马龙接抢段的使用率一致;许昕接抢段的使用率为36.4%与马龙发抢段的使用率一致;两人相持段的使用率均为30.3%。

其次,从得分率数据可以看出:使用传统三段指标评估法时,两人发抢段得分率均较高,分别为67.6%和68.4%;但两人接抢段数据并不是很差,许昕为44.7%,稍稍落后,而马龙更是达到了50%,该环节与许昕打平,这与两人发抢段数据有些矛盾;相持段中,两人得分率均较低,分别为35.4%和40.9%,马龙在相持中占据优势,这也与比赛中的情况不太相符,许昕的主管教练吴敬平对此也提出了疑问。通过使用动态三段指标统计法后,可以看出在发抢段和接抢段,马龙占据一定优势;而在相持段两人打平,且得分率都达到了50%。这也说明了马龙总胜球数多于许昕是来自发抢和接抢段,而许昕最终获胜的关键在于赢在了关键分,关键分的处理更为果断、合理。通过对比发现,用动态三段法能够更好地对比分倒挂比赛的技战术进行分析和提炼。

最后,通过得分率和使用率的对比,使用动态三段指标统计法可以看出:两人的优势都在于自己的发抢环节;虽然两人都具备很强的相持能力,但本场比赛两人把精力更多放到了抢上手和下一板的衔接中,争取速战速决,避免比赛被拖入相持。而传统三段指标统计法降低了两人发抢段的使用率,不能很好地突出比赛中最关键的环节和问题,给教练员和运动员分析比赛造成了困难。

综上所述,可以看出使用动态三段指标统计法在保证三段统计数据对应的基础上,兼顾了二、四、六板和三、五板的衔接,并提升了运动员相持段的得分率。同时,该方法可将每名运动员的打法体系进行对比和分析。科研人员将该方法运用到了樊振东、许昕、马龙备战2016年里约奥运会周期的技战术分析中,得到了国家乒乓球队教练的认可,认为更能反映运动员技战术的能力,对运动员技战术训练更具有指导意义。

(四)乒乓球技战术动态三段法的优势分析

通过上述对比分析,可以发现与传统三段法对比,动态三段法具有以下的优势。

(1)采用乒乓球技战术动态三段法后,使得比赛双方各段数据相对应,统计计算一方三段数据后,即可明确另一方数据,便于对比。

(2)乒乓球技战术动态三段法可以更加清晰地体现出近年来由于反手拧拉技术的广泛使用而带来的相持段相对迁移的乒乓球项目技战术的发展趋势。

(3)就乒乓球技战术动态三段法对于三段的判定打破了传统三段的固有模式,采用了动态判定的方式,更能适应乒乓球运动员打法多样化的发展趋势,能适用于不同打法类型的运动员。

(4)采用乒乓球技战术动态三段法,能实现仅运用一种方法,但又不忽视双方运动员技战术的个性化特征,且能保证双方数据相对应。

（5）乒乓球技战术动态三段法综合改进了近年来学者们关于传统三段的争论中各种有益观点，且最大程度地避免了附带问题的出现。继承了传统三段法的理念，又做到了与时俱进。

（五）乒乓球技战术动态三段法的不足分析

任何一个方法都不可能是完美的，动态三段法亦是如此，改进创新的同时，必然出现相应的问题，希望能在后续研究中有所提升。

（1）采用动态三段法，对接发球抢攻段与相持段的得分率有一定影响。如对手接发球控制后，本方第五板得分为相持段，失分为发抢段；再如接发球上手后，第四板得分为相持段，失分为接抢段。在一定程度上，相持段的得分率相对升高，而两个抢攻段的得分率相对下降，使三段的得分率有一定的偏差。

（2）乒乓球是一项回合制的体育运动，既是回合制，自然有先后，传统三段法中所描述的，本方第五板失分为相持，而对手仍在接抢段，从比赛的一方选手而言，本方的确比对手多打一板，而先进入相持，双方三段数据不一致也是合理的。动态三段法通过条件限制，虽解决了双方三段数据一致的问题，但同时也使得板数相同的一板球根据不同的情况而分属于不同的段落。

四、结论

乒乓球技战术动态三段统计方法在继承传统三段统计方法核心理念的基础上，不是严格以板数进行三段判定，而是根据双方接发球使用的技术类型，动态地、灵活地对第四板和第五板进行三段判定，该方法更能体现出当今乒乓球比赛由于接发球反手拧的使用而使得相持段相对前移及乒乓球运动员技战术多样化、个性化的发展趋势，同时保证了比赛双方三段数据相一致，更有利于双方三段数据的对比与分析。该方法已成功应用于国家乒乓球男队备战2016年里约奥运会周期中，具有很好的实践效果。同时，该方法也存在一些足之处，有待后续研究中加以改进。

第二章 乒乓球技战术三段指标评估法的扩展与应用

第二节 乒乓球技战术双三段统计法的构建与应用

一、前言

乒乓球是我国的优势项目,近半个世纪以来,我国乒乓球队一直占据着霸主地位。中国乒乓球队能够取得如此优异的成绩,除了运动员的高超的技术和教练员丰富的经验之外,也离不开我们对乒乓球项目规律的不断探索。只有正确地把握住乒乓球运动项目的本质,掌握这一项目的竞技规律与发展趋势,并且敢于创新,才可以保证我国能够继续引领国际乒坛。乒乓球是以技战术为主导的隔网对抗性项目。对乒乓球技战术方面的研究是教练员与科研人员关注的核心。依成绩的评定来看,乒乓球运动属于得分类的项目,从竞赛的规则看,乒乓球运动属回合制的项目。乒乓球运动具有很明显的时序特征,例如每分球产生得失分的时序特征、每局比赛进程的时序特征等。因此,在乒乓球技战术研究过程中也是紧紧地抓住了乒乓球比赛的时序特征。例如传统的乒乓球技战术三段统计法(简称传统三段法),是以每分球产生得失分的时序特征为依据,按板数将技战术分为三段。再如常被学者们运用的开局、中局、尾局的分析,则是以每局比赛进程的时序特征为依据。

传统三段法是乒乓球技战术量化统计与分析的基础,是由吴焕群、张晓蓬等人结合多年乒乓球科研实践的经验与大量的理论研究所提出的,以产生得失分的板数为依据,将乒乓球比赛中的每分球划分为三个阶段,从20世纪90年代起,一直沿用至今。传统三段法是当前乒乓球技战术统计的核心方法。近年来,随着乒乓球技战术的快速发展,学者们为了更好地分析技战术,对乒乓球技战术统计的方法做了一系列的改进与创新。所有乒乓球技战术统计方法的改进或是创新,均是建立在传统三段法的基础之上,传统三段法是当前乒乓球技战术统计的核心方法,始终处于其他方法无法取代的地位。

关于比赛进程划分的讨论不如传统三段法多。目前学术界一致认可的是将比赛进程划分为开局、中局、尾局,但是具体划分的依据并没有十分明确的定论。张钱伟(2011)指出,乒乓球比赛11分新赛制实施后,习惯性将每局比赛的1～4分称作开局,5～8分称作中局,9分以后称为尾局;任杰(2013)将开局界定为每一局的前4个回合,即比赛双方各发两个球,并表示国内教练员通常把尾局界定为比赛中任何一方得到8分之后;赵群(2016)将开局界定为每局比赛的前4个球,将尾局界定为比分出现8∶8、8∶9、9∶8、8∶10、10∶8情况的球。开局、中局、尾局的划分实际上也是对运动员心理阶段的划分,例如,施之皓(2015)从心理学的角度解释了开局与尾局中运动员表现的差异。乒乓球比赛中,每局都是从0∶0打起,每一局的开始都可以重新进行心理上的调整。且开局的发挥是比赛中极其重要的一个环节,一开局的比分领先,能为运动员本身建立自信,能给对手造成较大的心理压力;每局比赛打到尾局后,比赛双方运动员的心理压力都会增加,能否在尾局保持优势或转败为胜是对运动员心理能力的极大考验。显然,在每局的开局与尾局中,运动员在心理上存在极大的差异。心理是影响乒乓球比赛中技战术发挥的重要因素,因此,在乒乓球技战术的统计与分析中,这方面的研究也非常重要。

在国家乒乓球队的科研团队中,上述两方面的研究亦是倍受青睐,两者各有优势。但在长期运用过程中,教练员与科研人员发现,单一的统计方法在某些情况下不能很全面地体现所需要的数据,必须在这些基础上做些补充。经过教练员与科研人员的多次探讨,且在大量比赛的实践检验后,将上述两种方法合二为一,提出了乒乓球技战术双三段统计法(简称双三段法),该方法为传统三段法有益的补充。目的是在保证技战术统计工作不变烦琐的条件下对原有方法,根据比赛分析的需求,作一定的补充,使之尽可能地避免统计过程中差异较大的数据被平均化的问题，同时使技战术统计的结果更加全面、详尽，能够更加清晰地看到运动员在比赛中技战术运用的变化以及发挥的情况。

二、研究对象与研究方法

（一）研究对象

乒乓球技战术双三段统计方法。

（二）研究方法

1. 文献资料法

以"乒乓球""技战术"等为关键词，在中国知网进行了文献检索，查阅了有关乒乓球技战术分析研究的科技文献50余篇，精选出11篇，并参考了乒乓球专业的书籍1本。相关的文献资料为本研究提供了一定的理论依据。

2. 专家访谈法

就段的划分、双三段法实际的应用，本研究访谈了国家乒乓球男队的吴敬平教练、秦志戬教练和刘恒教练，并与部分国家乒乓球队运动员等进行访谈与交流，获取第一手资料。

3. Simi Scout 视频分析法

运用 Simi Scout 视频技战术分析软件，先建立双三段的技战术分析模板，然后进行每一分球的标记和采集数据。

4. 对比分析法

为了更清晰地对比双三段法与开局、中局、尾局的研究及传统三段法的差异，以2015年成都公开赛波尔 vs 樊振东的比赛为例，将双三段法与其他两种方法的统计结果进行了对比。

三、结果与分析

(一)乒乓球技战术双三段统计法的构建

1. 乒乓球技战术双三段统计法的提出

乒乓球队的科研人员通过统计分析所得的分析报告与教练员的总结,是对运动员训练和比赛的重要反馈。某些比赛结束后,教练员可能需要向运动员反馈一些更为具体的信息,例如,运动员在该场比赛中技战术发挥的稳定性。但是仅用发抢段、接抢段、相持段的统计或者是开局、中局、尾局的统计不足以获得所需要的数据。就此教练员与科研人员进行了一系列的探讨,希望找到一种方法能够较好地反映这类重要的信息。

传统三段法能实现对乒乓球技战术科学的定量研究,而且研究指标可粗可细,既可整体概括,又能具体分析,能够很好地评定运动员在比赛中技战术的发挥情况。但对于运动员在某一场比赛中技战术的变化或是技战术发挥的稳定性并不是它的强项。开局、中局、尾局的相关研究能够很好地体现运动员在比赛进程中的变化,但技战术方面的体现不足。

通过探讨,中国乒乓球男队教练员与其科研团队,将乒乓球技战术统计中"发抢段、接抢段、相持段的研究"与"开局、中局、尾局的研究"合二为一,形成一个"双三段"。

2. 乒乓球技战术双三段统计法指标的划分

乒乓球技战术双三段统计法包括以得失分产生的时序特征为依据的发球抢攻段、接发球抢攻段、相持段,以比赛进程的时序特征为依据的开局段、中局段、尾局段。具体划分标准确定如下。

(1)每局比赛中,在某一方得分达到4分之前为开局段;从任意一方的得分达到4分至某一方得分达到8分之前为中局段;

第二章 乒乓球技战术三段指标评估法的扩展与应用

在任意一方的得分达到8分之后为尾局段。

（2）每分球中,根据产生得失分的板数划分,将一、三板归为发球抢攻段,二、四板归为接发球抢攻段,五板及以后归为相持段。

3. 乒乓球技战术双三段统计法的结构特征

一般而言,一场乒乓球比赛是由若干局组成,每一局由若干分组成,每一分又是由若干拍构成。若将比赛的结构划分层次,比赛（场）为第一层次、局为第二层次、分则为第三层次（图2-2）。

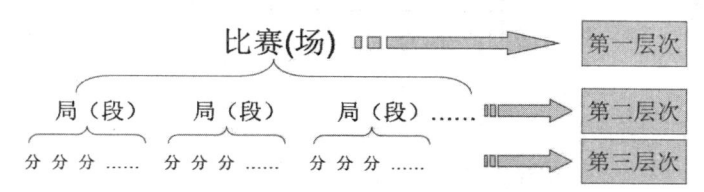

图2-2 乒乓球比赛的结构及层次示意图

以得失分产生的时序特征为划分依据的发抢段、接抢段、相持段的研究实际上是对乒乓球比赛的第三层次的一种划分。通过对"分"的划分,使之形成了"段"。通常,我们也说一场比赛可以分为三个段,"段"也可视为乒乓球比赛中的第二层次。因此,三段的划分使处于第三层次的"分"类聚,使其提升到了第二层次。这种处在第二、第三层次的研究,能够较好地做到具体化的分析,但对于整体的分析还有一些欠缺。

以比赛进程的时序特征为依据的开局段、中局段、尾局段的研究实际上是对处于第二层次"局"的划分。通过对"局"的划分,使之类聚,所反映的是整场比赛的特征。因此,对"局"的划分,使之提升到了第一层次。这种第一、第二层次的研究,能够很好地分析整体,但不足以具体化。

双三段法将乒乓球比赛结构中处于第二层次的"局"与"段"相融合,以同处于中间层次的"局"与"段"为媒介,将第一层次、第二层次、第三层次相连结,使之相互交叉、合为一体。将"局"结合"段"的视角往具体的方向看,每一个开局段、中局段、尾局段中均包含发抢段、接抢段与相持段;将"段"结合"局"的视角往整体的方向看,每一个发抢段、接抢段、相持段中都包含开局段、中局段与尾局段。纵横交叉,形成一张网,进而对乒乓球比赛的统计与分析更为全面、详尽(如图2-3所示)。

图2-3 双三段的结构示意图

4. 乒乓球技战术双三段统计法的优势分析

(1)双三段法很好地延承了传统三段法的理念,在统计方法上没有发生实质性的变化。

(2)双三段法很好地将乒乓球比赛结构的第一层次(场的分析)、第二层次(局的分析)与第三层次(分的分析)相互融合,既有整体的概括,又有具体细节,也解决了仅有整体概括情况下经常出现的差异较大的数据被平均化的问题。

(3)双三段法是从两个不同的视角来剖析比赛,使分析的结果更加全面。

(4)双三段法中,若以开局段、中局段、尾局段的划分为主,结合发抢段、接抢段和相持段,能清晰地看到运动员在比赛中技战术运用的变化情况。

(5)双三段法中,若以发抢段、接抢段和相持段的划分为主,结合开局段、中局段、尾局段,能清晰地看到运动员在比赛中技战术的发挥情况。

（二）乒乓球技战术双三段统计法的应用效果分析

1. 乒乓球技战术双三段统计法的分析结果举例

表2-3　波尔 vs 樊振东（2015年成都公开赛）双三段数据

		开局段	中局段	尾局段	总计
发抢段	得失分	5（+3-2）	7（+4-3）	10（+6-4）	22（+13-9）
	使用率	18.5%	25.9%	29.4%	25.0%
	得分率	60.0%	57.1%	60.0%	59.1%
接抢段	得失分	5（+1-4）	7（+3-4）	14（+9-5）	26（+13-13）
	使用率	18.5%	25.9%	41.2%	29.5%
	得分率	20.0%	42.9%	64.3%	50.0%
相持段	得失分	17（+4-13）	13（+2-11）	10（+4-6）	40（+10-30）
	使用率	63.0%	48.1%	29.4%	45.5%
	得分率	23.5%	15.4%	40.0%	25.0%
总计	得失分	27（+8-19）	27（+9-18）	34（+19-15）	88（+36-52）
	使用率	30.7%	30.7%	38.6%	100.0%
	得分率	29.6%	33.3%	55.9%	40.9%

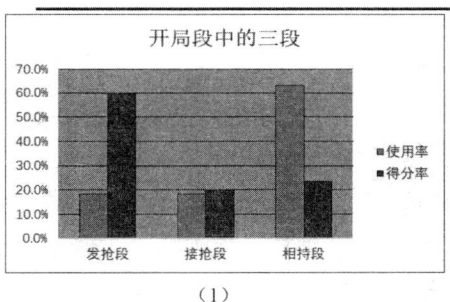

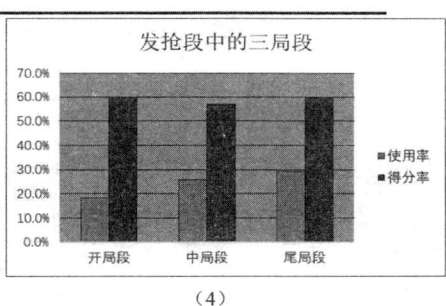

（1）开局段中的三段

（2）中局段中的三段

（4）发抢段中的三局段

（5）接抢段中的三局段

(3) (6)

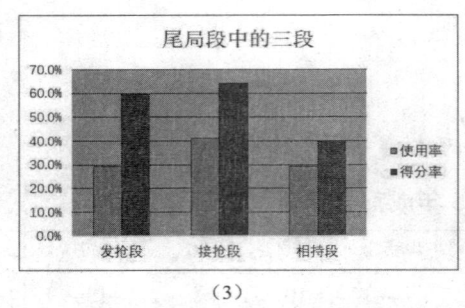

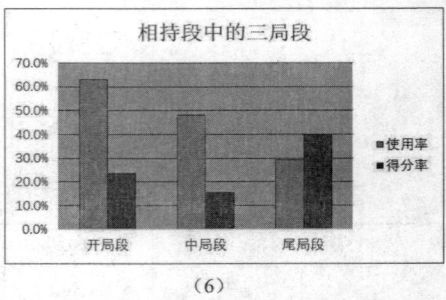

图 2-4 波尔 vs 樊振东（2015 成都公开赛）双三段数据统计图

以 2015 年成都公开赛中波尔 vs 樊振东的技战术分析为例，该场比赛波尔 1：4（-8,8,-8,-6,-4）负于樊振东。表 2-3 为运用双三段法统计获得的数据。从表 2-3、图 2-4，可以清楚看到发抢段、接抢段、相持段整体的得分率与使用率，也能清楚地看到开局段、中局段、尾局段整体的得分率与使用率。另外，还能详细看到两种三段划分方法相互交叉的数据。运用双三段法，可将波尔该场的技战术特点总结如下。

（1）在开局段的三段统计中，波尔发抢段的得分率较高，但接抢段与相持段的得分率极低。开局段以相持为主，相持的使用率超过 60%，说明波尔开局段比较谨慎，节奏控制的较慢。

（2）中局段的三段统计中，波尔发抢段表现最好，得分率最高，接抢段次之，相持段最差。但依旧以相持为主，相持的使用率接近 50%。说明在中局段，波尔依旧求稳，较少凶狠地抢攻。

（3）尾局段的三段统计中，波尔在发抢段与接抢段的表现相对较好，得分率都在 60% 上下，而相持段的得分率稍低一些。从使用率看，接抢段的使用率最高，接抢段发挥得更为出色。说明波尔在尾局中前三板比较积极。

（4）在发抢段的三局段统计中，波尔在开局段、中局段、尾局段的发抢得分率均在 60% 左右，从使用率看，从开局段到尾局段，发抢的使用率逐步提高。说明波尔发球的发挥较好且非常稳定，随着每局比赛的进行，发球的使用率越来越高。

（5）在接抢段的三局段数据统计中，波尔接抢段的得分率在开局段最低,在尾局段最高,使用率也是开局段最低、尾局段最高。说明波尔的接抢是随着每局比赛的进行逐步进入状态,且随之提高使用率。

(6)在相持段的三局段数据统计中,波尔相持段的得分率在尾局段最高,使用率是从开局段到尾局段依次下降。说明波尔的每局比赛是从相持打起,但随着每局比赛的进行,使用率逐渐下降。配合了前三板的积极抢攻后,波尔的相持得分率也有所提高。

2. 双三段法与传统三段法的对比

若仅根据传统三段法的统计与分析,该场比赛波尔技战术的运用特点可以总结为:波尔在该场比赛中,发抢段的表现应该是最好的,得分率最高,为59.1%,使用率(25.0%)略低。波尔发球质量较高,且变化多样,直接得6分,发球后第三板的正、反手技术相对均衡,在一、三板建立了一定的优势;波尔在接抢段的表现一般,得失分均衡(得分率50.0%),使用率(29.5%)略低。波尔在接发球环节较稳,以控制为主,且摆短的质量较高,效果较好(接发球摆短直接得4分),同时稳中带凶,能够抓住机会,上手得分,但在第四板,稍处劣势,正手与侧身均无得分、反手也并无优势;波尔在相持段的表现极差,得分率仅有25.0%,且使用率偏高,高达45.5%。波尔在相持段各项技术的发挥均处劣势,局面完全被樊振东掌控。

传统三段法的分析表明波尔接抢段表现一般,但这与樊振东和教练的场上的直观感受有一定的出入,认为波尔接抢段的抢攻较为强势,对樊振东造成了一定的威胁。用双三段法进一步分析,就可以很好地解释该问题。从双三段法统计的数据可以看出,波尔接抢段的表现在开局段、中局段和尾局段是不一样的。在开局段的接抢段中得分率极低,仅有20.0%,但使用率也较低,仅有18.5%;在中局段的接抢段中,波尔的得分率一般,为42.9%,使用率也不高,仅有25.9%;而在尾局段的接抢段中,波尔的得分率较高,有64.3%,且使用率也高,为41.2%。显然,关键的尾局段中,波尔较强势的接抢给教练员留下了深刻的印象。同时,进一步结合接抢段的三个时间段的分析,就能很好地反映波尔接抢段的表现,也是我方运动员在关键时刻需重点注意波尔接发球强势进攻的这一特点。

3. 双三段法与开局段、中局段、尾局段的研究的对比

若仅根据开局段、中局段、尾局段的三段统计与分析,该场比赛波尔技战术的运用特点可以总结为:该场比赛中,波尔在开局段的表现极差,得分率很低,仅为29.6%,使用率正常,为30.7%。开局段中,波尔兴奋度不够高,跑动不是十分到位,技术衔接并不流畅;在中局段,波尔的表现也很差,得分率很低,仅为33.3%,使用率在正常范围。波尔在中局段的表现虽稍好于开局段,但依旧没能完全调动自己,没法摆脱樊振东的限制,显得十分被动;在尾局段,波尔充分地调动起来,能较好地抓住机会得分,表现较好,得分率为55.9%,使用率较高,有一定的优势,但并不是十分明显,难以弥补开局段与中局段的劣势。

仅用开局段、中局段、尾局段的三段分析,虽能对波尔在比赛进程上的表现做一整体分析,但由于对发抢、接抢、相持三段数据的平均,未能对技战术细节进行揭示。如波尔虽然中局段的得分率较低,但仍有其主要得分的技战术体系。从双三段法统计的数据可以清晰地看到波尔该场比赛的中局段、发抢段环节表现较好,得分率较高,为57.1%,有一定的优势;在中局段的接抢段的表现一般,得3分失4分,但无明显劣势;而在中局段得分率低的主要原因是波尔相持段表现非常差,得分率仅为15.4%。很明显,波尔在中局段的发抢与接抢环节并无劣势,不能因为中局段的得分率很低而忽视他在中局段的前三板上手得分的能力。

四、结论

双三段统计方法包括以得失分产生的时序特征为依据的发球抢攻段、接发球抢攻段、相持段,以比赛进程的时序特征为依据

的开局段、中局段、尾局段,两者之间相互交叉、相互交融,使得技战术分析更为全面,且不烦琐。该方法已成功应用于了中国乒乓球男队备战2016年里约奥运会周期中,是一种行之有效的技战术分析方法,是传统三段法有益的补充。

第三节 乒乓球双打技战术八轮次三段法的构建与应用

中国乒乓球项目从20世纪60年代初长盛不衰近60年,始终在世界乒坛处于领先地位,"世界打中国"的格局仍未改变,这在所有竞技体育项目中是极为罕见的。其主要原因在于中国乒乓球队能够清楚地认识到乒乓球项目的竞技规律和发展方向,并不断在实践中进行摸索、总结经验,切合中国乒乓球队实际情况进行实践创新。这是中国乒乓球队的优良传统,也是保持长盛不衰的根本原因。乒乓球运动是以技战术为核心的隔网对抗性项目,因此,对乒乓球技战术的研究一直是中国乒乓球队和科研人员共同关注的重点。

2017年,国际奥委会宣布2020年东京奥运会乒乓球项目增加一项混合双打,金牌数由往届的4块增加至5块;2018年,国际乒联对2020年东京奥运会乒乓球团体比赛的赛制进行了改革,双打场次从原来的第3场提到了第1场对决。奥运会作为竞技体育等级最高的赛事,混双项目的加入以及团体比赛中双打场次的提前,不仅将双打的重要性推向一个新的高度,也成为其他协会争夺2020年东京奥运会乒乓球项目金牌的一个突破口。

近几年,日、韩两国在乒乓球男双项目有所突破,正在和我国逐渐缩小差距。从2019年2月国际乒联双打的世界排名来看,中国乒乓球队的双打情况不容乐观。在男双方面,世界排名前20的配对中,中国仅有3对,最高排名仅为第6;在女双方面,世界排名前20的配对中,中国仅有5对,最高排名为第3;在混双方面,世界排名前20的配对中,中国仅有2对,最高排名仅为第

9。因此,中国乒乓球队必须尽快改变双打项目不够强势的局面,以保证2020年东京奥运乒乓球项目再次包揽全部金牌。

通过以"乒乓球"为关键词在中国知网检索1989年1月到2019年2月的文献,共检索到相关的文献12198篇。在此结果的基础上,以"双打"为关键词进一步检索,仅得到76篇文献,占0.62%,从仅有的对双打研究来看,大多是运用传统双打三段法对比赛双方从整体上进行分析和研究,也有少量对双方发接的八个轮次进行各个轮次特点、个人贡献率的研究。在国家乒乓球队的科研攻关与科技服务技战术分析中,主要是运用双打技战术三段统计法。双打三段法与单打三段法的基本分析方法相同,将两位配对选手视为一个整体,结合定性分析,将双方整体配合的技战术情况进行快速的描述、分析和诊断。所运用的手段主要是用纸质版表格标记的方法进行手工统计。

随着中国乒乓球队在近几个备战奥运周期中,技战术视频分析软件逐渐代替了传统的纸质版表格标记的方式,使得乒乓球技战术在分析方法上有了更大的创新空间。国家乒乓球队科研小组根据乒乓球实践新的需求,逐渐在传统单打三段法的基础上,发展和创新出了单打动态三段法、双三段法。随着备战2020年东京奥运会乒乓球双打项目重要性的提高,有必要对原有双打三段法进行发展和创新。

乒乓球双打和单打有本质区别,1场单打比赛由两名运动员组成,单打比赛主要体现在个人技战术的发挥,只用考虑对手一人的发挥即可。而乒乓球双打项目,与同伴的配合最为重要。根据双打比赛的规则,一场比赛由8个不同的发接轮次所组成,每个轮次发球和接发球的顺序都不同,每一板衔接上一板的对手也不同,其运用的技战术也不同。

在备战2020年东京奥运会周期中,中国乒乓球队科研人员和教练员进行了一系列探讨,认为以往运用传统的三段法虽能很好地反映比赛双方整体的实力,但对于单个运动员的技战术特点不能很好地体现,对于8个轮次组合的细节缺少准确的定量

第二章 乒乓球技战术三段指标评估法的扩展与应用

分析。

鉴于此,本研究在继承传统双打三段法的基础上,根据国家乒乓球队备战 2020 年东京奥运会的实践新需求,运用"乒乓军师"技战术视频分析软件,将双打双方的八个发接轮次与三段指标相结合,提出"乒乓球双打技战术八轮次三段法"。将双打比赛从整体三段视角对双打技战术使用情况进行把握,分析整体三段的优势和劣势环节,同时结合 8 个发接轮次,从细节上分析单个运动员技战术发挥情况。本研究以期为中国乒乓球队备战 2020 年东京奥运会双打项目提供一定的方法和理论支撑。

一、研究对象与研究方法

（一）研究对象

乒乓球双打技战术八轮次三段法。

（二）研究方法

1. 文献资料法

通过中国知网、万方数据库、北京体育大学图书馆和国家图书馆等检索和查阅乒乓球双打技战术分析研究的科技文献 20 余篇、乒乓球技战术相关书籍 1 本；并通过中国乒乓球队获取双打比赛技战术相关资料,为本研究提供理论基础。

2. 专家访谈法

针对双打技战术统计分析方法的创新,与国家乒乓球男队主教练秦志戬、吴敬平、陈玘和刘恒等进行多次访谈,加深对双打技战术分析方法的认识与理解,为本研究提供实践基础和研究条件。

3. 视频标注分析法

采用中国乒乓球队科研小组自主研发的"乒乓军师"技战术

视频分析软件,对双打乒乓球比赛视频进行标注。

4. 对比分析法

将本研究构建的八轮次三段法与传统三段法和8个轮次统计法进行对比分析,总结八轮次三段法的优势和异同。

二、结果与分析

(一)乒乓球双打技战术八轮次三段法的构建

1. 乒乓球双打技战术八轮次三段法的结构

一场乒乓球双打比赛可以以板数划分为三段,分别是发抢段、接抢段、相持段;也可以以发球与接发球轮次划分为4个发球轮次和4个接发球轮次,分别为A发球X接发球轮次、A发球Y接发球轮次、B发球X接发球轮次、B发球Y接发球轮次、A接发球X发球轮次、A接发球Y发球轮次、B接发球X发球轮次、B接发球Y发球轮次,如图2-5所示。

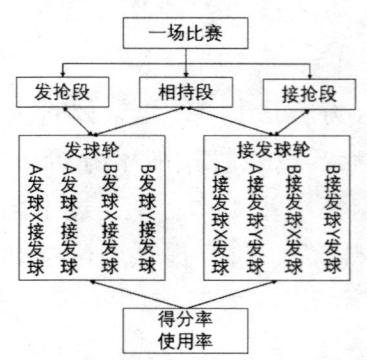

图2-5 乒乓球双打技战术八轮次三段法的结构特征

将三段与8个轮次相结合,可以发现两者之间的关系如下。

(1)发抢段包含于4个发球轮次,4个发球轮次包含发抢段。

(2)接抢段包含于4个接发球轮次,4个接发球轮次包含接抢段。

（3）相持段包含4个发球轮次和4个接发球轮次,发球轮相持和接发球轮相持包含于相持段。

三段与8个轮次之间的密切关联,使得乒乓球双打技战术八轮次三段法能够从两个视角对双打比赛的技战术进行研究。从三段八轮次的视角,可以分析一场比赛两名运动员整体三段技战术发挥情况,从整体分析优势所在和劣势环节;从8个轮次结合三段的视角,可以具体分析某轮次单个队员技战术发挥情况,从单个运动员分析优势所在和劣势环节。

2. 乒乓球双打技战术八轮次三段法的指标体系

乒乓球双打技战术八轮次三段法的研究指标是将原有三段统计法与8个轮次统计法的研究指标相融合。具体研究指标可粗可细,可以依据实际的需求而更变,但其核心的4项指标不可缺少。分别是8个发接轮次、产生得失分的板数(经典三段判定)、技术细节、得失分信息。为便于统计,按照每分球观测的时间顺序设定指标顺序,如图2-6所示。

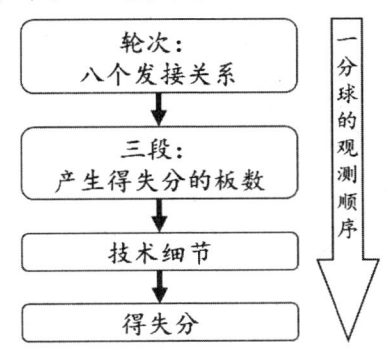

图2-6 乒乓球双打技战术八轮次三段法的指标体系

3. 乒乓球双打技战术八轮次三段法评价参数

乒乓球双打技战术八轮次三段法依旧沿用传统三段法中的评价参数,主要通过得分率与使用率反映运动员的技战术特征,具体公式如下:

$$段得分率 = \frac{段得分}{段得分 + 段失分} \times 100\% \quad (1)$$

$$段使用率 = \frac{段得分 + 段失分}{整场总分} \times 100\% \quad (2)$$

$$轮次得分率 = \frac{轮次得分}{轮次得分 + 轮次失分} \times 100\% \quad (3)$$

$$轮次使用率 = \frac{轮次得分 + 轮次失分}{整场总分} \times 100\% \quad (4)$$

4. 乒乓球双打技战术八轮次三段法统计模版的建立

以分析许昕/樊振东 vs 张本/木造勇人技战术为例，根据该场比赛统计与分析的需要确定研究指标后，运用中国乒乓球队科研小组自主研发的"乒乓军师"技战术视频标注分析软件建立乒乓球双打技战术八轮次三段法统计模版（图2-7），共包括4级指标。

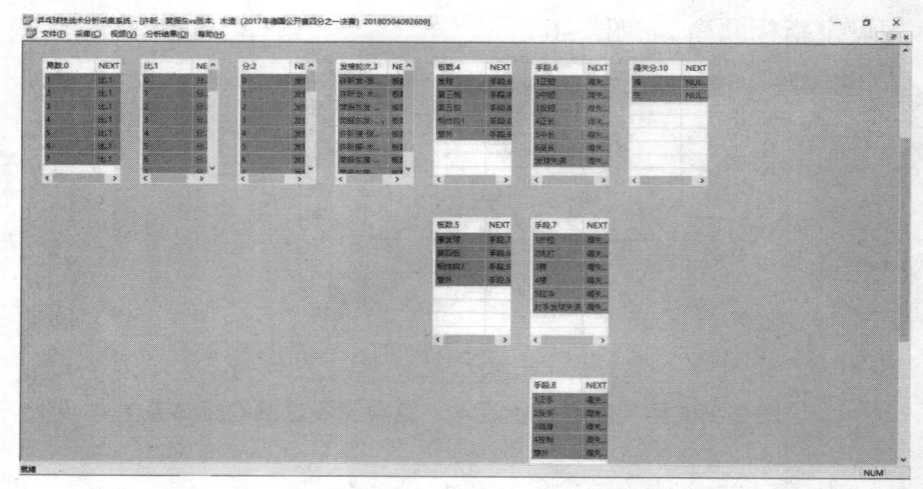

图2-7 乒乓球双打技战术八轮次三段法的指标体系

（1）8个发接轮次：樊振东接木造勇人发球轮次、张本智和接许昕发球轮次、樊振东接张本智和发球轮次、许昕接木造勇人发球轮次、张本智和接樊振东发球轮次、木造勇人接樊振东发球轮次、许昕接张本智和发球轮次、木造勇人接许昕发球轮次。

（2）产生得失分的板数：发球、接发球、第3板、第4板、第5板、相持、意外。

（3）技术细节：发球细节（正短、中短、反短、正长、中长、反长、发球失误）、接发球细节（拧拉、挑打、摆、劈、拉冲、对手发球失误）、第3板及以后细节（正手、反手、侧身、控制）。

（4）得失分信息：得分、失分。

（二）乒乓球双打技战术八轮次三段法的应用效果举例

中国乒乓球队科研小组将乒乓球技战术双打八轮次三段法运用在备战2020年东京奥运会双打比赛技战术分析之中，经过与教练员和运动员多次交流和讨论，反复实践，不断完善了该方法的技战术分析指标体系和技战术分析结果呈现的形式。乒乓球技战术双打八轮次三段法日臻成熟，被国家乒乓球队普遍接受，已经成为中国乒乓球队备战2020年东京奥运会男双、女双、混双项目比赛技战术分析的主要研究方法。运用该方法已完成国家乒乓球队主要配对及国外主要对手配对的技战术分析报告80余篇，为中国乒乓球队备战2020年东京奥运会双打技战术科学训练和比赛提供了数据支撑。经乒乓球运动实践证明，乒乓球技战术双打八轮次三段法是一种行之有效的分析方法。

本研究选取2017年11月德国公开赛中许昕与樊振东对阵张本智和与木造勇人的比赛表现出的双方运动员技战术特点分析为例，对乒乓球双打技战术八轮次三段法的应用效果进行举例。该场比赛许昕/樊振东0∶3（-11，-10，-6）负。许昕/樊振东作为国家乒乓球队男双最强组合，这是2017年连续第二次两次公开赛输给日本的张本智和/木造勇人这对年轻的组合，引起了全国球迷关注和国家乒乓球队教练的高度重视。

1. 许昕/樊振东的整体三段数据分析

表2-4　许昕/樊振东 vs 张本智和/木造勇人整体三段数据统计表

	发球	第3拍	接发球	第4拍	相持	总分
得分	2	7	8	3	7	27
失分		8	1	12	15	36
小计	2	15	9	15	22	63
得分率	52.94%		45.83%		31.82%	42.86%
使用率	26.98%		38.10%		34.92%	100.00%

注：0∶3（-11，-10，-6）

从整体三段数据看，许昕/樊振东在发抢段的表现一般，得分率与使用率分别为52.94%和26.98%，发球抢攻的优势没有发挥出来；许昕/樊振东在接抢段的得分率稍差，得分率仅有45.83%。从细节上看，许昕/樊振东在接发球环节得8分失1分，优势明显，但第4板得3分失12分，劣势非常明显；在相持段，许昕/樊振东的表现非常差，得分率仅有31.82%，失分非常明显。

该场比赛中，许昕/樊振东的主要优势仅仅在于接发球这一个环节。同时，他们的发球抢攻也没有表现出太多的优势。另外，第4板与相持段的劣势是许昕/樊振东负于张本智和与木造勇人的主要环节。

2. 许昕/樊振东8个发接轮次的数据分析

表2-5　许昕/樊振东8个发接轮次数据统计表

发、接轮次	得分	失分	总计	得分率	使用率
樊振东接－木造发	6	4	10	60.00%	15.87%
许昕发－张本接	3	3	6	50.00%	9.52%
樊振东接－张本发	3	3	6	50.00%	9.52%
许昕接－木造发	3	3	6	50.00%	9.52%
樊振东发－张本接	4	5	9	44.44%	14.29%
樊振东发－木造接	2	3	5	40.00%	7.94%
许昕接－张本发	3	6	9	33.33%	14.29%

第二章　乒乓球技战术三段指标评估法的扩展与应用

续表

发、接轮次	得分	失分	总计	得分率	使用率
许昕发－木造接	3	9	12	25.00%	19.05%
小计	27	36	63	42.86%	100.00%

从表2-5可以清晰地看到8个发接轮次的得失分情况。其中,樊振东接木造勇人发球轮次的得分率最高,为60.00%;在张本智和接许昕发球轮次、樊振东接张本智和发球轮次、许昕接木造勇人发球轮次的得分率均为50.00%;而张本智和接樊振东发球轮次、木造勇人接樊振东发球轮次、许昕接张本智和发球轮次、木造勇人接许昕发球轮次的得分率均未超过50%,均处于一定的劣势,尤其是木造勇人接许昕发球轮次的得分率仅有25.00%。

从使用率的角度看,8个发接发轮次中,产生得失分最多的是樊振东与许昕得分率最低的木造勇人接许昕发球轮次,其次是得分率最高的樊振东接木造勇人发球轮次。表明许昕的发球对木造勇人的威胁并不大,而樊振东对木造勇人的发球处理得较好。这两个轮次正好属于同一个发接发球的轮换中,且樊振东接木造勇人发球轮次微弱的优势无法弥补木造勇人接许昕发球轮次的明显劣势,使许昕/樊振东在整体上依旧处于劣势。

3. 许昕/樊振东发抢段结合4个发球轮次数据分析

由表2-4可知,许昕/樊振东在发抢段中整体得分率为52.9%,第3板不占优势,发抢段整体发挥不理想,没有取得较大优势。结合图2-8与比赛录像可知,许昕/樊振东在对阵张本智和与木造勇人时,回摆中路短球处理较好,能积极主动地上手或控制张本智和与木造勇人在反手位产生得分;但在木造勇人接许昕发球轮次的12分球中(得3分失9分),木造勇人接发球6次高质量的拧拉,导致第3板樊振东直接失5分,第5板失1分。同时,木造勇人拧拉的角度非常大且速度很快,左右两边落点分散(正手位3次,反手位3次),对樊振东构成了较大威胁;另外,张本智和接樊振东发球轮次、木造勇人接樊振东发球轮次的表现一般,双方的优劣势表现并不明显。

发抢段结合4个发球轮次
17（+9-8）

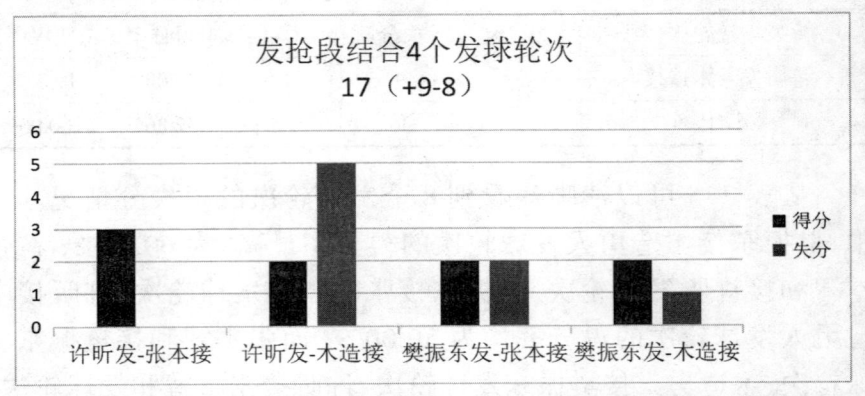

图2-8 许昕/樊振东发抢段结合4个接发球轮次数据统计图

4. 许昕/樊振东接抢段结合4个接发接轮次数据分析

许昕/樊振东在接抢段表现一般，整体得分率不高，仅为45.8%，使用率却较高，为38.1%，主要原因在于许昕/樊振东第4板失分较多。樊振东接张本智和发球轮次与樊振东接木造勇人发球轮次中，樊振东接发球拧拉上手的效果较好，速度快、落点刁钻；但在樊振东接发球控制中路或反手位时，张本智和与木造勇人的战术非常明确，几乎都是快速进攻许昕的反手位，这一战术导致许昕/樊振东第4板多次的失分（图2-9）。

接抢段结合4个接发球轮次
24（+11-13）

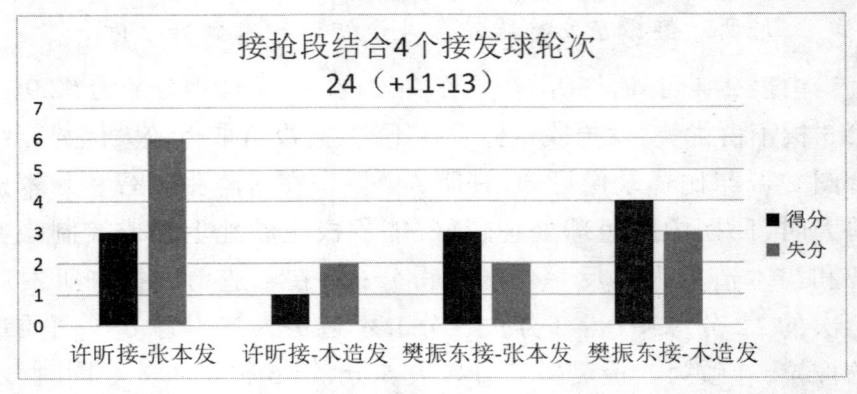

图2-9 许昕/樊振东接抢段结合4个接发球轮次数据统计图

许昕接张本智和发球轮次出现的问题较多，共产生9次得失分，许昕/樊振东得3分失6分，得分率较低。许昕在接发球时多以摆短为主,落点较为单一,基本都在木造的中路或中路偏反手位的近网处,且质量不高。木造勇人能够较为轻松地拧拉出较高质量的回球,导致樊振东第 4 板失分较多。

5. 许昕 / 樊振东相持段结合 8 个发接轮次数据分析

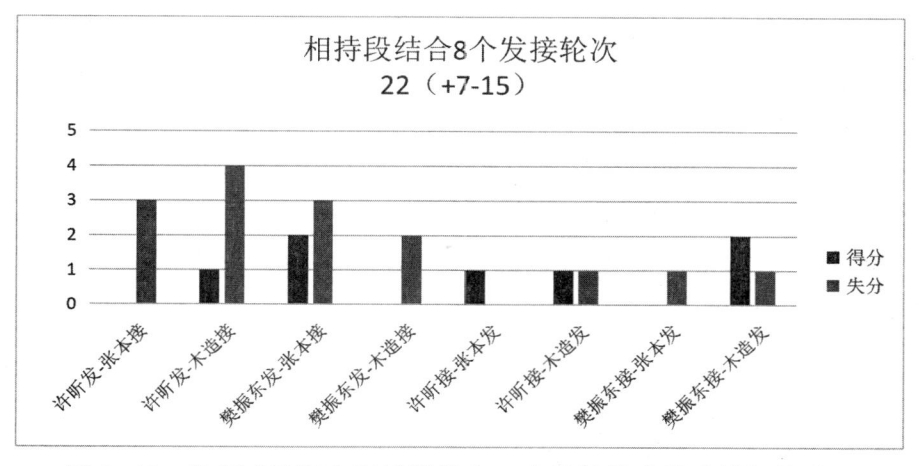

图 2-10　许昕 / 樊振东相持段结合 8 个发接轮次轮次数据统计图

相持段中,许昕 / 樊振东整体得分率极低,仅为 31.8%。其中,许昕个人在相持段的得分率仅有 20.0%。从整体上看,许昕 / 樊振东在相持段失分较多的主要原因是许昕 / 樊振东在第三板与第五板的衔接出现了问题,从而导致第五板失分较多。

从发接发轮次来看,许昕 / 樊振东在发球轮的相持中失分较多,是导致相持段整体得分率低的主要原因。其中,许昕 / 樊振东在张本智和接许昕发球轮次、木造勇人接许昕发球轮次的失分最多。主要原因为樊振东第三板回球落点比较单一,没能较好地调动对手,致使第五板被攻较多;在张本智和接樊振东发球轮次、木造勇人接樊振东发球轮次,张本智和与木造勇人明显退台较少,多在前台或中台快速压制,使比赛的节奏提速,致使许昕 / 樊振东的轮换有些跟不上节奏。同时,许昕多在中远台回击球,其回球的弧线必然稍高,速度稍慢,这样的回球使得张本智和与木造勇人的前台快速压制战术的实施效果明显。从而导致樊振东在轮换过程中比较吃力,无法打出该有的质量。

另外,许昕/樊振东在4个接发球轮的相持段中得失分均衡,并未表现出明显的优势或是劣势。相对而言,许昕/樊振东在接发球轮中相持的表现要好于发球轮相持中的表现。

6. 许昕/樊振东技战术特点小结

(1)许昕发-木造接、张本发-许昕接轮次是樊振东/许昕在本场比赛的薄弱环节。

(2)樊振东/许昕的发抢段表现欠佳,第三板失分较多。失分主要集中在许昕发-木造接轮次,许昕发球不够严密,木造接发球拧拉角度大、速度快、线路活,需引起注意。另外,许昕/樊振东对张本/木造回摆中路短球处理较好,能积极主动地上手或控制张本/木造反手位。

(3)樊振东/许昕的接抢段表现一般,第四板失分最多。其中,许昕接-张本发轮次失分最多,许昕接发球多为摆短,线路较为单一,均为木造的中路和反手位,且质量不高,易被木造反手拧拉中路。樊振东接张本、木造发球轮次时,当樊振东接发球控制中路和反手位时,张本、木造战术明确,易快速攻许昕反手位。

(4)樊振东/许昕的相持段表现不佳,第五板失分较多。张本/木造相持中退台较少、速度快、衔接快。樊振东第四板攻张本反手位时,易被张本反手快撕许昕正手位大角度而失分,樊振东第四板挑打和控制中路时,易被张本/木造压攻许昕反手位而失分。

(三)乒乓球双打技战术八轮次三段法的优势分析

以对上述同一场比赛的技战术分析为例,若使用传统三段统计法,虽然可以很好地看出许昕/樊振东在比赛中整体三段的技战术表现情况,但不能清楚地反映单名运动员个人的技战术表现特征和某个发接轮次的细节表现。

通过对8个发、接轮次的得失分统计,可以清晰地看出许昕/樊振东在不同发接轮次的优劣势,其作用基本局限于给运动员在

第二章 乒乓球技战术三段指标评估法的扩展与应用

赛前挑边后选择发接关系时提供一些参考,但无法明确具体的问题出现在哪一个环节。例如,无法明确他们是在接发球环节没有处理好,还是在后续衔接中出现了问题。这使得 8 个轮次统计方法的研究结果也是不全面的、不具体的,在技战术特征或是问题的反映中并不细致,几乎不能起到协助运动员后续训练的作用。

将双打八个发接轮次与三段法相结合后所形成的乒乓球双打技战术八轮次三段法,既可从整体上对两名双打运动员技战术的使用情况进行把握,又可对某一发接轮次的细节及单个运动员技战术使用特点进行详细的分析。进而能够帮助双打运动员准确地找出针对不同对手的优势环节和薄弱环节,为乒乓球双打科学训练提供数据和理论支持。

三、结论

(1)八轮次三段法更贴合国家乒乓球队实践新的需求,技战术分析更全面、细致。既可从整体上把握运动员组合技战术运用情况,又可深入分析某一发接轮次以及单个运动员技战术运用特点。

(2)八轮次三段法是乒乓球双打三段法的有益补充,在技战术统计方法上是一种创新,进一步完善了乒乓球技战术科研实践方法,丰富了乒乓球技战术理论体系。

(3)八轮次三段法已成功应用于国家乒乓球队备战 2020 年东京奥运会男双、女双、混双项目比赛的技战术分析之中。

第三章 "乒乓军师"专项技战术视频分析系统的研发

进入 21 世纪后,随着信息化时代的发展,运用视频软件进行技战术分析已成为国内外不同运动项目训练和比赛中不可或缺的科研手段。以前单纯的纸质分析已经跟不上乒乓球新的竞技条件的需求。国家体育总局体育科学研究所(以下简称我所)乒乓球科研组肖丹丹等于 2006 年引入了德国 Simi-Scout 视频技战术分析软件,该软件基本满足了视频和文字分析相结合的实践需求,在一定程度上提高了技战术分析的准确性和效率,在"乒乓球技战术三段指标评估法"的基础上,建立与完善了乒乓球技战术分析模型 20 余种,技战术分析报告模板 10 余种。同时也发现了这套从国外引进的软件的许多不足之处,如乒乓球专项性不强、无数据库功能、无法进行分段视频合成、视频兼容性不强、无结果分析模块、无视频管理模块、价格昂贵、无中文版,初学者不易掌握等不足,不易在运动员和教练员中推广等。

中外已有的视频技战术分析软件以实现一场比赛技战术的标记和原始数据生成功能为主,还鲜有可应用于乒乓球专项,能够对海量视频和数据进行管理,并结合乒乓球专项的定量分析结果快速呈现与生成的"技战术训练水平科学诊断系统"。在对国家乒乓球队运动员技战术训练水平诊断的过程中,对一场比赛的技战术的标记工作只是其中一部分工作,科研人员还需耗费大量的时间形成最终可以呈现给教练员和运动员的技战术诊断报告。由于整个诊断过程耗时较长,面对国家乒乓球队每个运动员的海

第三章 "乒乓军师"专项技战术视频分析系统的研发

量需求,目前跟队科研人员鉴于时间和精力有限,只能做到对重点队员进行技战术分析与诊断,而对于一队的非主力及二队的队员无暇顾及,而这些潜在的后备力量的技战术能力存在着巨大提升的空间。若有专门的"中国乒乓球队技战术水平科学诊断系统",将会节省科研工作者许多时间,还可培养教练员和运动员自己操作进行技战术分析与诊断,以满足乒乓球非主力层和后备人才层的刚性需求。

根据时代的要求和乒乓球实践的需求,我所有必要将即国家体育总局体育科学研究所(以下同)半个多世纪以来在中国乒乓球队技战术水平科学诊断方面的经验和成果加以整合和开发,研发具有自主知识产权的"中国乒乓球队技战术水平科学诊断系统",以和我所体育科研在全国领头军的地位,以及我国乒乓球在世界上的领先地位相匹配。

"中国乒乓球队技战术水平科学诊断系统"一旦研发成功,将有巨大的市场空间,会产生一定的经济效益。在国内,一方面,可直接应用于国家乒乓球队,同时可供各省市乒乓球队及各大体育院校使用;另一方面,中国有为数众多的乒乓球爱好者,其可供广大乒乓爱好者提高乒乓球技战术能力使用。若后继开发出不同语言的版本,可在国际上进行推广和使用,为乒乓球的第三次创业,为国际乒乓球运动水平的提高做出贡献。

故,本研究拟在前人研究的基础上,根据乒乓球项目的专项特点和乒乓球运动实践的需求,将我所多年来在中国乒乓球队技战术水平科学诊断方面的经验和成果加以整合和开发,研发一套具有我所自主知识产权的、便于操作、性能稳定、能够直接运用于乒乓球实践的,且能够投入市场的"中国乒乓球队技战术水平科学诊断系统"。该系统拟包括乒乓球视频数据管理系统、乒乓球技战术数据采集系统和乒乓球技战术智能诊断系统。

第一节 "乒乓军师"专项技战术视频分析系统的功能

"乒乓军师"专项技战术视频分析系统将我所多年来在中国乒乓球队技战术水平科学诊断方面的经验和成果加以整合和开发,根据乒乓球项目的专项特点和乒乓球运动实践的需求,研发出了一套具有我所自主知识产权的、便于操作的、性能稳定的、能够直接运用于乒乓球实践的,且能够投入市场的"乒乓军师"专项技战术视频分析系统。该系统包括相互关联的三个子系统:乒乓球视频数据管理系统、乒乓球技战术数据采集系统和乒乓球技战术智能诊断系统。每个系统有不同的环节,每个环节实现的手段也各异。

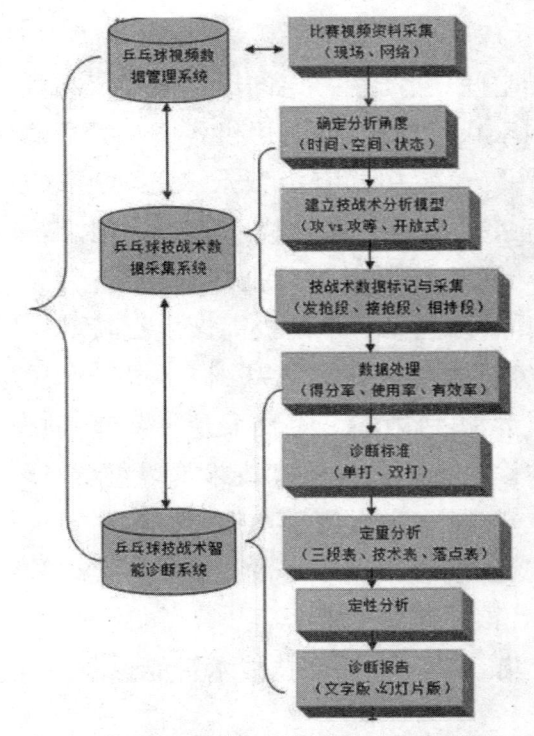

图 3-1 "乒乓军师"专项技战术视频分析系统

第三章 "乒乓军师"专项技战术视频分析系统的研发

"乒乓军师"专项技战术视频分析系统可以用于乒乓球项目教练员和运动员定量地分析对阵双方技战术特点,有针对性地布置未来训练和比赛的技战术策略,还可以用于其他球类项目的技战术视频分析,以及高等院校数字化教学、体育数据的分析等。

目前该系统已成功应用于国家乒乓球队,在2018年近一年软件的使用过程中,不断找出软件的不足之处以及待完善的功能。通过在线修改与敏捷维护,结合在国家乒乓球队中对软件使用的反馈,第一时间修改程序,并对功能进行了改进,使本软件更加适用于乒乓球技战术的采集与分析。

一、"乒乓军师"专项技战术视频分析系统的功能特点

"乒乓军师"专项技战术视频分析系统的功能特点:
- 现场实时采集分析和录像事后分析。
- 比赛视频、技战术数据的便捷管理。
- 全中文界面录像视频采集。
- 采用标注处理分析法,操作简单。

可以根据不同运动项目和教练员的需要,方便自由地设立统计分析内容模型以及内容之间的逻辑关系。依据不同需求,分析数据可繁可简。系统可对复杂的事件进行精确的定义和描述分析。分析内容的模型采用树状结构,并引入了层的概念,比赛的技战术统计结果的逻辑层次清晰。

可同屏调入显示最多部摄像机拍摄的视频文件,同时观看不同角度或景别的视频。进行技战术统计时,既可观看全场比赛进程,又可同时观察比赛的局部细节。

鼠标点击视频,自动跳出统计内容窗口,逐层点击窗口自动翻屏,系统同时完成标注和记录过程。也可设置快捷键输入,提高操作的效率,统计效率高于全屏矩阵分布模式。

任意给出分析模型中不同内容的统计分析结果,结果查询可以图形、统计表、球落点图和视频形式同屏显示。

创建复杂的视频图像数据库。每一事件中不同的特性和结

果只要简单地点击鼠标就可得到查询检索结果,调出相关视频,归类选时播放。

·可设定不同速度、停帧、回放、步进等方式播放。

·可智能化分段视频的截取。

·数据可以输出到其他数据库软件进行进一步分析,如 Microsoft 的 Access、SQL Serve、以及 MySQL 和 ODBC 等数据库系统。

·拖拽式操作,使用便捷,处理分析效率高。

·可实现分析报告的自动生成。

二、"乒乓军师"专项技战术视频分析系统的优势分析

应用"'乒乓军师'专项技战术视频分析系统"能够满足对乒乓球技战术采集、统计与分析的基本需求,在完成一些技战术采集与分析中的基本功能以外,还完成了当前技战术分析领域迫切需要的新功能。并根据目前国家乒乓球队的实际需求对软件进行了流程上的改进,使软件操作更加连贯,系统更加稳定。与其他的技战术分析软件相比,本软件拥有如下优势和特点。

(1)实现了对海量比赛视频和技战术数据的管理。

(2)针对乒乓球专项特色,在模板建立时本软件不但保留了开放式设计模板的方法,而且添加了模板库的来保存常用模版。

(3)提供了检查采集正确与否的功能,方便了技战术分析报告的生成。

(4)应用非线性编辑技术,使软件完成了视频自动截取的功能,提高了技战术数据处理的效率。

(5)通俗易懂的中文界面,方便了我国教练员与运动员对本软件的运用。

(6)""乒乓军师"专项技战术视频分析系统"与乒乓球专项高度契合的技战术理念、全中文操作界面、相对较低的使用与维护成本、智能化的视频截取方式,使"该软件"拥有非常广泛的应用前景和普及空间。

第二节 乒乓球技战术数据采集系统的研发

本系统基于乒乓球技战术模板,根据比赛视频,利用视频标注的方法,对乒乓球运动员的每分球进行技战术采集与统计。本系统的程序架构是一个基于 MFC 提供的窗口框架,使用 XML 和 MySQL 数据库存储比赛技战术模板以及比赛数据,通过 DirectShow 技术和 DES 技术实现了对比赛视频的预处理。

本系统主要有三大模块,即乒乓球技战术采集模块、视频播放模块、视频提取模块。

使用本系统可以实现比赛现场的实时技战术采集与赛后的技战术采集两大功能。系统设计过程中充分体现视频处理方式快捷、比赛模板建立方式灵活、使用方便等技术特点。

文件(F)	采集(C)	视频(V)	分析结果(O)	帮助(H)
新建(N)	模板(T)	来源(S)	当前场次(N)	
打开(O)	输入表(I)	播放器(P)	一三板结果	
保存(S)	数据表	摄像头(C)	一三五板结果	
另存为(A)	新建(N)	摄像头保存	全部场次(A)	
比赛信息	复制(C)	模拟器(S)	生成模板(T)	
从文件导入		现场采集	Word模板1(1)	
最近所用文件		落点呈现	Word模板2(2)	
退出(X)		截取(C)	Word模板3(3)	
			Word模板4(4)	
			Word模板5(5)	

图 3-2 乒乓球技战术数据采集系统图

如图 3-2 所示,为乒乓球技战术数据采集系统示意图,其中,数据采集模块,本系统提供三种采集方式,分别是根据基于视频文件的数据采集,基于实时摄像的数据采集和基于模拟器的数据采集。技战术模板可以事先根据教练的需求进行定义,模板定义完成之后,可以自动生成数据采集的输入表,根据输入表的选择输入,将一分球的技战术数据输入至数据表。

技战术分析模块,本系统可实现以下两部分功能。

①固定的技战术分析模型。开发使用于不同打法类型和不同需求的乒乓球技战术分析模型。

②开放式技战术分析模型。以便于根据乒乓球具体的实践需求增减技战术指标或建立新的技战术分析模型。

视频播放模块，本系统提供三种视频展现方式，分别是视频播放器播放视频文件，使用摄像头实时播放和使用模拟器模拟乒乓球台。而且，视频播放器提供快进、快退和视频截取等功能，智能化快速截取与合成分段视频的功能。

一、数据采集模块

（一）数据采集模块的功能

1. 模板的功能

乒乓球技战术采集模块，就是系统使用者根据视频片段对运动员的技战术进行采集。这一过程强烈依赖于事先定义的技战术模板，技战术模板定义的内容和关系是技战术采集部分的基础，本系统根据技战术模板的数据特点以及操作方法，采用 XML 文件存储模板信息。根据对该比赛需要采集的内容建立相应的模板，方便教练员采集技战术内容，并根据设立的比赛模板进行数据采集，将该比赛的比赛技战术信息进行记录。

（1）新建模板

点击采集菜单中的模板按钮如图 3-3 所示，就可以弹出模板框架，如图 3-4 所示。

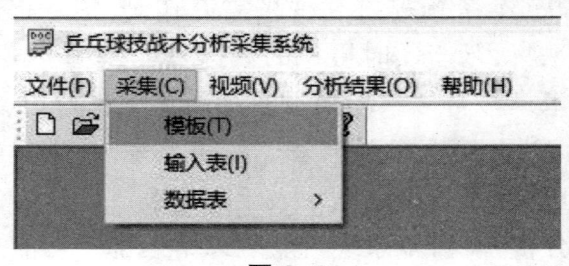

图 3-3

第三章 "乒乓军师"专项技战术视频分析系统的研发

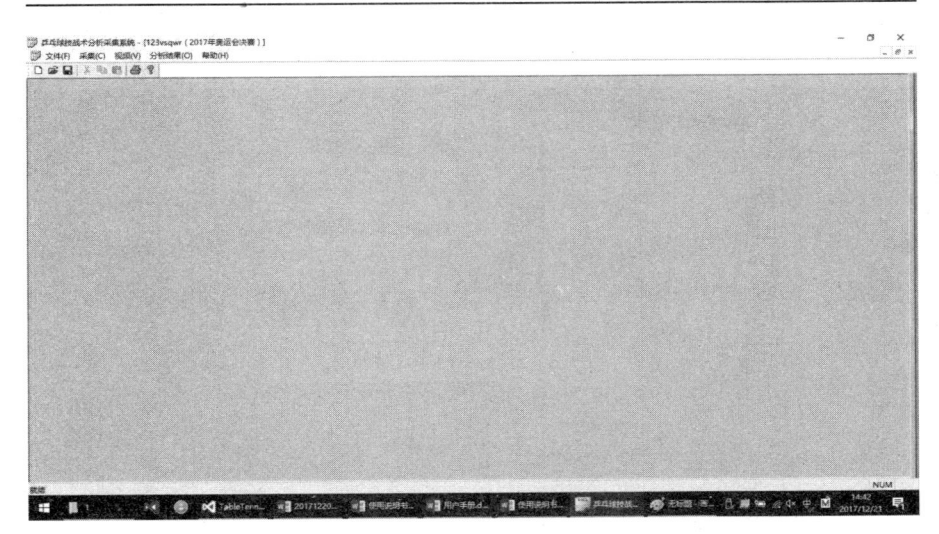

图 3-4

（2）编辑模板

在模板中单击右键可以弹出菜单如图 3-5 所示，点击其中的新建一列便可以弹出新建列窗口，如图 3-6 所示，以用作于新建模板列。在左侧可以选择已有的模板列进行添加，也可以选择最下方自定义选项添加没有的新模板列。对于每一个模板列的内容可以再右侧的框体中进行修改。

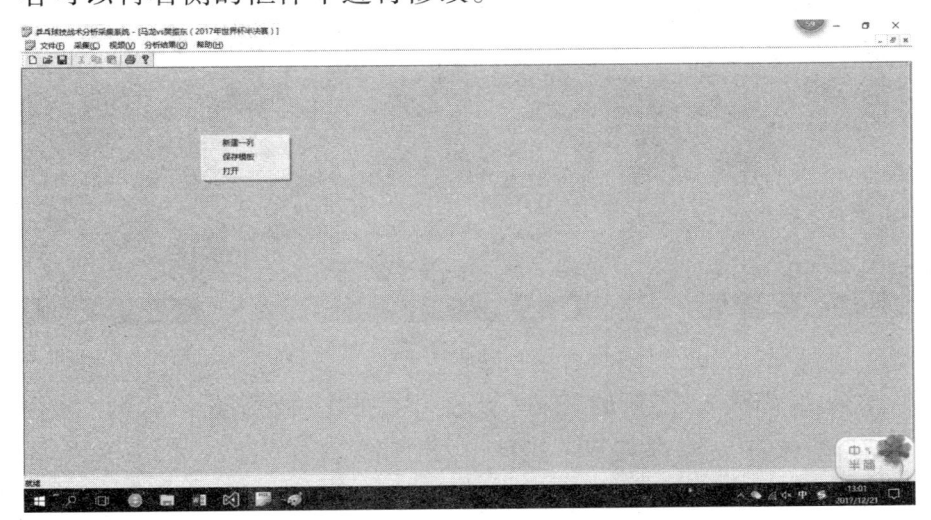

图 3-5

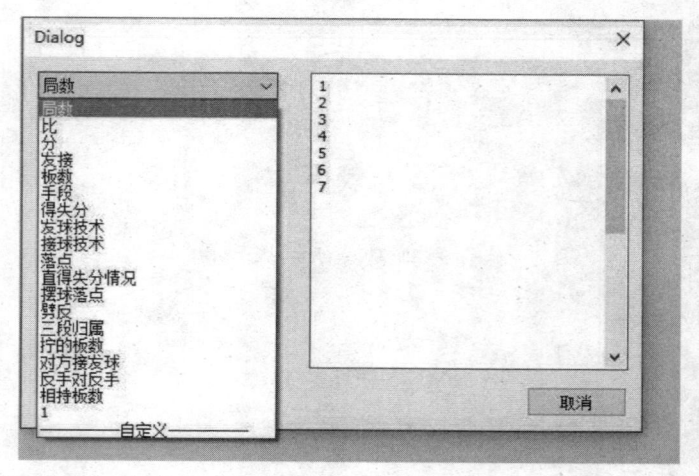

图 3-6

建立好的模板如图 3-7 所示。新建模板列选项会根据鼠标点选的位置进行新建。默认在鼠标位置右侧新建模板列。

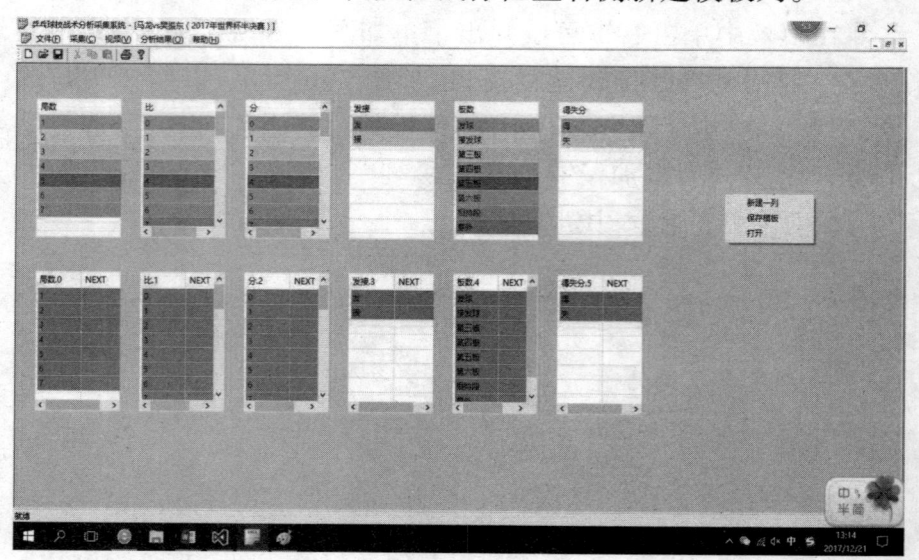

图 3-7

如果需要建立新的控件，就在相应的模板列下方点击右键，点击添加关系控件按钮，如图 3-8 所示，便可以添加一个关系控件。

第三章 "乒乓军师"专项技战术视频分析系统的研发

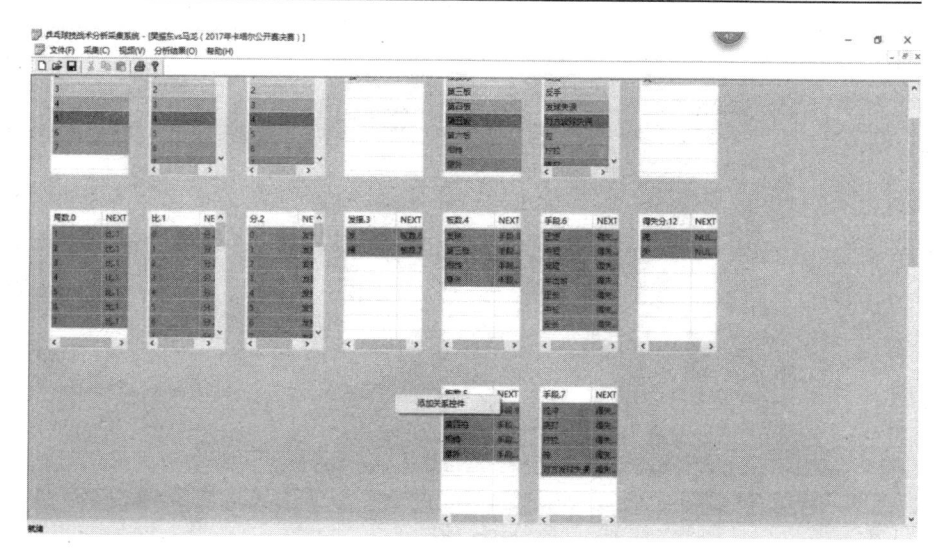

图 3-8

在下方关系控件中点击右键可以对关系控件进行操作,如图 3-9 所示。修改按钮可以修改当前关系控件的信息;删除按钮可以删除当前关系控件;编辑 NEXT 按钮可以指定该关系控件指向的是哪一个关系控件。删除字段可以将关系控件中不需要的行删除;NEXT 置为空可以将 NEXT 属性置为空值从而进行重新选择。选择好 NEXT 值的最终模板如图 3-10 所示。

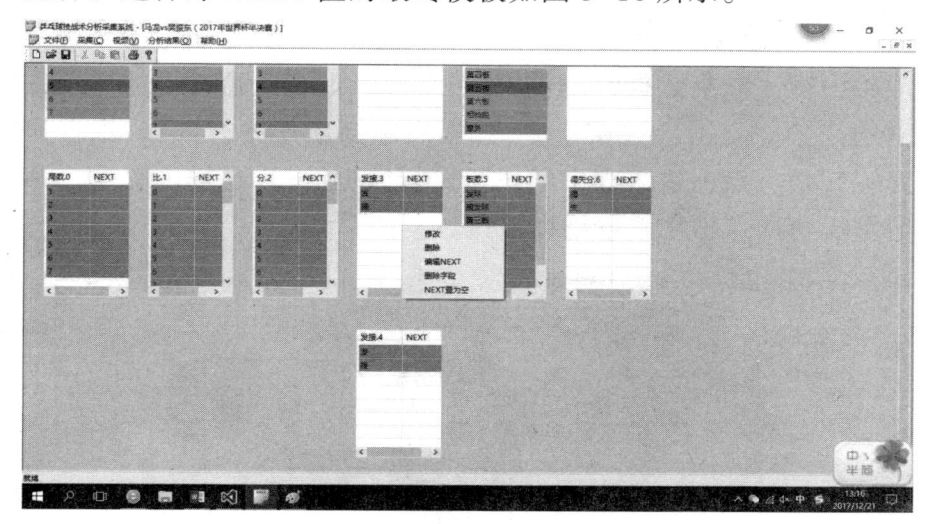

图 3-9

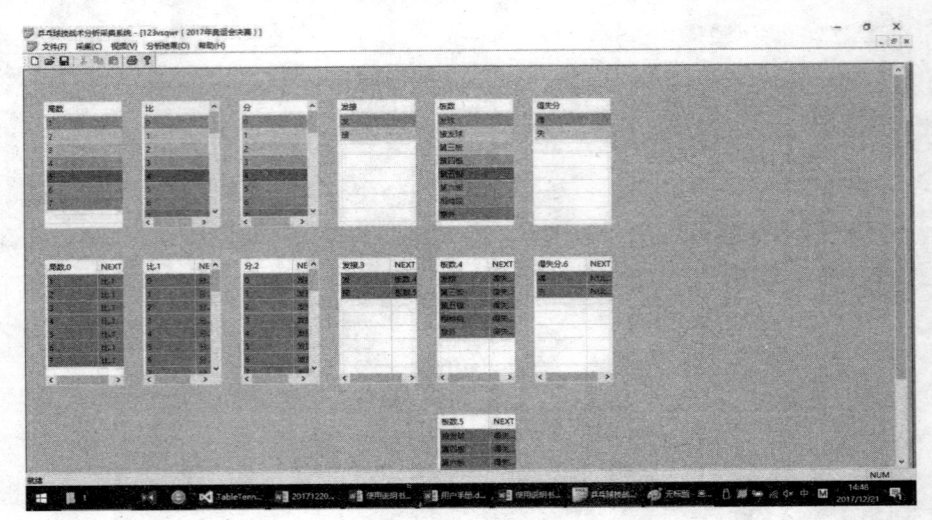

图 3-10

（3）保存模板

在所有操作进行完毕后,需要在空白处点击右键菜单中的保存模板按钮进行模板保存,以便在下面的采集工作中使用当前设定好的模板进行采集。

2. 数据表的功能

点击采集菜单中数据表选项,如图 3-11 所示,会在主界面中弹出数据表,如图 3-12 所示。数据表是用于描述每一分球的技战术内容。采集数据时,根据比赛情况点击视频窗口添加一条数据的采集。点击视频窗口后,数据表中会新建一行数据,根据比赛视频信息点击输入表中的按钮进行数据的输入,输入完这一条数据后再次点击视频框结束该条数据的采集。

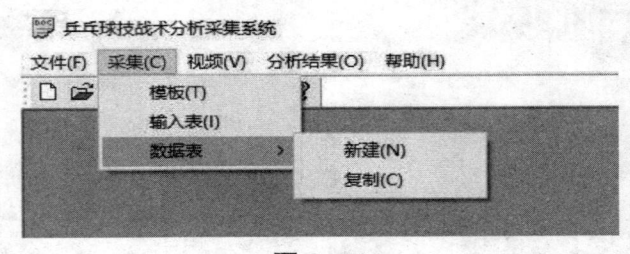

图 3-11

第三章 "乒乓军师"专项技战术视频分析系统的研发

图 3-12

（1）筛选功能

点击数据表格中的筛选按钮，或者右键菜单中的筛选选项，都可以弹出筛选框体。可以根据教练员需求选择不同的筛选选项，如图 3-13 所示。

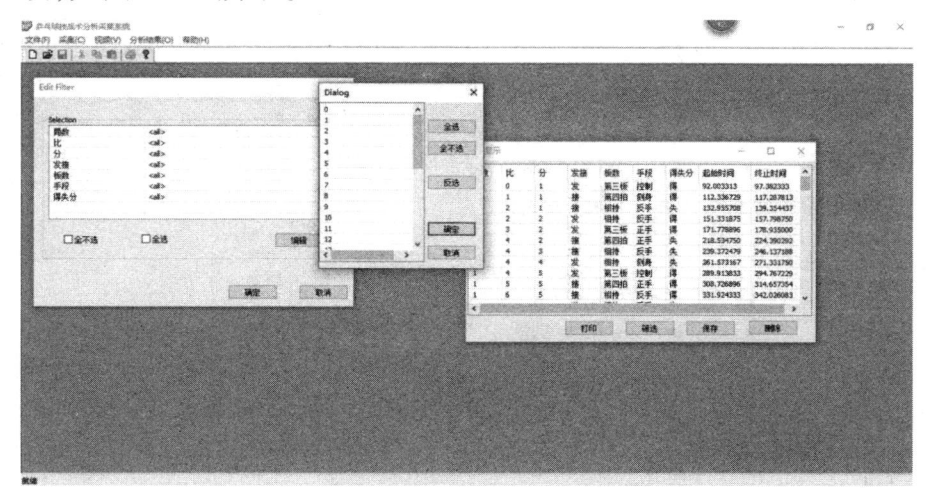

图 3-13

选择完所需要的筛选条件后点击确定按钮即可完成筛选功能。数据表格中会显示筛选后的比赛数据，如 3-14 图所示。如果需要恢复最初数据，双击下方"…"这一行即可恢复最初始的数据表格。

图 3-14

（2）排序功能

在数据表格中单击某一列的列头，即可根据该列数据进行降序排列，如图 3-15 所示，该图是按照板数这一列进行的排序。

图 3-15

第三章 "乒乓军师"专项技战术视频分析系统的研发

（3）其他功能

选择一行数据后，点击右键菜单中的删除选项即可删除该条数据，点击框体下方的删除按钮也可以删除该条数据；点击右键菜单中的显示时间按钮即可显示初始时间以及终止时间，点击隐藏时间按钮会将初始时间以及终止时间隐藏；点击框体下方的打印按钮可以将数据表格中的数据以 excel 的形式进行保存；当选中一条或多条数据后，点击保存按钮，即可将被选中的比赛信息视频进行保存。如果没有选中数据则将该表格中所有的比赛信息视频进行保存。如图 3-16 所示。

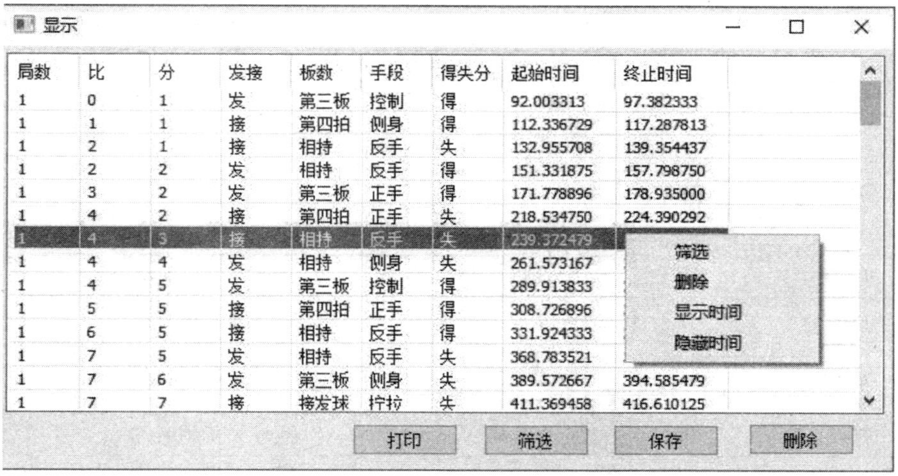

图 3-16

（二）数据采集模块的实现

在进行技战术采集时，首先要根据采集需求设计技战术模板。技战术模板包含有针对乒乓球项目专项的多个常用的技战术分析模板，同时也需留有开放式的应用环境。可以根据不同教练员和运动员的需求，方便自由地设立统计分析内容模型以及内容之间的逻辑关系。依据不同需求，模板可繁可简，简单模板可达到现场实时反馈。系统可对复杂的事件进行精确的定义和描述分析。分析内容的模型采用树状结构，并引入了层的概念，比赛的技战术统计结果的逻辑层次清晰。

每一套模板都是一个技战术体系，模板内容由局信息、比分信息、段信息、技术信息、得失分信息等详细指标组成。乒乓球技战术数据采集与技战术的模板内容有直接关系。模板的设计和建立包括数据项定义、属性定义和模板建立三部分。

1. 数据项定义

模板数据项的具体名称如表 3-1 所示。新建模板时，可以根据需要选择表中数据项，也可以根据需要增加新的数据项。模板的数据表项是一分球的基本信息和比赛过程，基本信息就是这一分球所在的局数和比分，比赛过程是这一分球中所用的技术动作、板数信息以及得失分情况。

表 3-1 模板数据项的名称

编号	数据项名称	备注
001	局数（局数、局）	括号为备用名称
002	比（比、总得）	括号为备用名称
003	分（分、总失）	括号为备用名称
004	发接（发接、接发、发接轮次、接发轮次）	括号为备用名称
005	板数（板数、拍数、发球轮）	括号为备用名称
006	手段（得分手段、失分手段）	括号为备用名称
007	得失分（得失分、得失）	括号为备用名称
008	相持板数	
009	发球技术	
010	接球技术	
011	落点（落点、发球落点、位置）	括号为备用名称
012	拧的板数	
013	对方接发球	
014	直得失分情况	
015	反手对反手	
016	摆球落点	
017	劈反	
018	三段归属	

2. 属性定义

模板数据各项的属性是描述乒乓球的一分球技战术的基本组成单元，是用于乒乓球技战术建立的数据项和属性，也是系统进行乒乓球技战术采集的基础。对于局数、比分、发、接项、板数、手段、落点、得失分等技战术指标的属性均进行了定义和说明。

模板数据项的各个属性如下所示，表3-2给出局数、比、分的基本取值范围。

表 3-2 局数、比分的属性取值

数据项	属性的取值范围	备注
局数（局数、局）	0~9	取整数
比（比、总得）	0~35	取整数
分（分、总失）	0~35	取整数

表3-3给出了发接项的属性取值说明。

表 3-3 发接项的属性取值说明

编号	发接项的属性取值	备注
001	发	
002	接	

表3-4给出了板数的属性取值说明。

表 3-4 板数项的属性取值说明

编号	板数项的属性取值	备注
001	发球	
002	接发球	
003	第三板（第3板）	括号为备用名称
004	第四板（第4板）	括号为备用名称
005	第五板（第5板）	括号为备用名称
006	相持段	
007	意外	

表 3-5 给出了手段的属性取值说明。

表 3-5　手段的属性取值说明

编号	手段项的属性取值	备注
001	正手	
002	侧身	
003	反手	
004	发球失误	
005	对方发球失误	
006	拉（拉、拉冲）	括号为备用名称
007	拧	
008	挑撇	
009	控（控、控制、防御）	括号为备用名称
010	擦网	
011	擦边	
012	发	
013	接	
014	挑（挑、挑打）	括号为备用名称
015	拧拉	
016	劈（劈长、劈）	括号为备用名称
017	摆（摆短、摆）	括号为备用名称

表 3-6 给出了得失分的属性取值说明。

表 3-6　得失分的属性取值说明

编号	得失分项的属性取值	备注
001	得	
002	失	

表 3-7 给出了相持板数的属性取值说明。

表 3-7　相持板数的属性取值说明

编号	相持板数的属性取值	备注
001	6	
002	7	

第三章 "乒乓军师"专项技战术视频分析系统的研发

续表

编号	相持板数的属性取值	备注
003	8	
004	9	
005	10	
006	11	
007	12	

表 3-8 给出了发球技术的属性取值说明。

表 3-8　发球技术的属性取值说明

编号	发球技术的属性取值	备注
001	钩子（钩子、钩子发球）	括号为备用名称
002	转与不转	
003	侧旋	
004	逆侧旋	
005	反手（反手、反手发球）	括号为备用名称

表 3-9 给出了接球技术的属性取值说明。

表 3-9　接球技术的属性取值说明

编号	接球技术的属性取值	备注
001	摆（摆短、摆）	括号为备用名称
002	劈（劈长、劈）	括号为备用名称
003	拧	
004	挑撇	
005	正手拉冲	
006	反手拉冲	
007	侧身拉冲	

表 3-10 给出了落点的属性取值说明。

表 3-10　落点的属性取值说明

编号	落点的属性取值	备注
001	正短	
002	正半	

续表

编号	落点的属性取值	备注
003	正长	
004	中短	
005	中半	
006	中长	
007	反短	
008	反半	
009	反长	
010	正手位	
011	中路	
012	反手位	
013	失误（失误、无、否）	括号为备用名称
014	中偏正短	
015	中偏反短	

表 3-11 给出了拧的板数的属性取值说明。

表 3-11 拧的板数的属性取值说明

编号	拧的板数的属性取值	备注
001	2	
002	3	
003	4	
004	否	
005	5板后	

表 3-12 给出了对方接发球的属性取值说明。

表 3-12 对方接发球的属性取值说明

编号	对方接发球的属性取值	备注
001	摆（摆短、摆）	括号为备用名称
002	劈（劈长、劈）	括号为备用名称
003	挑撇	
004	拧	

续表

编号	对方接发球的属性取值	备注
005	正手拉冲	
006	反手拉冲	

表 3-13 给出了直得失分情况的属性取值说明。

表 3-13　直得失分情况的属性取值说明

编号	直得失分情况的属性取值	备注
001	直得	
002	直失	
003	后得	
004	后失	
005	否	

表 3-14 给出了反手对反手的属性取值说明。

表 3-14　反手对反手的属性取值说明

编号	反手对反手的属性取值	备注
001	是	
002	否	
003	不确定	

表 3-15 给出了摆球落点的属性取值说明。

表 3-15　摆球落点的属性取值说明

编号	摆球落地的属性取值	备注
001	摆中	
002	摆正	
003	摆反	
004	否	

表 3-16 给出了劈反的属性取值说明。

表 3-16　劈反的属性取值说明

编号	劈反的属性取值	备注
001	劈反	
002	否	

表 3-17 给出了三段归属的属性取值说明。

表 3-17　三段归属的属性取值说明

编号	三段归属的属性取值	备注
001	发抢段	
002	接抢段	
003	相持段	

以上属性是描述乒乓球的一分球技战术的基本组成单元，是用于乒乓球技战术建立的数据项和属性，也是系统进行乒乓球技战术采集的基础。

3. 乒乓球技战术模板的建立

可以根据数据项定于和属性定义创建新的技战术模板，模板内容既包括上述各类属性的取值内容，还包括各类属性之间的顺序关系。图 3-17 为技战术模板建立的过程。

本系统是在 MFC 单文档框架下实现的，模板建立是在 View 窗体之上，可添加各种数据项控件。首先在该文档下定义两个列表控件（CListCtrl），一个列表控件加载一个数据项和该数据项的现有属性，用于选取需要加入的技战术数据项和属性；另一个列表控件，定义为指针数组，用于选取属性之间的关系。

模板信息的存储和读取是通过 XML（可扩展标记语言 Extensible Markup Language）被设计用来传输和存储数据。其中的标记（markup）是关键部分，本系统采用微软提供的 MSXML 组件来操作 XML 文件。

由于采集的属性众多，为了保证在采集过程中的连贯性，在设计模板时添加了属性关系列，每一列属性都可以任意连接到其他属性列，当采集完一个属性时会根据属性关系跳到该属性连接的下一个属性。

由于在采集时，模板可能出现重复使用的情况，为避免重复创建相同模板，本软件设计了模板库来保存使用率高的模板。

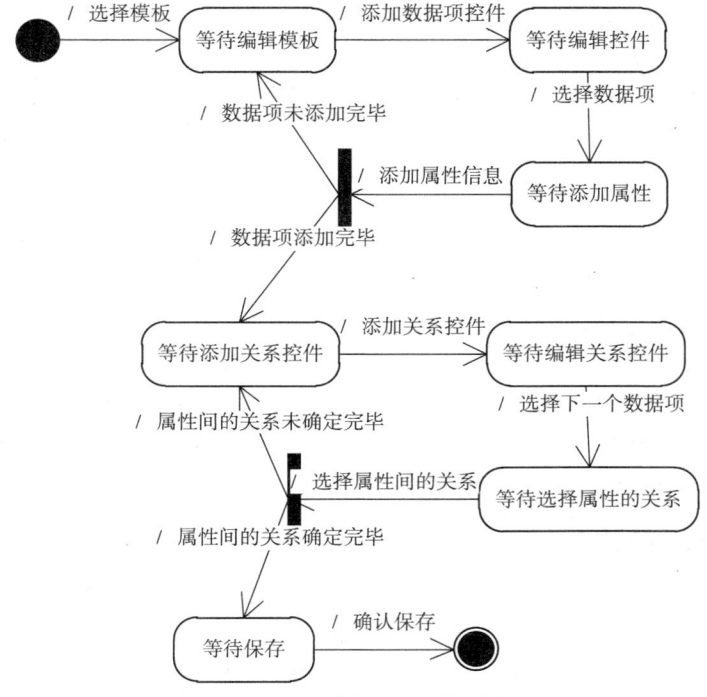

第三章 "乒乓军师"专项技战术视频分析系统的研发

图 3-17 模板建立的过程

在设计模板库时,根据技战术分析领域常用的方法总结并整理了常用模板并添加到了模板库中,如普通三段模板(如图 3-18 所示)和动态三段模板。

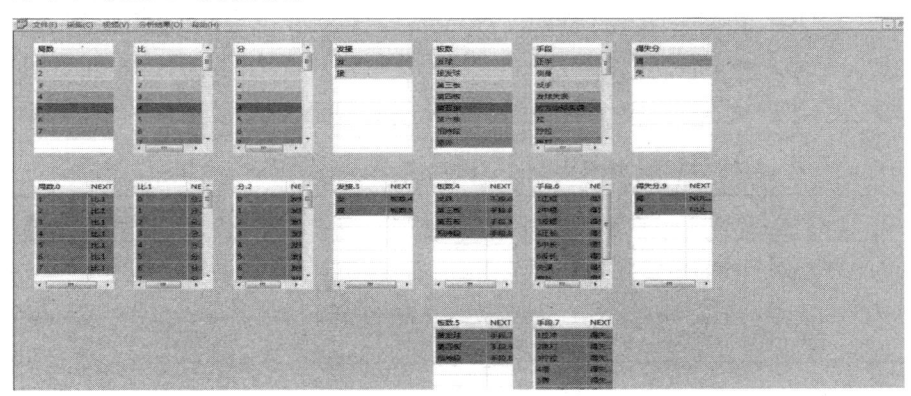

图 3-18 普通三段模板

在创建新工程之后,点击"模板"按钮,该功能才有效。点击模板按钮,之后出现一个空白的模板,鼠标右键点击,添加模板属性以及属性关系,包括属性任意位置插入;重复进行鼠标右键点击,添加多个技战术采集所需的数据项和属性。添加完成之后,进行属性间的关系选择,确定"点点"操作的属性顺序。完成关系选择之后,右键点击保存即可,模板的数据保存至数据库和 XML 文件中。下面具体介绍一下建立模板和保存模板所用的技术。

(1)基于 MFC 框架添加模板的控件

本系统是在 MFC 单文档框架下实现的,模板建立是在 View 窗体之上,可添加各种数据项控件。首先在该文档下定义两个列表控件(CListCtrl),一个列表控件加载一个数据项和该数据项的现有属性,用于选取需要加入的技战术数据项和属性;另一个列表控件,定义为指针数组,用于选取属性之间的关系。其具体定义如下表 3-18。

表 3-18　模板属性列的变量定义

变量名	说明
CListCtrl *sx;	//一列中的属性
CListCtrl *gx[10];	//一列中的关系数组
int gx_sum = 0;	//一列中有多少关系控件

表 3-19 说明了针对载入模板后的 View 窗体的一系列操作函数,例如从 XML 文件中读入模板信息,插入或删除属性列。

表 3-19　模板的一系列操作函数

方法	说明
void CTableTennisView:: OnDraw(CDC* /*pDC*/)	//从 XML 文件中读取模板信息,显示在 View 中
void CTableTennisView:: OnInitialUpdate()	// 初始化 View 大小
void CTableTennisView:: OnRButtonDown(UINT nFlags, CPoint point)	//空白处右键响应函数,添加列或控件(通过显示不同的菜单)
void CTableTennisView:: OnAddColumn()	// 添加列

第三章 "乒乓军师"专项技战术视频分析系统的研发

续表

方法	说明
void CTableTennisView：：ShowRMenu（int Num，CPoint ScrPoint）	// 显示不同右键菜单
void CTableTennisView：：OnAddGx（）	// 添加关系控件
BOOL CTableTennisView：：OnEraseBkgnd（CDC* pDC	//view 背景色
void CTableTennisView：：OnNMRClickListMBgx（UINT id，NMHDR *pNMHDR，LRESULT *pResult）	// 关系控件上的右键菜单响应函数
void CTableTennisView：：OnMbGxNext（）	//NEXT 赋值
void CTableTennisView：：OnMbSave（）	// 保存模板
void CTableTennisView：：OnMbGxDelZi（）	// 删除关系字段
void CTableTennisView：：UpDateGxNum（）	// 更新关系控件编号
void CTableTennisView：：OnMbGxNextNull（）	// 设置 NEXT 为 NULL
void CTableTennisView：：OnMbGxChange（）	// 关系控件修改
void CTableTennisView：：OnMbGxDel（）	// 删除关系控件
void CTableTennisView：：OnNMRClickListMBsx（UINT id，NMHDR *pNMHDR，LRESULT *pResult）	// 在属性控件内单击右键触发，显示属性控件右键菜单
void CTableTennisView：：OnMbSxdel（）	// 删除属性列
void CTableTennisView：：OnCustomDraw（UINT id，NMHDR * pNMHDR，LRESULT * pResult）	// 属性控件内每行颜色渐变
void CTableTennisView：：OnOpenmb（）	// 导入模板
void CTableTennisView：：OnLvnKeydownList（UINT id，NMHDR *pNMHDR，LRESULT *pResult）	// 关系控件 delete 快捷键
void CTableTennisView：：OnNMDblclkList（UINT id，NMHDR *pNMHDR，LRESULT *pResult）	// 双击修改关系控件
bool CTableTennisView：：IsAllCon（）	// 判断关系控件是否全部连线

采用对话框的形式展示需要添加的数据项和属性，例如图 3-19 所示，使用下拉框来选择数据项，左侧对应的文本框选择技战术属性。

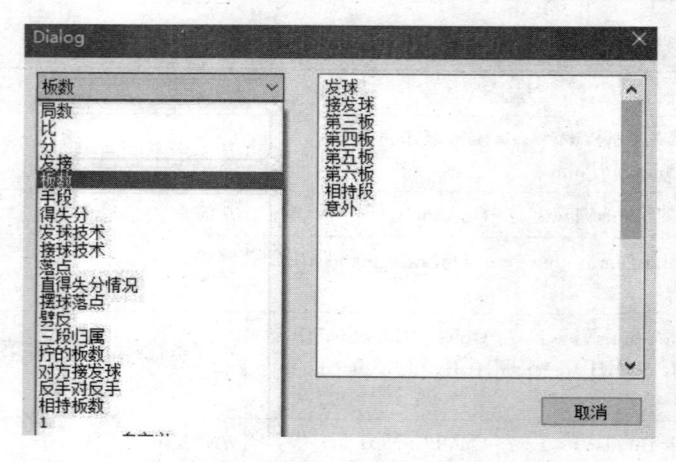

图 3-19　添加数据项和属性的示例

图 3-19 中的数据项和属性均是从模板库表中读取出来的,如需要修改数据项和属性,则在对话框中添加或删除,并保存至数据库中,其算法如下:

Step1:ADO 方式连接数据库;

Step2:采用 ADO 方式,从数据库的模板库表中读取数据项和数据项的属性,并放入 comboBox 控件和 Text 控件中;

Step3:若点击自定义按钮,则可以添加新的数据项,转至 Step4。若直接点击确定,则转至 Step8;

Step4:把自定义属性名、值赋值给全局变量 theApp.MB_sx_Str;

Step5:模板库、每分信息表中插入新列;

Step6:向模板库表的新数据项列中添加自定义数值;

Step7:如果数据项添加完毕,则转至 Step8,若需要继续添加,则转至 Step3;

Step8:结束。

数据项和属性添加完毕之后,为每个技战术属性添加 Next 值,作为属性之间的关系。右键点击 Next 值,如果当前数据项的下一个数据项,只有一列,则不会弹出选择框,如果下一个数据项有多个数据列,则弹出对话框,用于选择属性的 Next 值。其实现算法如下:

Step1：判断右键点击的位置横坐标 x；

Step2：如果横坐标 x 位于最后一列，则 Next 值取为 NULL，如果横坐标 x 不位于最后一列，则转至 Step3；

Step3：当前列的后面一列只有一个关系控件，则直接将此列的 Next 值设置为下一列的列名，若有多个控件，则转至 Step4；

Step4：弹出对话框，选择下一列的关系属性；

Step5：选择完毕后，点击确认；

Step6：重复 Step3 至 Step5 的操作，直至最后一列。

数据项及其数据项之间的关系添加完毕之后，可以在模板视图上的两个数据项之间插入属性列，也可以删除属性列。

（2）模板信息的存储和读取

XML 是可扩展标记语言（Extensible Markup Language）的缩写，其中的标记（markup）是关键部分，XML 被设计用来传输和存储数据。本系统采用微软提供的 MSXML 组件来操作 XML 文件。MSXML 是微软提供的读写 XML 内容的开发函数库，随操作系统分发，提供的是 COM 接口。下面就具体介绍一下本系统如何利用 MSXML 组件实现从 XML 中读取模板信息和模板信息存入 XML 文件。XML 文件中数据的存储结构是树形，它从"根部"开始，然后扩展到"枝叶"，XML 文档必须包含根元素，该元素是所有其他元素的父元素，XML 文档中的元素形成了一棵文档树。如图 3-20 所示是模板信息在 XML 文件中的存储结构和存储元素。

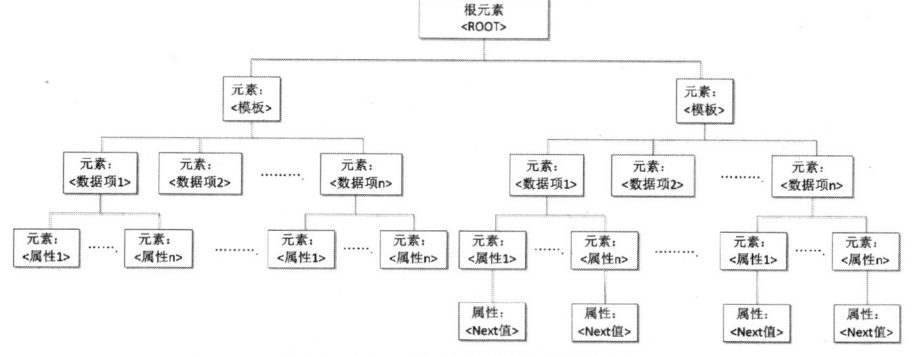

图 3-20　模板的树形结构图

①从 XML 中读取模板信息

A. 使用 CoInitialize（ ）函数初始化 COM 环境

∷CoInitialize（NULL）;

B. 定义 XML 文件所需的根节点、属性和关系的节点以及属性和关系的子节点集合

MSXML2∷IXMLDOMDocumentPtr XMLDOC;

MSXML2∷IXMLDOMElementPtr XMLROOT;

MSXML2∷IXMLDOMElementPtr XMLELEMENT;

MSXML2∷IXMLDOMNodeListPtr XMLNODES; // 属 性、关系

MSXML2∷IXMLDOMNodeListPtr XMLNODES1; // 属性的子节点集合

MSXML2∷IXMLDOMNodeListPtr XMLNODES2; // 关系的子节点集合

MSXML2∷IXMLDOMNamedNodeMapPtr XMLNODEATTS; // 某个节点的所有属性;

MSXML2∷IXMLDOMNodeListPtr XMLNODESgx;

MSXML2∷IXMLDOMNodeListPtr XMLNODESgx1;

MSXML2∷IXMLDOMNodeListPtr XMLNODESgx2;

MSXML2∷IXMLDOMNodePtr XMLNODE; // 一个节点

MSXML2∷IXMLDOMNodePtr XMLNODEgx; // 一个节点

C. 根据文件路径，打开 XML 文件

XMLDOC->load（_bstr_t（FilePathName））; // 打开文件

D. 获取根节点、子节点的内容以及节点之间的关系

XMLROOT = XMLDOC->GetdocumentElement（ ）; // 获得根节点;

XMLROOT->get_childNodes（&XMLNODES）; // 获得根节点的所有子节点;

XMLNODES->get_item（0, &XMLNODE）; // 属性

XMLNODE->get_childNodes（&XMLNODES1）; // 所有属性

第三章 "乒乓军师"专项技战术视频分析系统的研发

的集合

XMLNODES->get_item（1,&XMLNODEgx）; //关系

XMLNODEgx->get_childNodes（&XMLNODESgx）; //关系子节点

E.计算属性列的个数以及关系列的个数,根据这两种列的个数新建 CListCtr 控件

theApp.MBcolumn[theApp.MBcolumn_sum] = new CMBColumn（）;

theApp.MBcolumn[theApp.MBcolumn_sum]->sx = new CListCtrl（）;

theApp.MBcolumn[theApp.MBcolumn_sum]->sx->Create（WS_VISIBLE | LVS_REPORT, CRect(a.x – OriginalPoint.x, a.y – OriginalPoint.y, b.x – OriginalPoint.x, b.y – OriginalPoint.y), this, IDS_MBcolumn + theApp.MBcolumn_sum）;

F.将获取到的属性内容和关系内容,放入这两种列中

theApp.MBcolumn[theApp.MBcolumn_sum]->gx[theApp.MBcolumn[theApp.MBcolumn_sum]->gx_sum]->SetItemText（m,1,XMLNODE->text）;

G.关闭当前线程的 COM 库,卸载线程加载的 MSXML2.dll

②将模板数据存入 XML 文件中

A.使用 CoInitialize（）函数初始化 COM 环境

::CoInitialize（NULL）;

B.创建一个 XML 文件

HRESULT HR = XMLDOC.CreateInstance（_uuidof（MSXML2::DOMDocument60））;

C.定义 XML 文件所需的根节点、属性和关系的节点以及属性和关系的子节点集合

MSXML2::IXMLDOMDocumentPtr XMLDOC;

MSXML2::IXMLDOMElementPtr XMLROOT;

MSXML2::IXMLDOMElementPtr XMLELEMENT;

MSXML2：：IXMLDOMNodeListPtr XMLNODES；// 属性、关系

MSXML2：：IXMLDOMNodeListPtr XMLNODES1；// 属性的子节点集合

MSXML2：：IXMLDOMNodeListPtr XMLNODES2；// 关系的子节点集合

MSXML2：：IXMLDOMNamedNodeMapPtr XMLNODEATTS；// 某个节点的所有属性；

MSXML2：：IXMLDOMNodeListPtr XMLNODESgx；

MSXML2：：IXMLDOMNodeListPtr XMLNODESgx1；

MSXML2：：IXMLDOMNodeListPtr XMLNODESgx2；

MSXML2：：IXMLDOMNodePtr XMLNODE；// 一个节点

MSXML2：：IXMLDOMNodePtr XMLNODEgx；// 一个节点

D. 加载创建好的 XML 文件

XMLDOC->load（_bstr_t（theApp.FilePathName））；

E. 获取该 XML 文件中根节点和所有子节点

XMLDOC->load（_bstr_t（theApp.FilePathName））；

XMLROOT = XMLDOC->GetdocumentElement（）；// 获得根节点；

XMLROOT->get_childNodes（&XMLNODES）；// 获得根节点的所有子节点；

XMLNODES->get_item（0, &XMLNODEsx）；

XMLNODES->get_item（1, &XMLNODEgx）；

XMLNODEsx->get_childNodes（&XMLNODESsx）；

XMLNODEgx->get_childNodes（&XMLNODESgx）；

F. 将数据项的属性和属性之间的关系存入 XML 的各个节点中

temp = theApp.MBcolumn[i]->sx->GetItemText（j, 0）；

XMLNODEsxItem = XMLDOC->createElement((_bstr_t)(_T("值")))；

第三章 "乒乓军师"专项技战术视频分析系统的研发

XMLNODEsxItem->put_text((_bstr_t)temp);

XMLNODE->appendChild(XMLNODEsxItem);

XMLNODEgxItem = XMLDOC->createElement((_bstr_t)(_T("值")));

XMLNODEgxItem->put_text((_bstr_t)temp);

temp = theApp.MBcolumn[m]->gx[n]->GetItemText(q,1);

AfxExtractSubString(Attribute,temp,1,'.');

XMLNODEgxItem->setAttribute("NEXT",(_bstr_t)Attribute);

XMLNODEgxItem->setAttribute("KIND",(_bstr_t)m);

XMLNODEgxItem->setAttribute("NEXTtext",(_bstr_t)temp);

XMLNODE->appendChild(XMLNODEgxItem);

G.保存并关闭当前线程的 COM 库,卸载线程加载的 MSXML2.dll

XMLDOC->save(theApp.FilePathName.AllocSysString());

::CoUninitialize()。

(3)技战术信息采集

在技战术模板创建完成后,软件根据模板中的属性列,生成一个技战术指标点选界面(输入表)和一个技战术指标显示界面(显示表)。如图 3-21 所示,当选择好输入表中的内容后,所标记的每个球的技战术指标会在显示表中显示出来。

二、视频播放模块

(一)视频播放模块的功能

视频播放模块,该模块既可实现对调入不同视频格式的比赛视频的功能,又要实现对于实时摄像的视频采集与播放的功能,还可实现用模拟器模拟乒乓球台的功能。

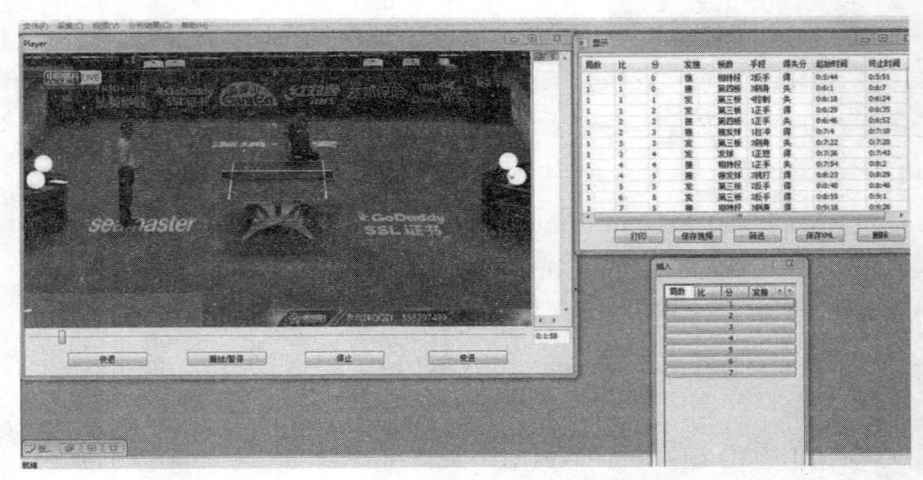

图 3-21 技战术信息采集界面

1. 播放器

（1）打开播放器

在软件上方菜单栏选择：视频 -> 来源 -> 播放器即可打开视频播放器。播放器如图 3-22 所示。

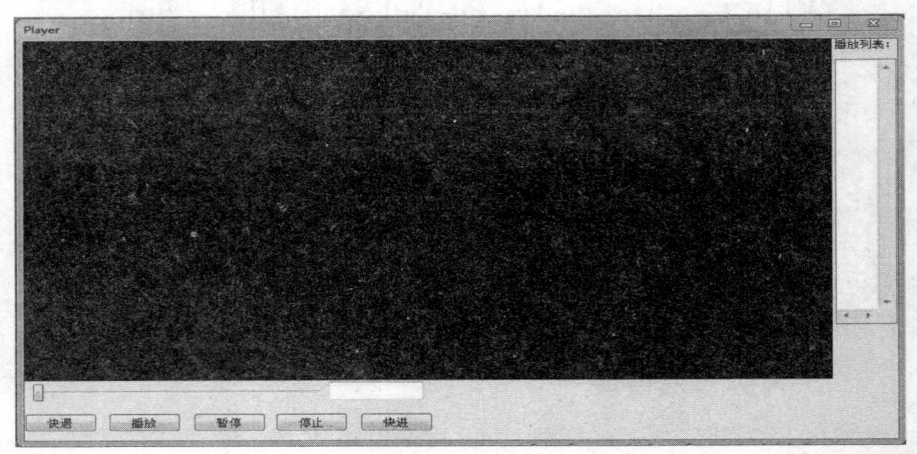

图 3-22

（2）打开视频

启动播放器以后，右键点击播放器界面，会出现，如图 3-23 所示菜单，点击打开按钮，会弹出选择视频的界面，如图 3-24 所示，此时用户可以根据自己的需求打开所需视频进行播放。用户

第三章 "乒乓军师"专项技战术视频分析系统的研发

可以一次性打开多个视频,目标路径会显示在播放器右侧播放列表显示,用户可以双击右侧视频名称选择要观看的视频,如图3-25所示。

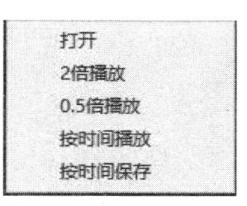

图 3-23

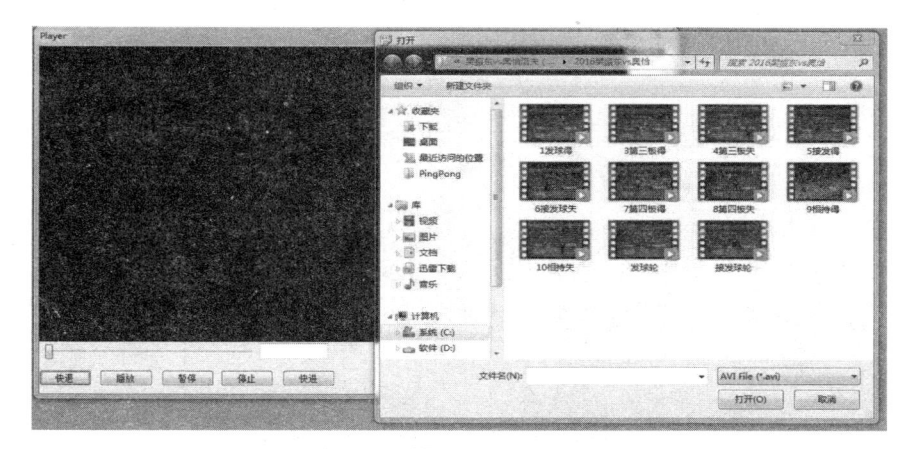

图 3-24

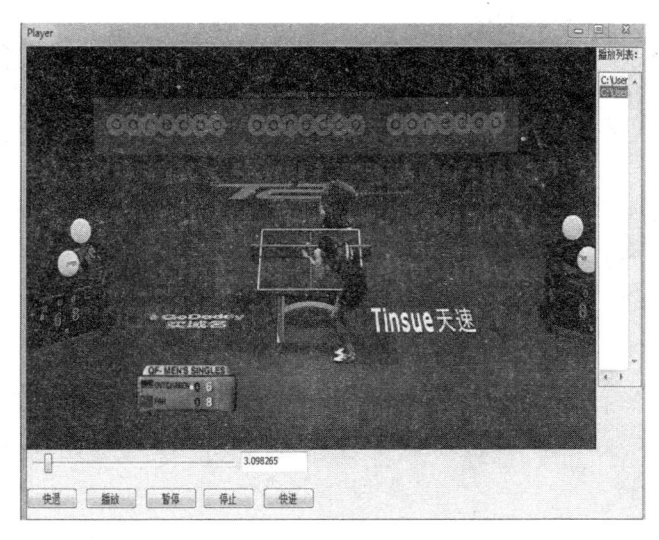

图 3-25

（3）视频基本操作

该模块介绍了视频控制的基本功能,基本功能如图3-26和图3-27所示。图3-26见播放器下方,图3-27右键点击播放器即可。

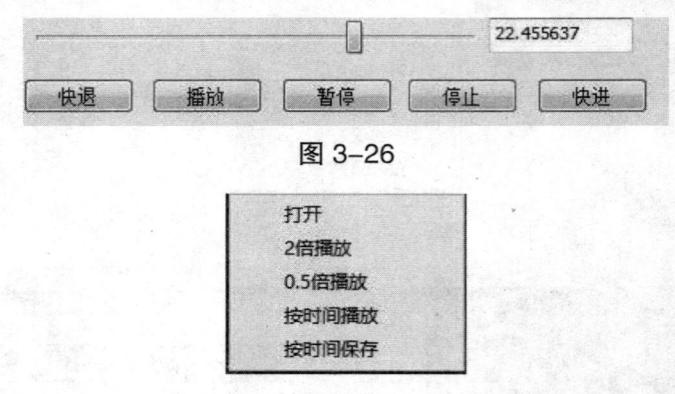

图 3-26

图 3-27

（4）播放视频

当用户打开一个视频以后,当前视频停留在视频的第一帧上,用户需要点击图3-26中播放按钮,来播放视频。

①视频的2倍速度播放

当用户打开一个视频以后,右键点击视频播放器,在图3-27中选择2倍播放选项,视频会以正常速度的2倍速率进行播放。

②视频的0.5倍速度播放

当用户打开一个视频以后,右键点击视频播放器,在图3-27中选择0.5倍播放选项,视频会以正常速度的0.5倍速率进行播放。

③暂停

当用户打开一个视频以后,若想暂停视频的播放,用户点击图3-26中暂停按钮则会暂停视频的播放。

④停止

当用户打开一个视频以后,若想停止视频的播放,用户点击图3-26中停止按钮则会停止视频的播放,使视频回到第1帧的界面。

第三章 "乒乓军师"专项技战术视频分析系统的研发

⑤视频的快进/快退

当用户打开一个视频以后,户点击图 3-26 中快进按钮使视频跳到当前时间的 10 秒钟以后,用户点击图 3-26 中快退按钮使视频返回当前时间的 10 秒钟以前。

(5)采集视频

当用户对一场比赛进行采集时,用户需要用左键点击播放器,在数据表中来创建存数据的新行,当点击第一下时软件会记录当前时间,存到起始时间中,当点击第二下时,会记录当前时间,并存放到终止时间中,如图 3-28 所示。

局数	比	分	发接	板数	手段	得失分	起始时间	终止时间
1	0	0	接	第四板	反手	得	591.615821	597.514547
1	1	0	接	第四板	侧身	失	611.205841	616.795864
1	1	1	发	第三板	反手	得	629.565703	634.572862
1	2	1	发	发球	正短	得	645.176440	649.708428
1	2	2	接	第四板	反手	得	661.391497	667.716315
1	4	1	接	第四板	反手	失	680.729360	685.872195
1	4	2	发	相持段	正手	得	710.322580	717.955374

图 3-28

(6)按时间播放

当用户对一场比赛完成采集以后,想要观看采集内容,用户可以先根据观看需求在数据表中进行筛选,然后用鼠标右键点击播放器,弹出如图 3-29 所示菜单,点击按时间播放按钮,即可按筛选过后的条件进行播放。

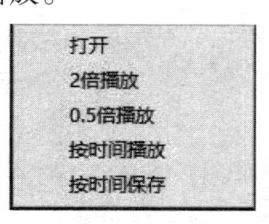

图 3-29

2. 摄像头

点击摄像头菜单,可以打开电脑所连接的摄像头,进行现场采集,如图 3-30 所示。可以将摄像头所录像的结果保存到本地。

图 3-30

3. 模拟器

用户进行现场采集时可采用此功能,在使用该功能采集技战术之前,应新建或打开模板,打开输入表和数据表。上述表格的对话框打开后,然后依次点击菜单"视频"→"来源"→"模拟器"→"现场采集"打开"现场采集"对话框,如图 3-31 所示。同样地,依次点击菜单"视频"→"来源"→"模拟器"→"落点呈现"打开"落点呈现"对话框。现场采集所需的对话框如图 3-32 所示。

图 3-31

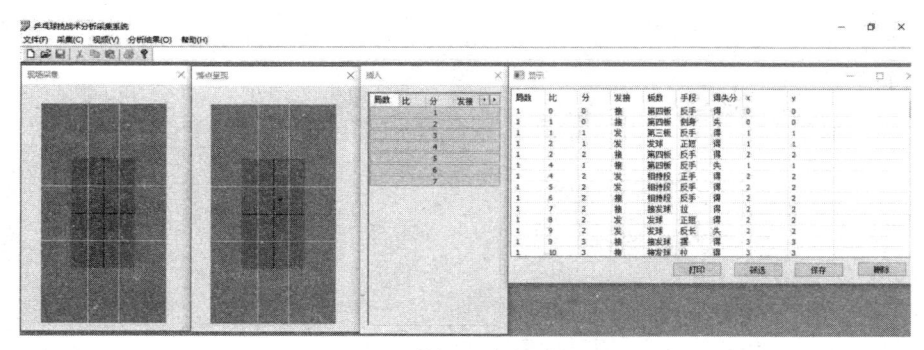

第三章 "乒乓军师"专项技战术视频分析系统的研发

图 3-32

用户在"现场采集"对话框内点击单击鼠标左键,"落点呈现"对话框即出现淡黑色小圆点,表示一次连续对打产生得失分球的落点位置。此时用户需要在"插入"对话框中录入这一分球的信息,录入的信息会显示在"显示"对话框中的数据表中。

用户在"现场采集"对话框内点击单击鼠标右键,"落点呈现"对话框即出现淡黄色小圆点,表示一次连续对打过程中非得失分球的落点位置。此时用户无法录入这一分球的信息,因为该落点不产生得失分。

（二）视频播放模块的实现

1. 基于 DirectShow 的视频播放技术

操作系统管理系统硬件设备,在 DirectShow 中将硬件设备包装成 Filter 对象供用户使用。系统将音频采集设备及视频采集设备分别存放在视频设备目录与音频设备目录中（虚拟目录）。对于系统设备,采用 CDXFilter 表示,相应的系统音频采集设备,视频采集设备分别用 CAudioCaptureFilter 与 CVideoCaptureFilter 表示。同时设计实现 CAudioRenderFilter 与 CVideoRenderFilter 分别渲染音视频数据。

抽象音频设备管理者、视频设备管理者分别为：CAudioDevices 与 CVideooDevices,提供管理设备列表的功能,如枚举系统设备、根据系统设备的变化情况,增加或者删除其维护的设备列表。

抽象设备的运行环境为 CDXGraph，对 Filter 的创建、连接等进行管理。

基于 DirectShow 的自定义的视频播放器的流程如下图 3-33 所示。

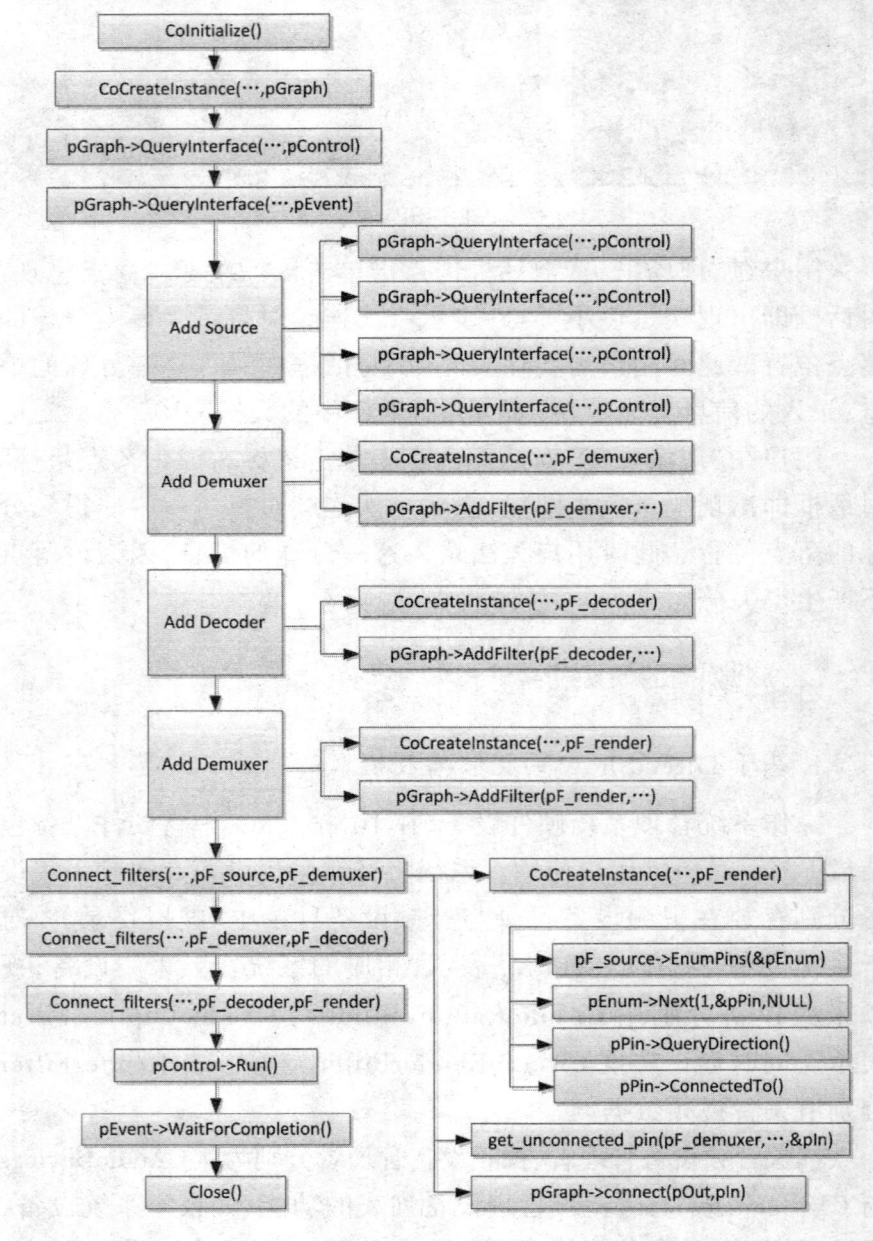

图 3-33　基于 DirectShow 的自定义视频播放器的实现流程

第三章 "乒乓军师"专项技战术视频分析系统的研发

该流程图中包含如下变量：

IGraphBuilder *pGraph：继承自 IFilterGraph，用于构建 Filter Graph。

IMediaControl *pControl：提供和播放控制有关的一些接口。

IMediaEvent *pEvent：用来处理 Filter Graph 发出的事件。

IBaseFilter *pF_source：源 Filter。

IFileSourceFilter* pFileSource：源 Filter 的暴露的接口，用于设置输入文件的路径。

IBaseFilter *pF_demuxer：解复用 Filter。

IBaseFilter *pF_decoder：解码 Filter。

IBaseFilter *pF_render：渲染 Filter。

IPin *pOut：输出 Pin。

IPin *pIn：输入 Pin。

IPin **pPin：内部变量 Pin。

该流程图大体上可以分成以下步骤：

（1）初始化 DirectShow

包括以下几个步骤：

① CoInitialize（ ）：初始化 COM 运行环境。

② CoCreateInstance（…，pGraph）：用指定的类标识符创建一个 Com 对象。在这里创建 IGraphBuilder。

③ pGraph->QueryInterface（…，pControl）：通过 QueryInterface（ ）查询某个组件是否支持某个特定的接口。在这里查询 IMediaControl 接口。

④ pGraph->QueryInterface（…，pEvent）：同上。在这里查询 IMediaEvent 接口。

（2）添加 Source Filter

包括以下几个步骤：

① CoCreateInstance（…，pF_source）：创建 Source Filter。

② pGraph->AddFilter（pF_source，…）：将 Source Filter 加入 Filter Graph。

③ pF_source->QueryInterface（…, pFileSource）：查找 Source Filter 的 IFileSourceFilter 接口。

④ pFileSource->Load（L"xxx.mpg", pF_source）：调用 IFileSource-Filter 的 Load（）方法加载视频文件。

（3）添加 Demuxer Filter

包括以下几个步骤：

① CoCreateInstance（…, pF_demuxer）：创建 Demuxer Filter。

② pGraph->AddFilter（pF_demuxer, …）：将 Demuxer Filter 加入 Filter Graph。

（4）添加 Decoder Filter

包括以下几个步骤：

① CoCreateInstance（…, pF_decoder）：创建 Decoder Filter。

② pGraph->AddFilter（pF_decoder, …）：将 Decoder Filter 加入 Filter Graph。

（5）添加 Render Filter

包括以下几个步骤：

① CoCreateInstance（…, pF_render）：创建 Render Filter。

② pGraph->AddFilter（pF_render, …）：将 Render Filter 加入 Filter Graph。

（6）连接 Source Filter 和 Demuxer Filter

调用了一个函数 connect_filters（）用于连接 2 个 Filter。connect_filters（）的执行步骤如下：

①调用 get_unconnected_pin（）从源 Filter 中选择一个没有链接的输出 Pin。

②调用 get_unconnected_pin（）从目的 Filter 中选择一个没有链接的输入 Pin。

③连接这两个 Pin

get_unconnected_pin（）的执行步骤如下：

①枚举 Filter 上的 Pin。

②遍览这些 Pin,查找符合输出方向（通过 IPin 的 QueryDirection

（ ）方法），而且没有在使用的 Pin（通过 IPin 的 ConnectedTo（ ）方法）。

（7）连接 Demuxer Filter 和 Decoder Filter

过程同上。

（8）连接 Decoder Filter 和 Render Filter

过程同上。

（9）开始播放

包括以下步骤：

pControl->Run（ ）：开始运行 Filter Graph 中的所有 Filter。

pEvent->WaitForCompletion（ ）：等待 Filter Graph 处理完所有数据。

获取 Filter 信息，Filter 是一个 COM 组件，由一个或多个 Pin 组成。Pin 也是一个 COM 组件。Filter 文件的扩展名为 .ax，但也可以是 .dll。Filter 根据其包含 Input pin 或 Output pin 的情况（或在 Filter Graph 的位置），大致可分为三类：Source Filter（仅有 Output pin）、Transform Filter（同时具有 Input pin 和 Output pin）和 Renderer Filter（仅有 Input pin）。

若干个 Filter 通过 Pin 的相互连接组成了 Filter Graph。而这个 Filter Graph 是由另一个 COM 对象 Filter Graph Manager 来管理的。通过 Filter Graph Manager，我们就可以得到一个 IMediaSeeking 的接口来实现对流媒体的定位。如图 3-34，是本系统获取 Filter 的一个实现流程。

该流程图中涉及以下接口：

ICreateDevEnum *pSysDevEnum：设备列举接口。

IEnumMoniker *pEnumCat：Moniker（别名）枚举接口。

IMoniker *pMoniker：Moniker（别名）接口。

IPropertyBag *pPropBag：存储属性值的接口。

IBaseFilter *pFilter：Filter 接口。

IEnumPins * pinEnum：Filter 枚举接口。

IPin * pin：Pin 接口。

PIN_INFO pinInfo：存储 Pin 的信息的结构体。
IEnumMediaTypes *mtEnum：MediaType 枚举接口。
AM_MEDIA_TYPE *mt：描述媒体类型的结构体。

```
CoInitialize()
   ↓
CoCreateInstance(…,pSysDevEnum)
   ↓
pSysDevEnum->CreateClassEnumerator(…,pEnumCat)
   ↓
pEnumCat->Next(…,pMoniker) —FAILED→ CoUnInitialize()
   ↓ SUCCEEDED
pMoniker->BindToStorage(…,pPropBag)
   ↓
pMoniker->BindToObject(…,pFilter)
   ↓
pFilter->EnumPins(pinEnum)
   ↓
pinEnum->Next(…,pin) —FAILED→ (回到 pEnumCat->Next)
   ↓ SUCCEEDED
Pin->QueryPinInfo(pinfo)
   ↓
pin->EnumMediaTypes(&mtEnum)
   ↓
mtEnum->Next(…,&mt) —FAILED→ (回到 pinEnum->Next)
   ↓ SUCCEEDED
GuidToString(mt->majorType)
```

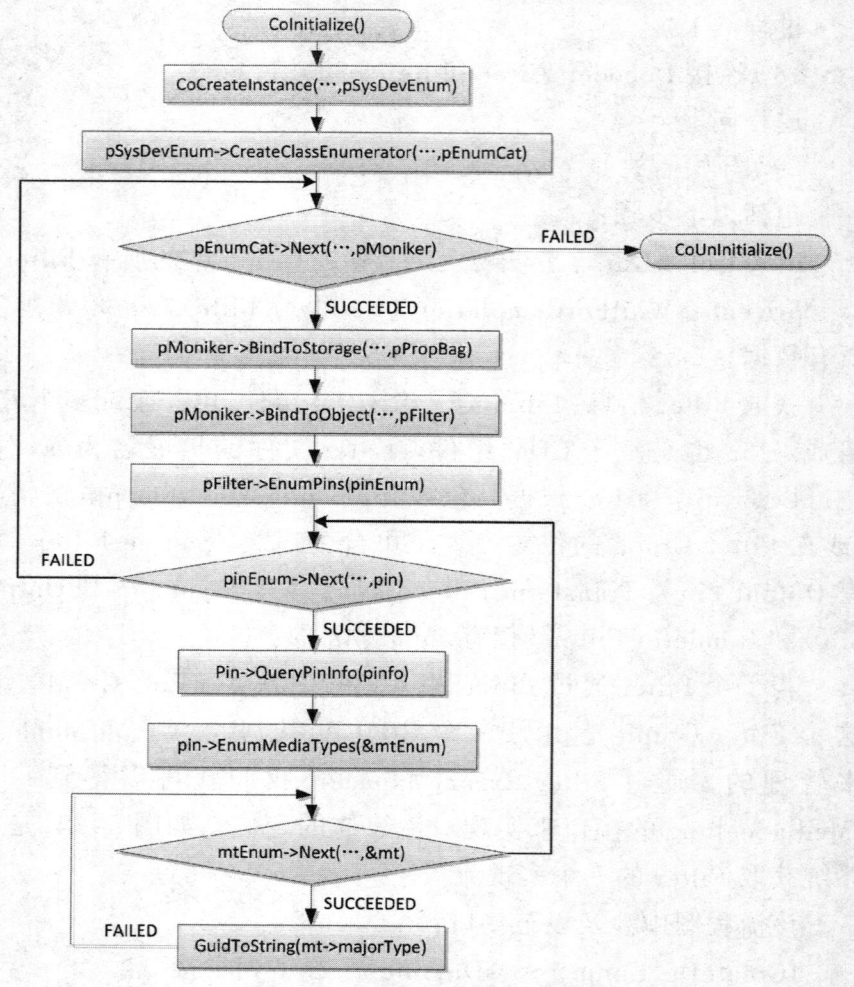

图 3-34　获取 Filter 的流程图

该流程图中涉及以下函数：

【初始化】

CoInitialize（）：初始化 COM 运行环境。

CoCreateInstance（…, pSysDevEnum）：用指定的类标识符创建一个 Com 对象。在该示例中类标识符为"IID_ICreateDevEnum"，

用于创建 ICreateDevEnum。

【Filter 的枚举】

pSysDevEnum->CreateClassEnumerator（…，pEnumCat）：通过 ICreateDevEnum 查询 IEnumMoniker 枚举接口，枚举指定类型目录下的设备 Moniker（别名）。pEnumCat->Next（…，pMoniker）：通过 IEnumMoniker 查询下一个 IMoniker 接口。

pMoniker->BindToStorage（…，pPropBag）：通过 IMoniker 查询 IPropertyBag 接口（用于获取 Filter 信息）。

pPropBag->Read（"FriendlyName"）：通过 IPropertyBag 获取 "FriendlyName" 属性的值。

pMoniker->BindToObject（…，pFilter）：通过 IMoniker 查询 IBaseFilter 接口（用于获取 Filter，注意和 BindToStorage（）区别）。

【Pin 的枚举】

pFilter->EnumPins（pinEnum）：通过 IBaseFilter 查询 IEnumPins 枚举接口。

pinEnum->Next（…，pin）：通过 IEnumPins 查询下一个 IPin 接口。

pin->QueryPinInfo（PinInfo）：通过 IPin 获取 Pin 的信息。

【MediaType 的枚举】

pin->EnumMediaTypes（&mtEnum）：通过 IPin 查询 IEnum-MediaTypes 枚举接口。

mtEnum->Next（…，&mt）：通过 IEnumMediaTypes 查询下一个 AM_MEDIA_TYPE。

GuidToString（mt->majortype）：把 AM_MEDIA_TYPE 的 GUID 转换成字符串（方便输出）。

【释放】

CoUninitialize（）：释放 CoInitialize（）初始化的 COM 运行环境。

2. 实时摄像的视频播放技术

用 DirectShow 来使用摄像头，一般要求摄像头的驱动是 WDM 格式的。DirectShow 通过图形过滤管理器（Filter Graph Manager）来与上层应用程序和下层的驱动进行联系。DirectShow 通过一种叫作捕获过滤器（Capture Filter）的东西来支持对摄像头的捕获，一个捕获过滤器有多个插口（pin），其中的预览（preview）插口可用来进行显示帧图像。

DirectShow 通过几个 COM 接口来对视频捕获的全过程进行控制，其中 IGraphBuilder 用于建立过滤器，ICaptureGraphBuilder2 用于与下层的驱动程序建立联系，IVideoWindow，IMediaControl，IMediaEventEx 分别对整个过程的视频窗口，播放过程和事件响应进行控制。

用摄像头来进行实时监控的话，只需要在上面的基础上调用 ICaptureGraphBuilder2：：RenderStream 就可以了：

```
ICaptureGraphBuilder2 *pBuild; // Capture Graph Builder
// 省略初始化部分代码
IBaseFilter *pCap; // Video capture filter.:
// 省略初始化和添加到 Filter Graph 部分代码
pBuild->RenderStream ( &PIN_CATEGORY_PREVIEW, &MEDIATYPE_Video, pCap, NULL, NULL );
```

（三）视频提取模块

在传统的乒乓球技战术采集系统中，为实现视频的回看与定位，一般采用基于视频时间的采集方式。原有方法只能依靠第三方视频截取软件进行手动截取，手动截取不但会消耗大量时间并且会出现截取错误的情况。为了解决这个问题，本研究采用同时记录开始和结束时间的方案，可以更加方便地截取视频。软件记录了每一分球的开始时间和终止时间并和技战术数据绑定，并结合视频非线性编辑技术，实现视频片段的自动截取与合成。

第三章 "乒乓军师"专项技战术视频分析系统的研发

1 视频提取模块的功能

视频提取模块，根据数据的筛选功能，不仅可以快速定位于某一事件的时间起点，对视频标注进行归类快速回放，而且可以快速截取出同类技战术分段视频并合成的功能。

2. 视频标注归类快速回放

这个是教练员极为欢迎的功能，在完成对比赛视频的统计，得到统计表之后，可以归类回放 A 球员全场所有的 XXX 技术表现视频，只要在统计结果表中对相应技术进行筛选，该球员本场所有的 XXX 技术表现的视频画面就会马上逐一播放出来。

图 3-35

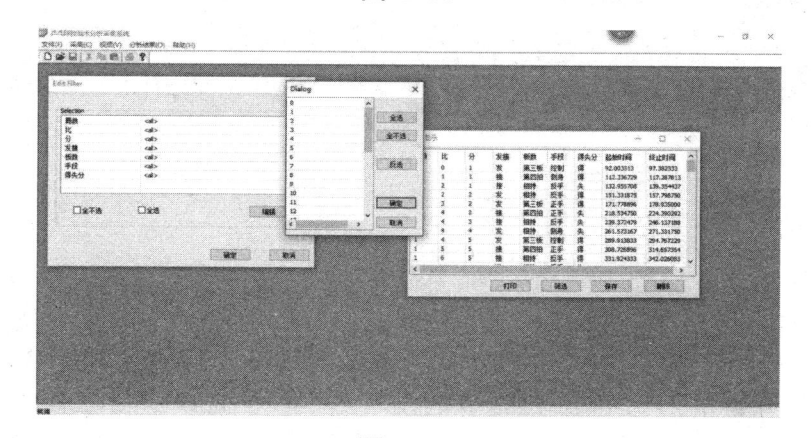

图 3-36

3. 智能化分段视频的截取

软件与以往的技战术统计软件不同，本产品从技战术统计时效性、准确性的特点出发，呈现出智能化视频自动截取功能。用户只需要在选中的各项标注归类技术视频内容点击保存视频，就能保存分段特征视频。操作简便而精准，实用性强。

图 3-37

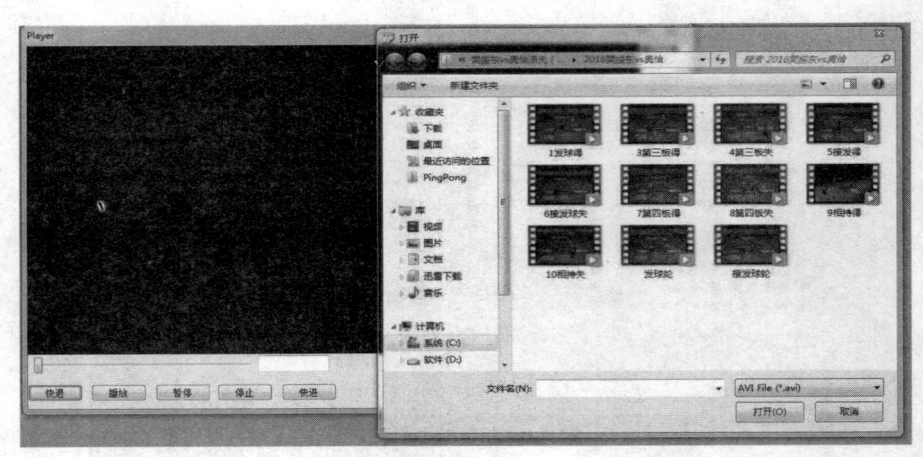

图 3-38

（四）视频提取模块的实现

1. 基本介绍

DES（DirectShow Editing Services），是一套基于DirectShow核心框架的编程接口。DES的出现，简化了视频编辑任务，弥补了DirectShow对于媒体文件非线性编辑支持的先天性不足。但

第三章 "乒乓军师"专项技战术视频分析系统的研发

是,就技术本身而言,DES 并没有超越 DirectShow Filter 架构,而只是 DirectShow Filter 的一种增强应用。从图 3-38 中了解到 DES 在我们整个多媒体处理应用中的位置。

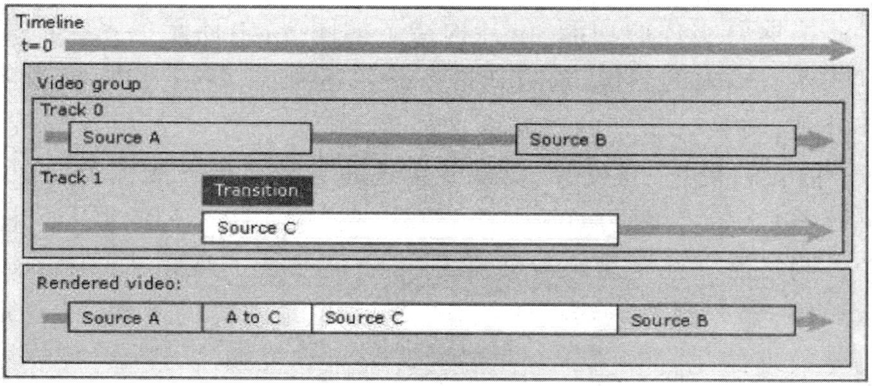

图 3-39

利用 TimeLine(时间线)暴露的接口编辑图像序列,添加背景音乐;利用 XML Parser(XMI 语法解析)语法转换模块,解析 TimeLine 的结构,输出到 XML 项目文件中,可以保存下来,同样它也可以读取 XML 项目文件,根据文件内容生成 Timeline 结构;利用 Render Engine(渲染引擎)根据 Timdine 结构,输出相应的媒体流,最终输出到显卡、声卡,用户就能感受到视频编辑效果;利用 Media Locator(媒体定位)用于媒体定位保存最近访问的多媒体素材文件位置的缓存,当程序试图打开一个多媒体素材文件失败时,通过历史记录找到该素材的位置。

为了说明图像在时间线轨道中的编排,以图 3-39 说明。图 3-39 是图像合成视频的时间线序列,上方的箭头指明了时间方向,开始时间为 0s。在 0s 到 1s 内,输出 ImageA;在 1s 到 2s 内,由于 Trackl(轨道)的优先级高于 Track0,发生了从 Track0 到 Trackl 的过渡。在过渡开始,输出的是 ImageA 的图像;在过渡结束处,输出的是 Trackl 的 ImageC;在过渡的中间状态,是 ImageA 和 ImageC 的混合体。在 2s 到 3s 内,输出 ImageC;在 3s 处,由于优先级高的轨道上空,输出低轨道上的 Image B,这种切换是瞬时的。高优先级的轨道到低优先级的轨道是没有过渡状态的,除非特别设定。Render Video 展示了最终的输出视频效果。

2. 视频提取的实现流程

根据要实现的功能,设计构造了如图 3-40 所示的系统流程过滤器。输入的图像,通过转换存储颜色模式、调整大小、控制帧率处理,转换为统一的视频图像格式,输入到视频控制组过滤器上;输入的视频,通过音、视频分离过滤器分离出视频流,经视频解码器解码,将解码后的视频流输入到视频组控制过滤器上。视频控制过滤器控制多路视频流,按其在要生成的视频文件中的显示顺序,输入到编码器编码压缩。音频也是同样的道理,只是编码器处理的是音频流。编码后的音频流和视频流,经音、视频复合器,将音频流和视频流合成系统流,经写文件器写入目标文件,实现了媒体文件的编辑保存。

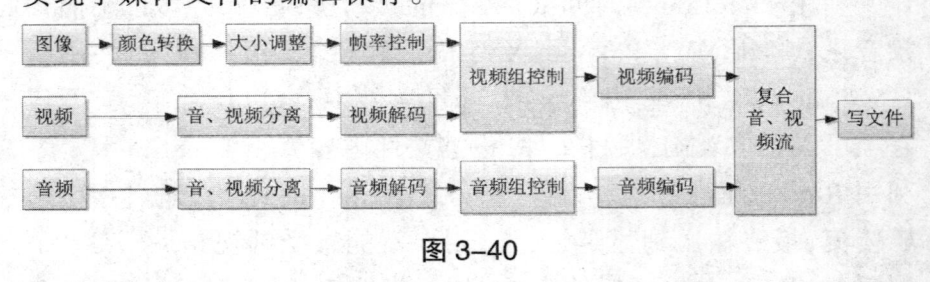

图 3-40

3. 视频提取的实现

（1）时间线的构建

用 DES 实现图像序列合成视频首先必须构建图像序列合成视频的时间线模型,编辑图像信息。其构建过程如下。

①调用系统中提供的 IAMTimeline 接口创建一个空的时间线对象模型:

// 创建空时间线:

starttime = 0;

IAMTimeline*pTL = NULL;

CoInitialize（NULL）; // 初始化 COM 库;

第三章 "乒乓军师"专项技战术视频分析系统的研发

CoCreateInstance（CLSID_AMTimeline，NULL，CLSCTX_INPROC_SERVER，IID_IAMTimeline，（void**）&pTL）；// 创建空时间线。

②这时创建的是一个空的时间线模型，接下来需要使用接口方法 IAMTimeline：：CreateEmptyNode 创建各种 DES 对象。包括：IAMTimelineGroup（视频组 pVideoGroup）、IAMTimelineComp（视频 pVideoComp）、IAMTimelineTrack（视频 pVideoTrack）、IAMTimelineSrc（视频 pVideoSrc），IAMTIMELineObj（视频过渡对象 pTransObj）。

IAMTimelineGroup*pGroup = NULL；

IAMTimelineObj*pGroupObj = NULL；

pTL->CreateEmptyNode（&pGroupObj，TIMELINE_MAJOR_TYPE_GROUP）；// 创建视频组

pTL->CreateEmptyNode（&pAudioGroup，TIMELINE_MAJOR_TYPE_GROUP）；// 创建音频组

pGroupObj->QueryInterface（IID_IAMTimelineGroup，（void**）&pGroup）；// 查询视频组接口

pAudioGroup->QueryInterface（IID_IAMTimelineGroup，（void**）&pGroup2）；// 查询音频组接口

调用 IAMTimeline：：CreateEmptyNode 成功后，可以得到一个 IAMTimelineObj 接口指针。也就是说，每个创造的 DES 对象上都实现了 IAMTimelineObj 接口。

③接着在组中加入时间线。

pGroup->SetMediaType（&mtGroup）；// 设置视频媒体类型；

pGroup->SetOutputFPS（zhenlv）；// 设置视频组输出帧率；

pGroup2->SetOutputFPS（zhenlv）；// 设置音频组输出帧率；

pTL->AddGroup（pGroupObj）；// 将视频组加入时间线；

pGroupObj->Release（）；

pGroup2->SetMediaType（&mtGroup2）；// 设置音频组媒体类型；

pTL->AddGroup(pAudioGroup); //将音频组加入到时间线；
pAudioGroup->Release ( ); // 释放音频组；
④接着在组中加入轨道。
pGroup->QueryInterface（IID_IAMTimelineComp,（void **）&pComp1）;
pComp1->VTrackInsBefore（pTrackObj1, -1); //插入一个虚拟轨道
pTrackObj1->QueryInterface(IID_IAMTimelineTrack,（void **）&pTrack1); //轨道接口
pTrackObj1->Release（ ）；
pComp1->Release（ ）；
pGroup->Release（ ）；
⑤这是最关键的一步，设置媒体源的剪切时间和其在时间线上的时间，然后将其放到相应的轨道上。
pVideoSrcObj.SetStartStop; //设置时间线时间
pVideoSrcObj.SetMediaTinles; //设置媒体源时间
pVideoSrcObj.SetMediaName; //设置媒体源文件名
（2）保存功能的实现

创建好时间线和前端后，前端输出的是非压缩的音频流和视频流，而要保存的是压缩数据，根据图3-40系统流程过滤器，需要加入音视频编码器、音视频复合器、文件写入滤波器。以实现AVI格式的文件为例。

第一步，将视频编码器、音频编码器和复用器以及文件写入滤波器加入到滤波器图中。

第二步，得到组的个数及输出引脚指针，根据引脚的媒体类型将其连接到相应的编码器上。

long NumGroups;
pTL->GetGroupCount（&NumGroups）; // 获取组数
for（int i = 0; i < NumGroups; i++）//判断组数
{

第三章 "乒乓军师"专项技战术视频分析系统的研发

```
IPin *pPin = NULL;
if(pRender->GetGroupOutputPin(i, &pPin)== S_OK)
{
IBaseFilter *pCompressor = NULL;
pBuilder->RenderStream(NULL, NULL, pPin, pCompressor, pMux); // 链接 pin
pPin->Release();
}
}
```

第三步,将视频,将视频编码器和音频编码器滤波器连接到复用器滤波器上。

ConnectFilters(pGraph, pVideoEncoder, pMux);

CormeetFilters(pGraph, pAudioEncoder, pMux);

第四步,连接复用器和文件写入滤波器。

ConnectFilters(pGraph, pMux, pfilewriter);

第五步,创建 MPEG—4 输出文件。

pSink: IFileSinkFilter;

pFilewriter.QueryInterfae(1iD—IFileSinkFiher, pSink);

pSink.SetFileName(WideString(strSaveFile), nil);

最后调用 IMediaContml 接口的 Run 函数运行,调用 Stop 函数停止,调用 IMediaEvent 接口的 WaitFor.Completion(INFINIFE, evCode)等待保存结束。

4. 快速截取与合成分段视频功能的实现

本文提出了同时记录开始和结束时间的方案,可以更加方便地截取视频,时间信息提取算法如下:

算法 1:时间信息提取算法

输入:视频流信息

输出:视频时间信息

Begin：
（1）IF 点击视频界面；
（2）IF（n/2==0）//n 为点击界面总次数
（3）DataNum++// DataNum 为数据行数
（4）StartTime（DataNum）= GetCurrentPosition（ ）
（5）ELSE
（6）EndTime（DataNum）= GetCurrentPosition（ ）
（7）END IF
（8）END IF
END

算法第（2）行判断点击视频的次数若为偶数,则新添加新数据行,第（4）行获取当前视频时间,并添加到开始时间中,第（5）行若点击视频界面次数为奇数,则获取视频当前时间,并添加到结束时间中。

当要对时间进行删除的时候,由于每行有开始时间和结束时间两个时间信息,系统不知道想删除该行的开始时间还是结束时间,所以提出了针对这种情况的时间信息删除的算法,步骤是：因为开始时间的信息存在 StartTime 数组中,结束时间存在 EndTime 数组中,当确定要修改的具体时间信息时,根据时间所在行数 i 和数组中的时间信息,判断时间为开始时间还是结束时间,具体算法如下：

算法 2：时间信息删除算法
输入：要修改的时间信息所在行数
输出：视频时间信息
Begin：
（1）Input i；
（2）IF（EndTime[i]==NULL）
（3）Timenum= Timenum −1；// Timenum 为时间信息总个数
（4）StartTime[i]=Null

（5）IF（EndTime [i]!=NULL&&StartTime[i+1]==NULL）
（6）Timenum= Timenum− 2
（7）StartTime[i]=EndTime[i]=NULL
（8）IF（StartTime[i+1]!=NULL）
（9）Timenum= Timenum− 2
（10）For（j=i；j<m_colnum；j++）
（11）StartTime[j]=StartTime[j+1]
（12）EndTime[j]=EndTime[j+1]
（13）StartTime[Timenum/ 2+1]=NULL
（14）EndTime[Timenum/ 2+1]=NULL
（15）END For
（16）END IF
（17）END IF
（18）END IF
END

算法第（2）行表示若删除行为最后一行并且只存放了开始时间时，将开始时间置为空，时间总个数减1；第（5）行表示若删除行为最后一行并且存放了开始时间和结束时间，时间总个数减2，并将开始时间和结束时间都置为空；第（8）行表示若删除行不为最后一行时，时间总个数减2，开始时间和结束时间都置为空，并且（10）到（14）行表示将删除行后面的时间信息统一向前移动一行。

采用如上2个算法后，软件就记录了每一分球的开始时间和终止时间并和技战术数据绑定，根据开始时间和结束时间并结合视频非线性编辑技术可以很容易实现视频片段的自动截取与合成，形成新的视频。

第三节 乒乓球视频数据管理系统的研发

一、乒乓球视频数据管理系统主要功能特点

该系统针对乒乓球比赛视频和技战术数据提供了一个开放式的数字视频数据库创建工具。市场上现有的大部分视频数据库管理基本上是按时间或文件名、文件属性等检索的。体育比赛的视频具有自身特点，其视频数据库，要求除了按照以上要求检索之外，还应该能按照视频所记录的比赛项目、时间、地点、级别、运动员姓名、成绩、关键的技战术动作等具体内容信息进行检索并确定关键内容所在时刻点。该系统针对体育比赛的特点，可以建立不同项目、适应不同分析要求的模板，是一个开放式工具；数据库创建视频分析方法简单、快捷；视频查找实现了快速、准确、分类功能；不同科研人员分析的视频资料和数据能够共用、分享或组合成统一的数据库；应用乒乓球视频数据管理系统开放式的特点，还可以对技战术进行分类统计。主要具有以下特点。

（1）针对性强，视频分析速度快。以往的体育项目视频数据库管理软件，通常像场记一样记录下视频名称、时刻点以及该时刻所发生的事件等信息，然后分割视频，将连续的视频流划分为具有特定语义的视频片段并将其作为检索的基本单元。在同一个项目的不同场次比赛中，很多关键信息不断重复出现，如果只采用简单的输入记录，无疑增加了很多重复输入工作；分割视频增加了数据存储空间，破坏了观看整场比赛的连续性。TacAnalysis针对同一项目的不同场次的比赛和训练中运动员、技术动作、得分等信息重复的特点，分析不同运动项目的关键时刻点信息特征，并根据这些文本信息中的相同、相似、递呈、因果等逻辑关系使文本信息结构化，从而针对不同运动项目建立相应模板和视频数据库。

（2）开放性。提供了一个开放式的工具。其"属性列表"具有开放性特点,可以根据所有不同体育项目的特点建立相应的模板,建立不同项目的视频数据库,也可以应用到其他领域数字视频的管理中。

（3）查询快速分类、准确定位。查找视频时,直接输入某一信息,就可以直接查询到数据库中所有包含同一信息的视频并准确对应到每个视频的相应时刻点,查询到的所有视频可按照内容分类、排序,实现了快速准确、分类查找功能。

（4）数据库可共享。数据库视频的分析数据能够导入、导出,不同科研人员分析的视频资料和数据能够分享或组合成统一的数据库；查询到的视频,可直接回放不同分类组合的视频系列,也可把不同文件中所需的视频片段直接合成并输出。

（5）技战术统计功能。建立视频分析模板时,添加技术动作类属性并输入关键技术动作名称,然后对视频进行分析,视频分类管理数据库就具有了技战术进行分类功能。

二、乒乓球视频数据管理系统的实现

（一）比赛视频信息管理模块

该模块是以每场比赛为单元进行设计的,而每场比赛的信息与视频是相互对应的,因此,该模块通过对不同场次的比赛的信息进行管理,实现了对比赛视频文件的管理,并与视频对应,对所有的比赛视频可以快速进行查询、排序、筛选和播放。使用者使用菜单命令"数据">>"查询及筛选">>"训练/比赛信息",可以对数据库中所有的项目文件即所有场次的比赛进行查询。通过"查询及筛选_训练/比赛信息"窗口中的任意一个分析项目（即一场比赛）,会弹出该场比赛所对应的技战术分析信息（即分析数据）,再次双击,可以播放相应视频（如图3-41）。

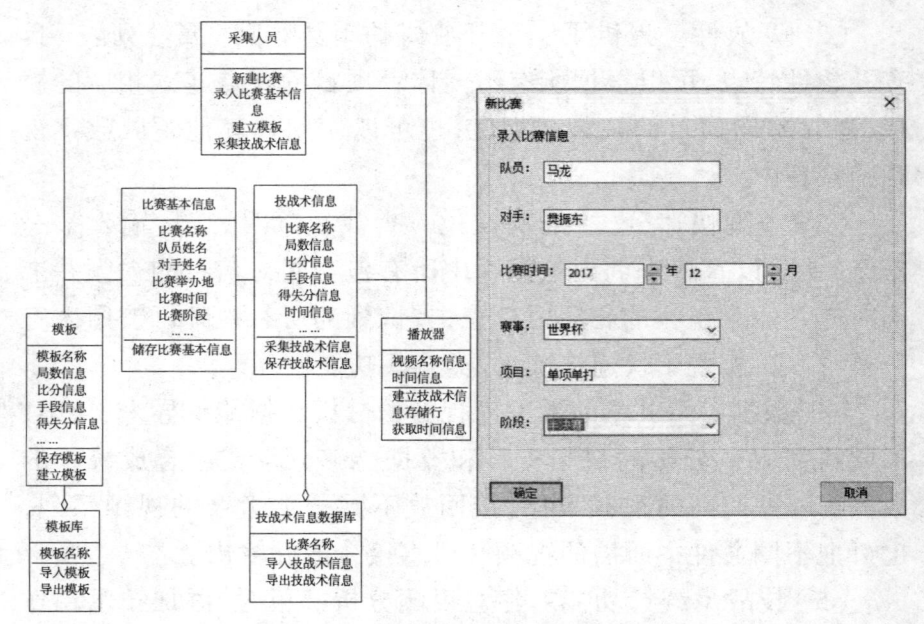

图 3-41　比赛视频信息管理模块

查找视频时,直接输入某一信息,就可以直接查询到数据库中所有包含同一信息的视频并准确对应到每个视频的相应时刻点(精确到毫秒),实现了快速查询、准确定位功能;查询到的所有视频可以直接播放,也可以按照不同内容分类、排序进行播放,并可对检索到的连续的任意 N 条数据按照需要进行统计分析。

(二)技战术信息管理模块

技战术信息管理模块由技战术信息存储和技战术信息处理两部分组成,技战术信息管理功能结构图如图 3-42 所示。

1. 技战术信息存储

为解决技战术信息管理以及保存的合理性,本软件在设计时采用 MYSQL 数据库和 XML 双重存储的办法。通过使用 MYSQL 数据库,将每一场比赛按照技战术分析指标进行标记后,按照每场信息、每分信息和模板信息进行存储,增加了数据存储的安全

· 114 ·

性。为最终的整体数据汇总和查询统计提高了效率,并为按不同技战术指标有针对性的查询、统计数据提供了便捷。

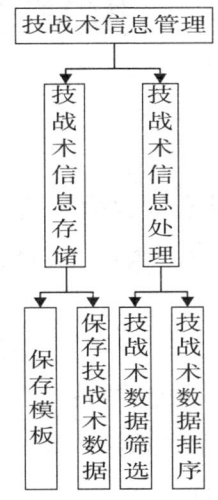

图 3-42 技战术信息管理模块

为实现数据共享,本软件使用了 XML 的存储方式。在 XML 中保存了模板的属性关系信息,模板信息以及比赛信息,实现了不同电脑中的数据互通,弥补了本地数据库数据不互通的缺点。

2. 技战术信息处理

随着比赛数据采集量的增加,若处理方法不当就会使庞大的数据混乱,所以技战术数据的处理方法就显得尤为重要。本研究采用了多条件筛选以及多条件排序的方法来处理技战术信息。

多条件筛选,为用户提供了按不同条件筛选数据的方法,算法 3 如下:

算法 3:数据筛选算法

输入:技战术数据筛选条件

输出:筛选后的技战术数据信息

Begin:

(1) For (i=0; i>FilterNum; i++) // FilterNum 筛选条件个数

(2) For (j=0; j<Itemcount; j++) // Itemcount 每行数据个数

（3）IF（screen[j]!=Filter）

（4）删除该行

（5）End IF

（6）End For

（7）End For

END

算法第（3）行表示若该行数据与筛选条件不相等,则删除该行,应用该算法可以将与筛选条件不符的数据行删除条剩下的就是符合该筛选条件的行数。

多条件排序,提供了按不同技战术指标升序排序的方法,实现了最多3个属性的排序功能,排序算法如下：

算法4：技战术信息排序算法

输入：需要排序的属性

输出：按升序排序的技战术信息

Begin：

（1）IF（n==1）

（2）按属性1进行排序

（3）IF（n==2）

（4）按属性1进行排序

（5）在属性1排序的基础上按属性2排序

（6）IF（n==3）

（7）按属性1进行排序

（8）在（7）的基础上按属性2排序

（9）在（8）的基础上按属性3排序

（10）IF（n>3）

（11）使属性3为最后一次选择的属性

（12）使属性2为倒数第二次选择的属性

（13）使属性1为倒数第三次选择的属性

（14）重复（7）（8）（9）过程

（15）END IF
（16）END IF
（17）END IF
（18）END IF
END

算法第（1）行表示若只排序一个属性，则按该属性进行升序排序。第（3）行表示若按2个属性排序，则先以第一个属性排序，再在第一个属性排序的基础上给第二个属性排序。第（6）行表示若按3个属性排序，则先以第一个属性排序，然后在第一个属性的基础上排序第二个属性，最后在已经排好的第一个属性和第二个属性的基础上排序第三个属性。第（9）行，若选择的属性大于三个，则按最后点击的三个属性为条件进行排序。

最后为方便核对不同技战术的统计结果，软件根据当前筛选后的信息，统计了总球数和得失分球数并在显示表中显示出来。应用以上算法科研人员可以更加准确快速的处理技战术数据。

第四节　乒乓球技战术智能诊断系统的研发

一、乒乓球技战术智能诊断系统的功能

（一）一三板结果

用户采集完比赛，保存采集结果于数据库后，依次点击菜单"分析结果"→"当前场次"→"一三板结果"，即出现如图3-43所示的一三板结果分析的对话框。

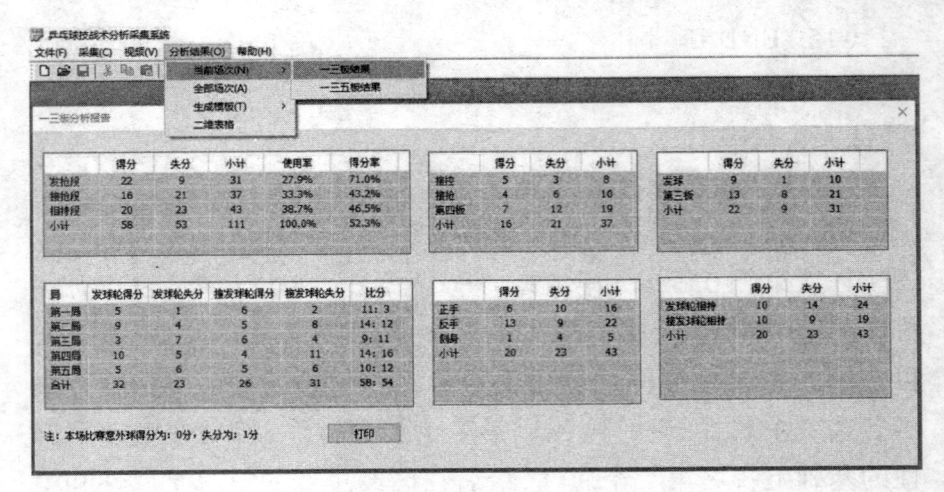

图 3-43

用户点击上图的"打印"按钮,弹出如图 3-44 所示的对话框,选择保存路径,在文件名一栏中输入文件名称,点击"保存"按钮,在用户选择的路径上可以查看一三板结果的 excel 文件。

双击 excel 文件,弹出下图 3-45 所示的对话框,点击"是"按钮,可查看 excel 内容如图 3-46 所示。

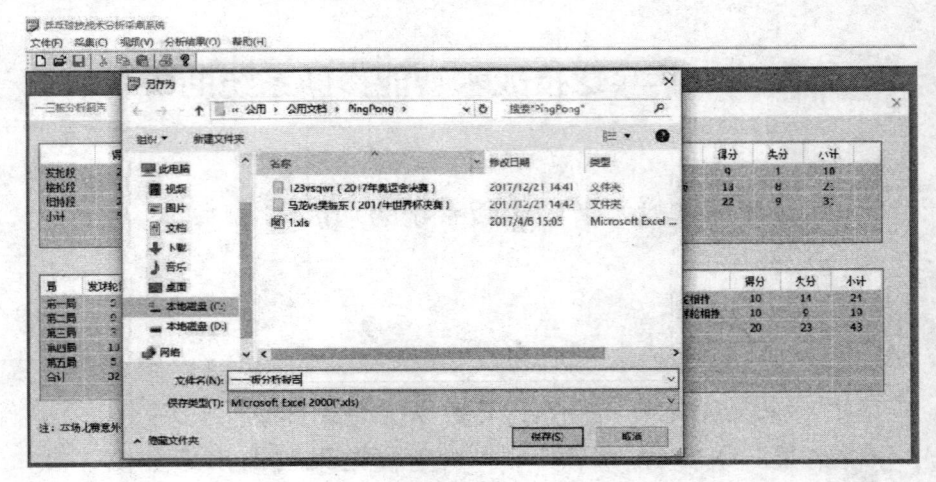

图 3-44

第三章 "乒乓军师"专项技战术视频分析系统的研发

图 3-45

图 3-46

（二）一三五结果

用户采集完比赛,保存采集结果于数据库后,依次点击菜单"分析结果"→"当前场次"→"一三五板结果",即出现如图 3-47 所示的一三五板结果分析的对话框。

图 3-47

· 119 ·

用户点击图3-47的"打印"按钮,弹出如图3-48所示的对话框,选择保存路径,在文件名一栏中输入文件名称,点击"保存"按钮,在用户选择的路径上可以查看一三五板结果的excel文件。

图3-48

双击excel文件,弹出图3-49所示的对话框,点击"是"按钮,可查看excel内容如图3-50所示。

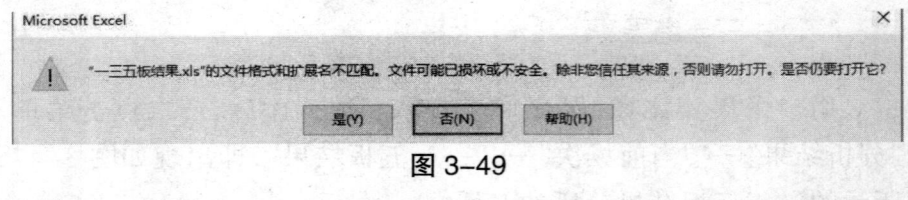

图3-49

图3-50

（三）二维表格

此功能用于查询保存在数据库中的采集结果。用户采集完比赛，保存采集结果于数据库后，依次点击菜单"分析结果"→"二维表格"，即出现如图 3-51 所示的每局得失分的对话框。

点击"确定"或"取消"按钮，可关闭该对话框。

在上图对话框中单击鼠标右键，出现"设置"菜单，如图 3-52 所示。

点击上图所示的"设置"菜单，弹出如图 3-53 所示的"设置"对话框，用户在该对话框中可以执行编辑二维表格行列属性操作。用户可以直接在下拉列表中选择要显示的行列属性，也可将行列属性筛选之后再在下拉列表中选择要显示的行列属性。

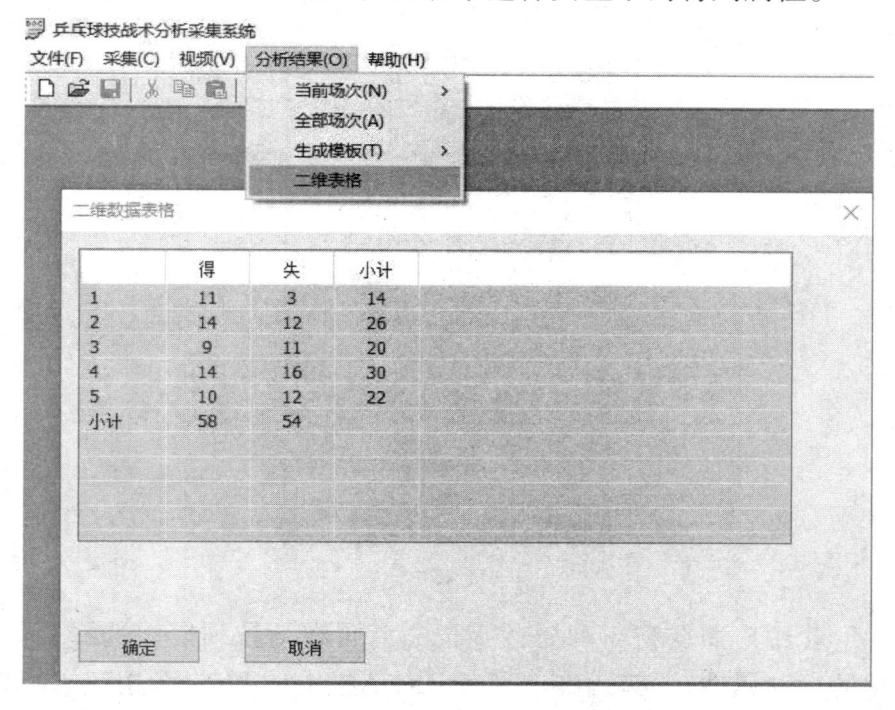

图 3-51

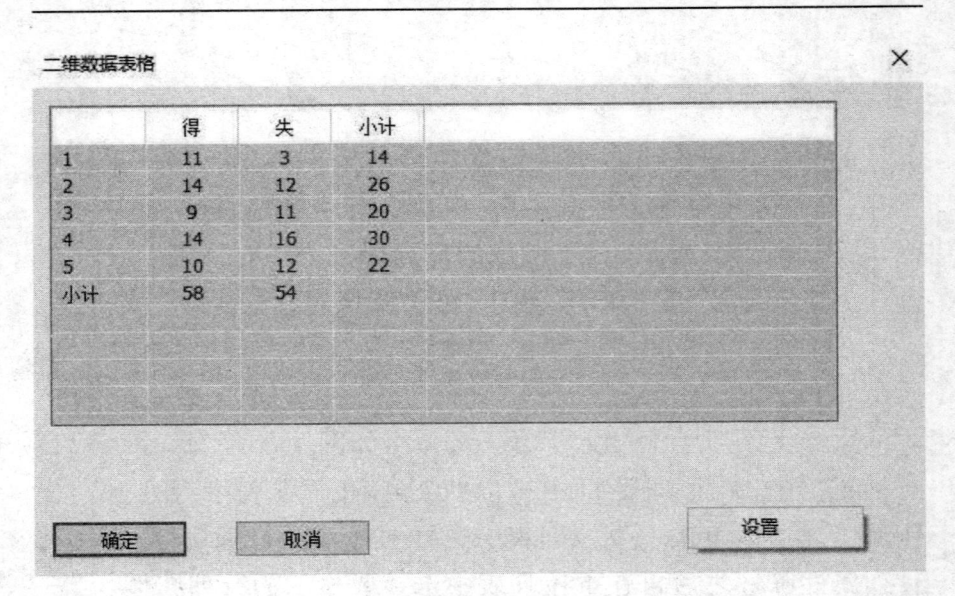

图 3-52

图 3-53

若用户需要将行列属性筛选之后再在下拉列表中选择要显示的行列属性。需要点击"设置"对话框中的"编辑"按钮,弹出如图 3-54 所示的"编辑设置"对话框,列表中显示了模板中所有的记录,用户可对二维数据表的行列属性进行筛选。

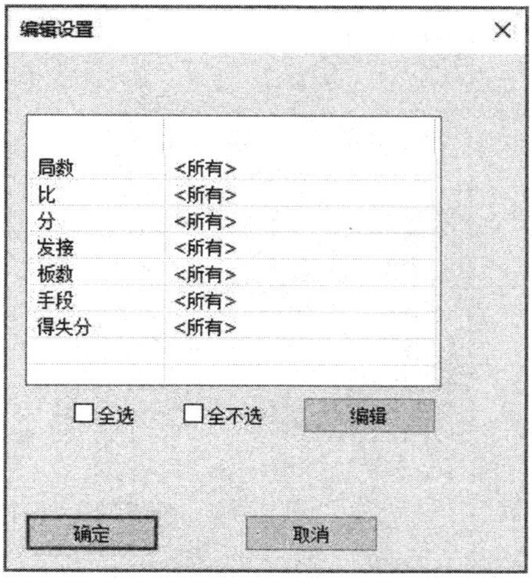

第三章 "乒乓军师"专项技战术视频分析系统的研发

图 3-54

用户可从"编辑设置"对话框选择需要的二维表格行列属性。

用户可以直接筛选行列属性,也可以对行里属性的具体值进行筛选。若用户只需选择行列属性,不需要对各属性的具体值进行选择,则可按住"ctrl"键,然后用鼠标左键单击要选择的那一行,可同时选择多行,如图 3-55 所示是选择了"局数""手段""得失分"三项行列属性,然后点击"确定"按钮,"编辑设置"对话框关闭,"设置"对话框中的行列下拉菜单发生改变,只显示上述选择的三种行列属性。如图 3-56 所示。

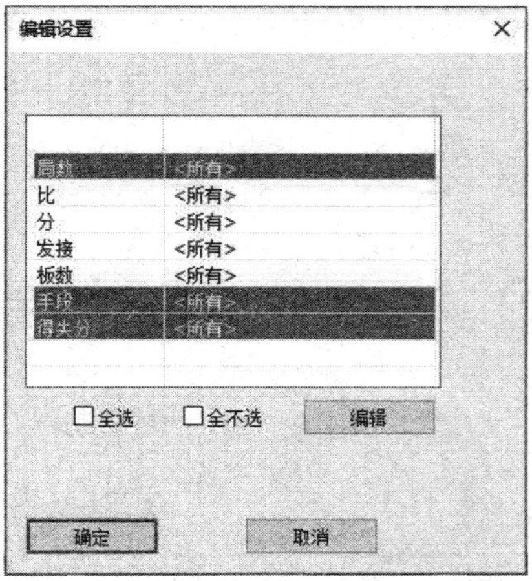

图 3-55

图 3-56

若在"编辑设置"对话框中点击"取消"按钮,则不会保存所选择的行列属性,"编辑设置"对话框关闭,"设置"对话框中的行列下拉菜单不会发生改变。

若在"编辑设置"对话框中用户需要对各属性的具体值进行选择,则用鼠标左键双击表格中的任意一行(或鼠标左键单击表格中的任意一行然后点击"编辑"按钮),弹出与其对应的"选择"对话框,如图 3-57 所示为双击"局数"行得到的局数内容。

图 3-57

第三章 "乒乓军师"专项技战术视频分析系统的研发

图 3-58

用户可从"选择"对话框选择需要显示的属性内容,按住"Ctrl"键,然后用鼠标左键单击要选择的那一行,可同时选择多行,如图 3-58 所示,然后点击"确定"按钮,"选择"对话框关闭,"编辑设置"对话框发生改变。如图 3-59 所示的是要显示前三局的技战术数据。

图 3-59

若在"选择"对话框中点击"取消"按钮,则不会保存所选择的属性内容,"选择"对话框关闭,"编辑设置"对话框不会发生改变。

"编辑设置"对话框中其余各行也按上述操作皆可实现选择

与其对应的属性内容,此处不再一一赘述。

编辑完行列属性及其具体内容,在"设置"对话框中的下拉菜单选择行列属性,如图3-60所示,点击"确定"按钮,"设置"对话框关闭,二维表格发生改变,如图3-61所示是选择前三局的得失分。

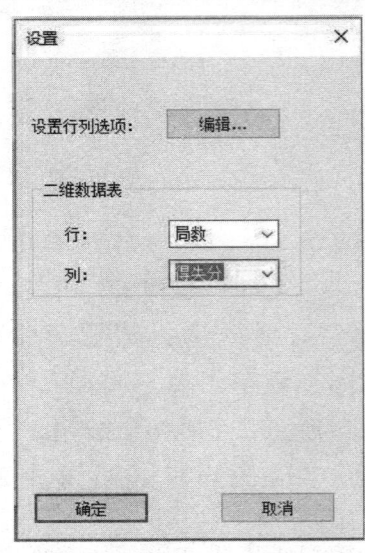

图3-60

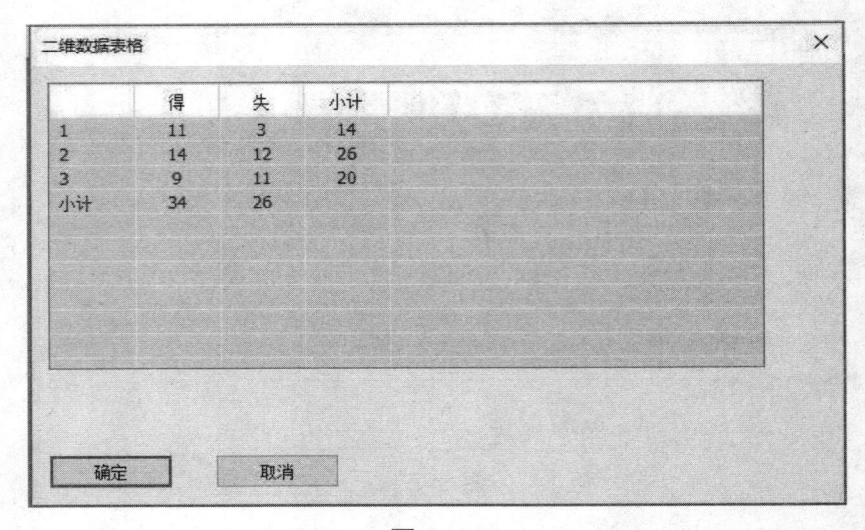

图3-61

用户直接在下拉列表里选择二维表行列要显示的数据属性,如图3-62所示。

第三章 "乒乓军师"专项技战术视频分析系统的研发

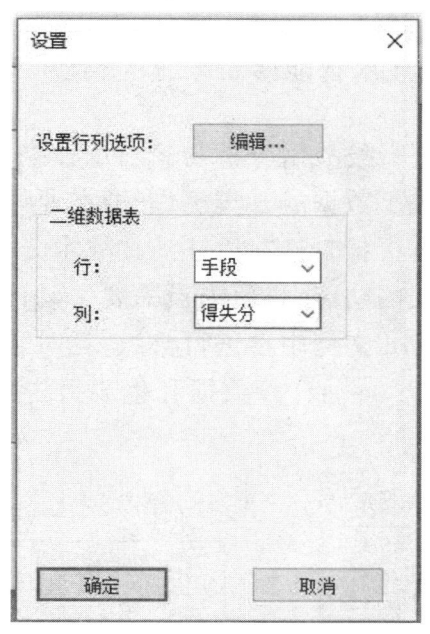

图 3-62

选择完行列属性后,点击"确定"按钮,"设置"对话框自动关闭,二维数据表格发生变化,其行列即用户选择要显示的行列属性,如图 3-63 所示。

点击"确定"或"取消"按钮,二维数据表格关闭。

	得	失	小计
正手	6	15	21
侧身	2	7	9
反手	32	21	53
发球失误	0	0	0
对手发…	0	0	0
拉	4	4	8
拧	0	2	2
挑撇	0	0	0
控	0	0	0
擦网	0	0	0

图 3-63

二、乒乓球技战术智能诊断系统的实现

在对运动员进行技战术分析与诊断过程中,对一场比赛技战术的标记只是完成了数据的采集工作,要在原始数据的基础上进一步形成技战术分析报告。在以往的技战术分析软件中,没有技战术分析报告生成的功能,科研人员需要手动计算各项分析指标数据,并拷贝到 word 文档中再进行排版,耗时较多。为解决上述问题,本软件添加了自动计算数据和生成报告的功能,功能结构图如图 3-64 所示。

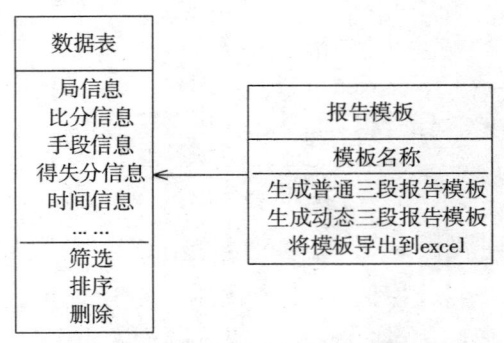

图 3-64 报告生成功能结构图

根据国家乒乓球队的实际需求,开发了常用报告模板,分为普通三段模板和动态三段模板。普通三段模板中又可分为一三板为发抢和一三五板为发抢两种类型。当科研人员选择对应的模板后,系统根据相应算法将结果填入到模板中,并自动生成分析报告。

$$段使用率 = \frac{段得分 + 段失分}{整场得分 + 整场失分} \times 100\%$$

$$段得分率 = \frac{段得分}{段得分 + 段失分} \times 100\%$$

第五节 "乒乓军师"专项技战术视频分析系统在国家乒乓球队的应用

一、应用实例

近一年来,在多次大赛备战的过程中,""乒乓军师"专项技战术视频分析系统"为国家乒乓球队、国家乒乓球残疾人队提供了技战术采集分析的支持。通过应用本软件对我国运动员训练中的比赛录像以及主要对手的技战术进行了采集与分析,并提供了在线交流与敏捷维护的服务。应用过程中对其中 100 余场比赛进行了详细技战术分析。所测试功能均经过检验和修正,软件整体功能正常,使用流畅、便捷。本软件取得了较好的效果,得到了国家乒乓球队的充分肯定。

(一)应用实例 1:马龙 vs 波尔(2018 德国)技战术分析过程

1. 模板的设计

根据马龙主管教练和马龙本人个性化技战术的需求,针对该场比赛设计了如图 3-65 模板,该模板在普通三段模板的基础上添加了新的属性,并设置了一对多的属性关系。

结果表明本软件可以在调入常用固定模式的基础上,根据实际需求,灵活地建立不同技战术模板。

2. 技战术数据的采集与统计

根据创建的模板,自动生成了输入表和显示表,并采集了模板中相关指标的数据,数据采集情况如图 3-66 所示。

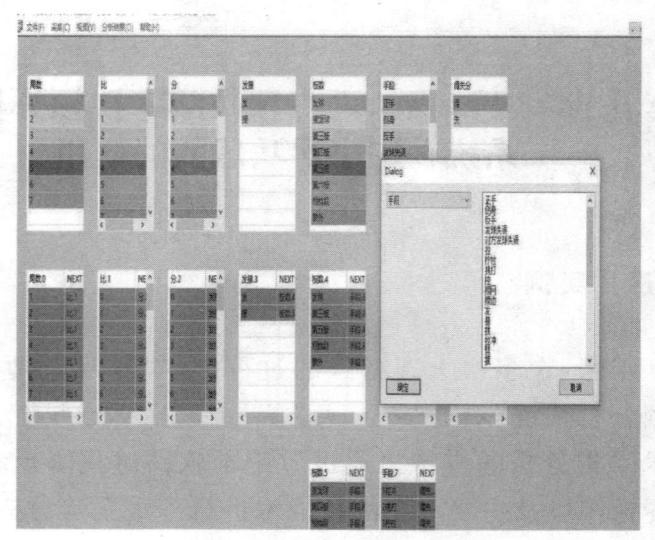

图 3-65 马龙技战术模板图

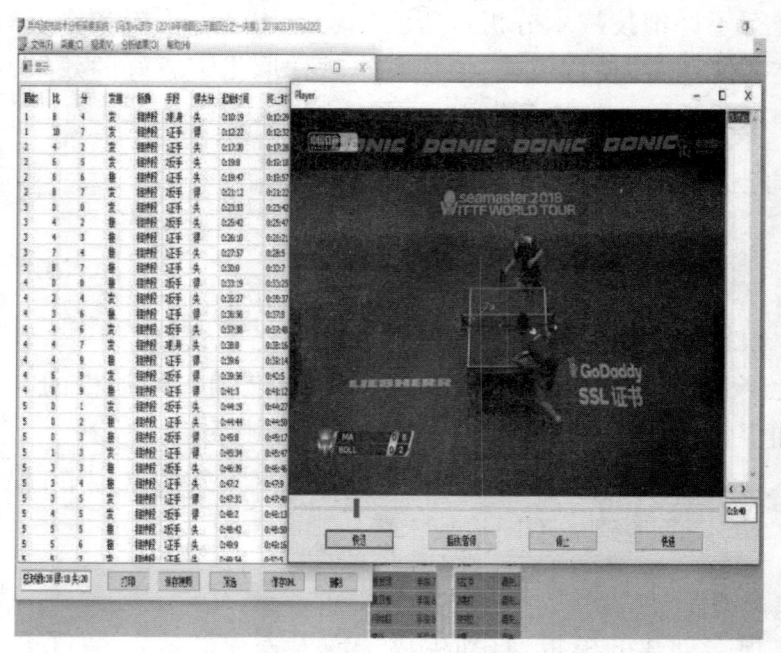

图 3-66 采集过程图

当采集完比赛时,运用筛选功能,筛选出在相持段产生得失分的球,筛选出的总球数和得失分情况显示在了显示表的左下方,共计总球数为 38 个,其中得 18 分,失 20 分。最后根据采集

第三章 "乒乓军师"专项技战术视频分析系统的研发

的数据,以局信息和比分信息为条件,计算出每局总比分这场比赛共打了5局,总得分为58,总失分为49(其中,意外球1个),应用此功能可以检查采集结果是否正确。

3. 分析报告的自动生成

如图3-67所示,当采集完一场比赛,并检查完采集是否正确以后,根据教练的需求,应用本软件的数据分析与导出功能,直接生成该场比赛的马龙普通三段数据的word分析报告。分析报告中,包含了比赛信息、本分信息、三段统计局表、发抢段细节、接抢段细节、相持段细节等数据和表格。

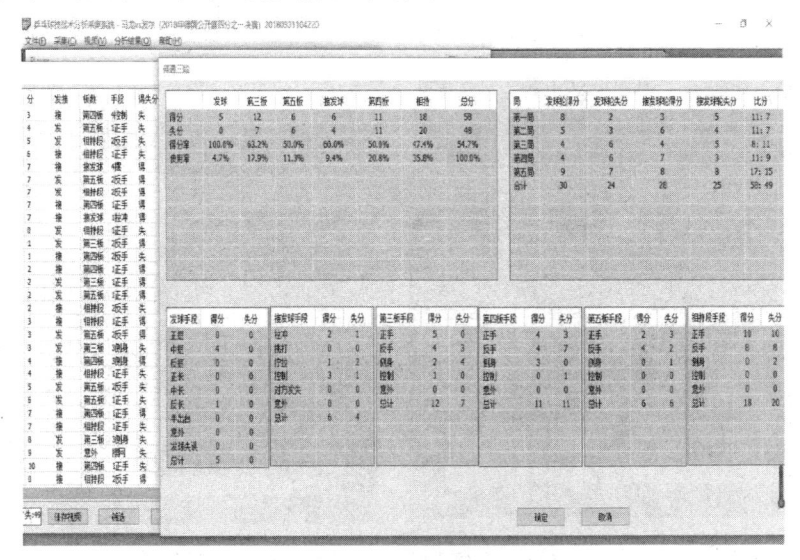

图3-67　数据分析报告生成图

(二)应用实例1:马龙vs波尔(2018德国)技战术分析幻灯片(图3-68)

运用""乒乓军师"专项技战术视频分析系统"为国家乒乓球队主力进行了100余场国际赛事的技战术分析,形成ppt分析报告百余篇,分析报告中的表格、分段视频均为""乒乓军师"专项技战术视频分析系统"自动生成。以马龙vs波尔(2018德国)技战术分析幻灯片报告为例,介绍一下我们的工作。

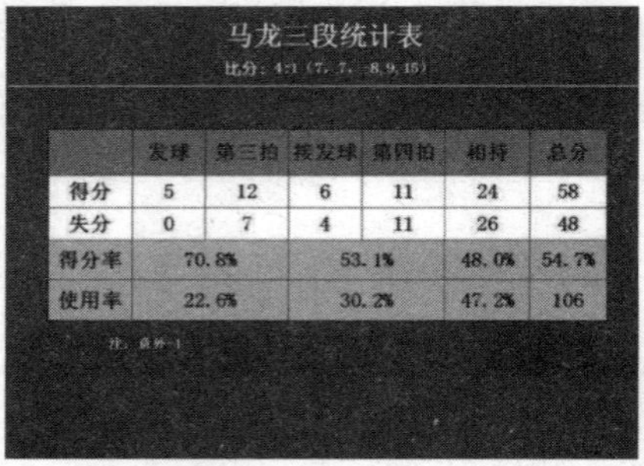

乒乓球技战术诊断研究

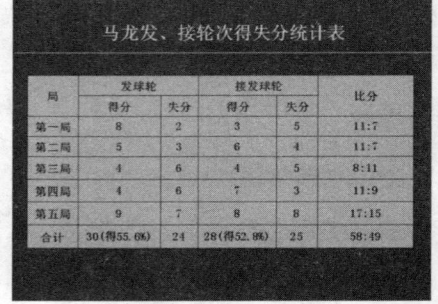

第三章 "乒乓军师"专项技战术视频分析系统的研发

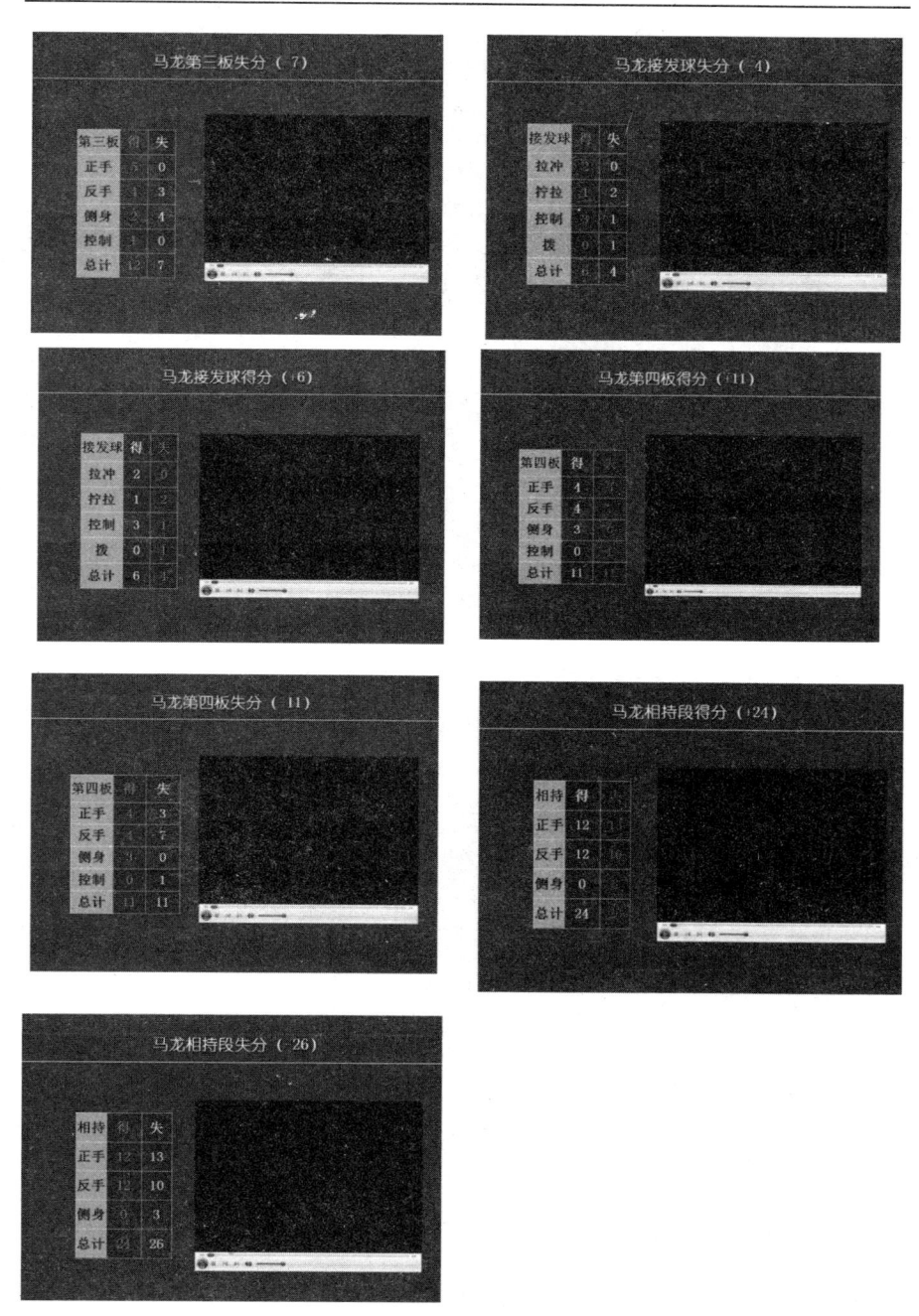

图 3-68

（三）应用实例3：不同技战术分析模板的建立

1. 普通三段模板（图3-69）

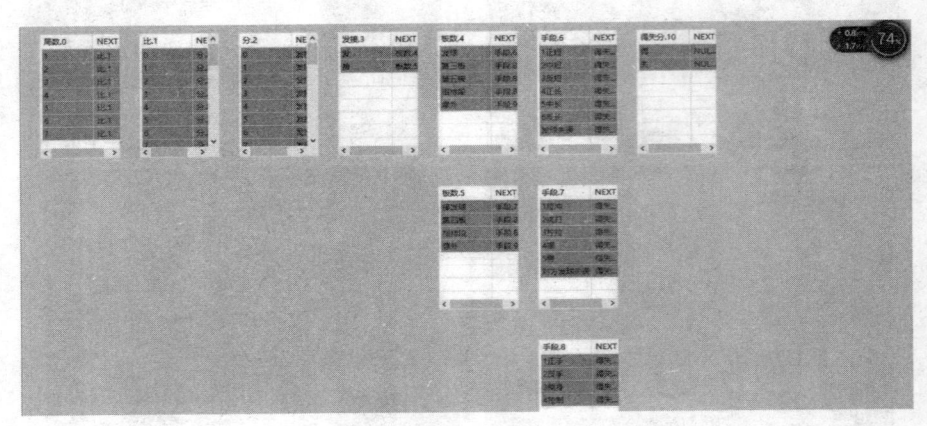

图 3-69

2. 樊振东个性化模板的构建与应用

樊振东正/反手位接发球效果模板（图3-70）。

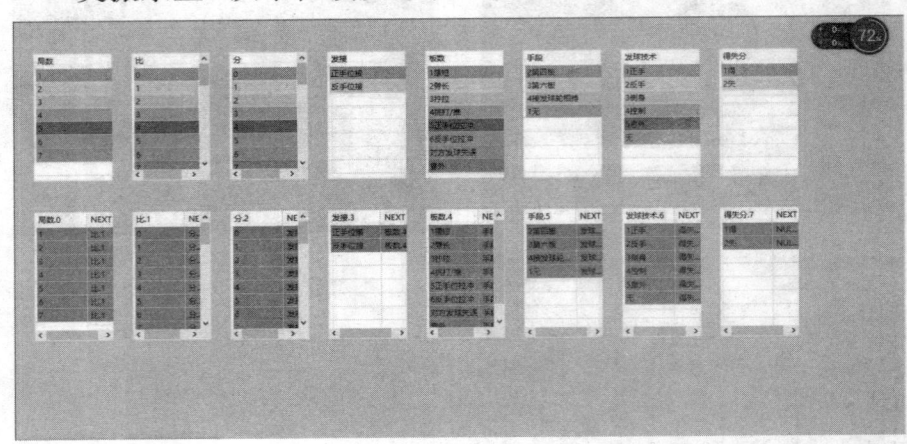

图 3-70

3. 许昕个性化模板的构建与应用

许昕动态三段模板（图3-71）。

第三章 "乒乓军师"专项技战术视频分析系统的研发

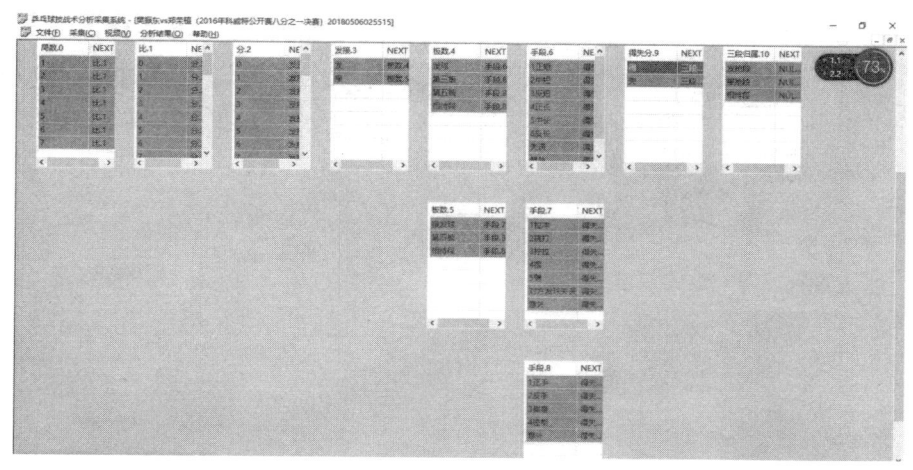

图 3-71

4. 林高远个性化模板的构建与应用

林高远发接手段对相持段影响模板的构建（图 3-72）。

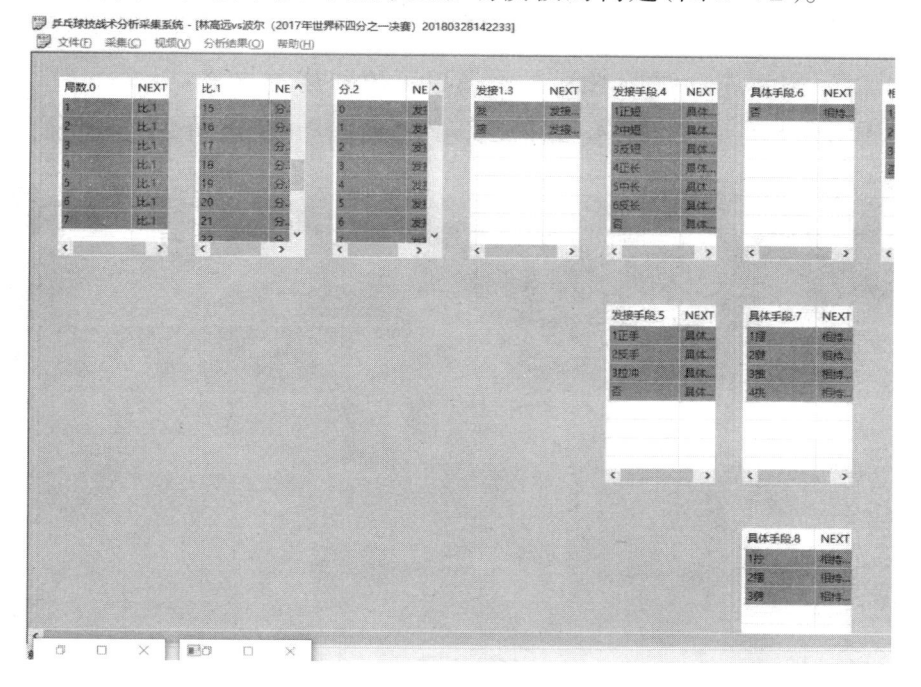

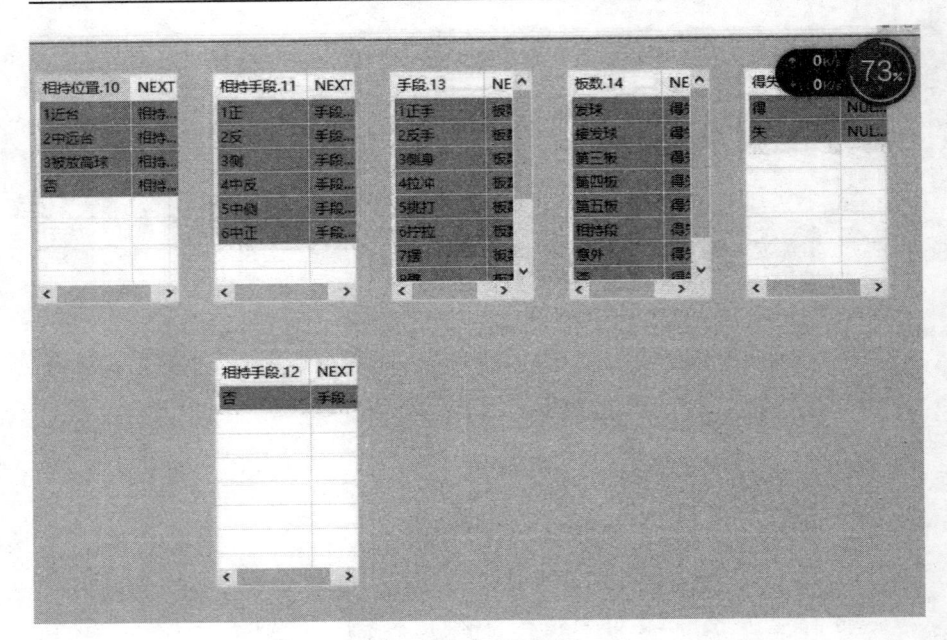

图 3-72

5. 樊振东/许昕双打个性化模板的构建与应用

双打三段结合八个发接轮次模板的构建（图 3-73）。

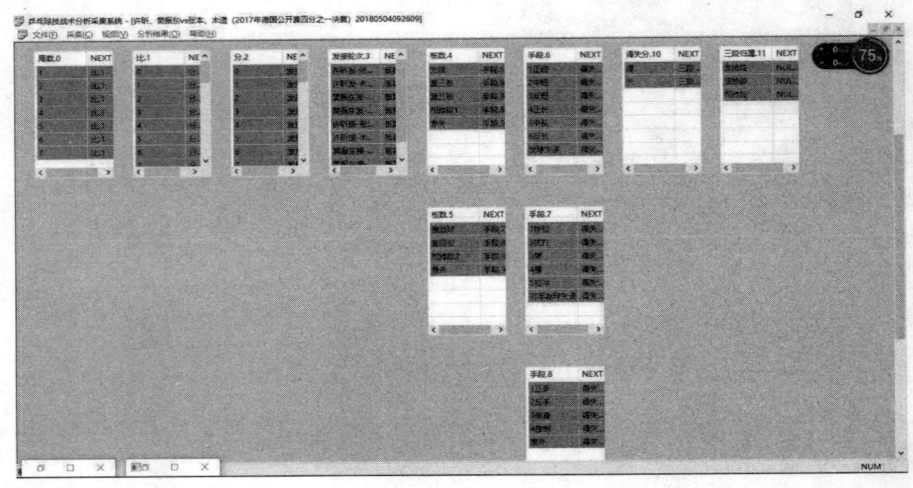

图 3-73

6. 残疾人（轮椅）个性化模板的构建与应用

残疾人（冯潘峰）个性化模板的构建（图 3-74）。

第三章 "乒乓军师"专项技战术视频分析系统的研发

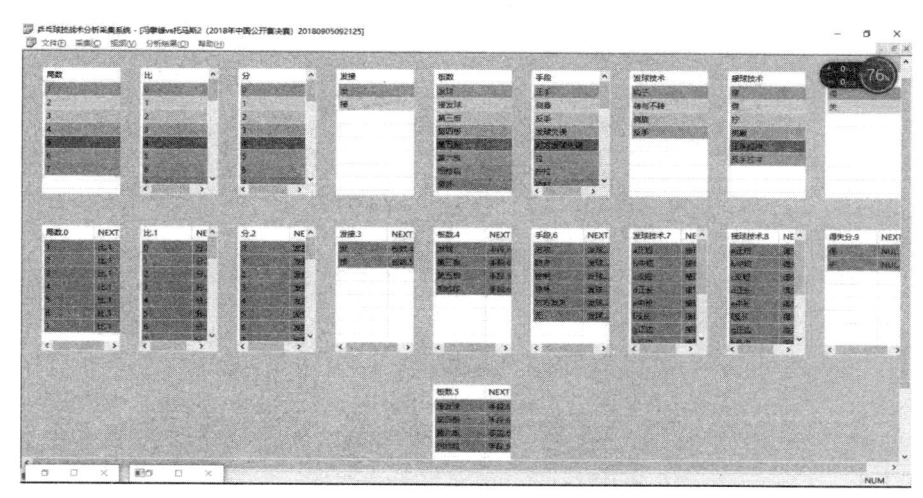

图 3-74

7. 关键分模板的构建与应用

关键分模板的构建(图 3-75)。

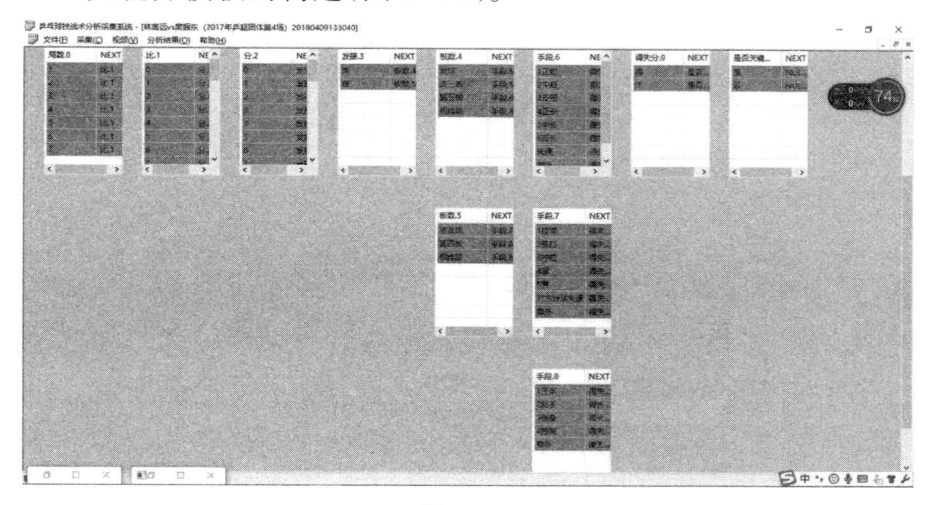

图 3-75

(四)应用实例 4：樊振东备战 2018 年亚运会技战术分析(图 3-76)

以樊振东备战 2018 年亚运会为例,运用""乒乓军师"专项技战术视频分析系统"为樊振东进行了 29 场国际赛事的技战术分析。

樊振东备战2018年亚运会目录

比赛	轮次	运动员	对手	对手国籍	大比分	备注	分析
2018亚洲杯	半决赛	樊振东vs李尚洙	李尚洙	韩国	4:1	4,5,-9,9,4	分析
2018中国公开赛	1/16	樊振东vs郑荣植	郑荣植	韩国	4:2	-5,5,2,11,-9,8	分析
2017瑞典公开赛	男子1/16	樊振东vs张宇镇	张宇镇	韩国	4:0	1,6,3,9	分析
2018韩国公开赛	1/4	梁靖崑vs林仲勋	林仲勋	韩国	4:0	10,2,2,5	分析
2018日本	男单1/16	周恺vs金东炫	金东炫	韩国	4:0	9,-8,10,8,7	分析
2017德国公开赛	男子1/4	樊振东vs松平健太	松平健太	日本	4:1	8,6,4,-8,9	分析
2017日本公开赛	男子1/16	樊振东vs吉田雅己	吉田雅己	日本	4:0	10,9,6,9	分析
2018日本公开赛	1/4决赛	张继科vs上田仁	上田仁	日本	4:3	-9,7,-9,-8,11,7,7	分析
2017瑞典公开赛	男子1/16	闫安vs森园政崇	森园政崇	日本	4:0	8,6,9,7	分析
2017巡回赛总决赛	男子1/8	樊振东vs庄智渊	庄智渊	中华台北	4:2	15,-8,10,-8,5,6	分析
2017亚锦赛	男团半决赛	樊振东vs陈建安	陈建安	中华台北	3:0	7,6,5	分析
2017卡塔尔	男单1/16	马龙vs廖振廷	廖振廷	中华台北	4:0	9,9,4,3	分析
2018中国公开赛	资格赛1/32	方博vs林昀儒	林昀儒	中华台北	1:4	-5,-7,-6,4,-7	分析
2018中国公开赛	1/16	马龙vs林昀儒	林昀儒	中华台北	4:0	5,8,9,5	分析
2016中国	男单1/4	樊振东vs黄镇廷	黄镇廷	中国香港	4:2	-10,-5,6,5,7,8	分析
2017亚锦赛	男团1/8	丁祥恩vs江天一	江天一	中国香港	3:1	9,-8,8,9	分析
2018卡塔尔	资格赛1/32	薛飞vs吴柏男	吴柏男	中国香港	3:0	8,9,7	分析
2016世乒赛	小组赛	马龙vs崔日	崔日	朝鲜	3:0	6,8,4	分析
2016世乒赛	小组赛	樊振东vs朴申赫	朴申赫	朝鲜	3:0	6,4,3	分析
2018韩国公开赛	1/16	黄镇廷vs安吉颂	安吉颂	朝鲜	3:4	-4,-9,6,4,13,-9,-9	分析
2018澳大利亚	男单第二轮	弗朗西斯卡vs阿昌塔	阿昌塔	印度	4:3	-12,-9,9,3,-7,7,8	分析
2017瑞典公开赛	预赛第一轮	刘丁硕vs加纳那塞卡然	加纳那塞卡然	印度	4:1	8,-5,2,8,15	分析
2016世界杯	男单1/8	樊振东vs高宁	高宁	新加坡	4:0	3,3,6,3	分析

图 3-76

二、软件应用效果

本项目组运用本软件对百余场比赛进行了数据采集与分析，并以这些比赛建立了比赛信息数据库。在采集百余场比赛的过程中，分别对模板库、视频自动截取和报告自动生成这三个创新功能进行了效果测试。

（一）模板库应用效果

在百余场比赛采集的过程中，随着比赛采集场数的增加，相同模板将会被重复使用多次。应用模板库的功能，在采集有相同技战术指标需求的比赛时，避免了重复建立模板。因此在整个技战术采集过程中模板库的设计与使用为模板的设计提供了方便，并节省了时间。

（二）视频自动截取应用效果

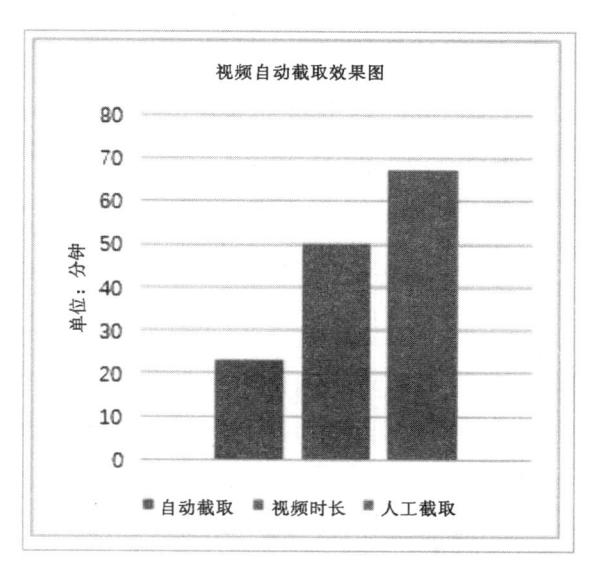

图 3-77　视频自动截取应用效果图

在应用其他技战术软件采集时，需要借助第三方视频截取工具截取视频并需要观看每一分球比赛进行手动截取。由图 3-76 可知，手动截取视频消耗的时间会远远大于比赛视频本身的总时长，同时手动截取还存在截取错误的可能。本软件添加了自动截取视频的功能，所以在视频截取时不需要科研人员手动截取，自动截取耗时明显少于比赛视频本身的总时长，并排除了截取错误的可能，提高了技战术处理的效率。

（三）报告自动生成应用效果

由百余场比赛报告生成的结果来看，由图 3-78 可知，在自动生成报告时，因为减少了计算数据的时间，并且提前设计好了报告模板，所以会减少生成报告的时间。

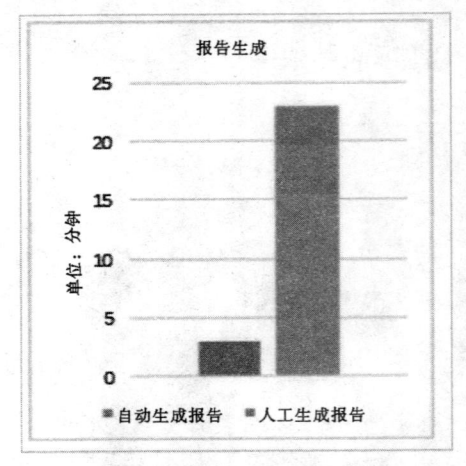

图 3-78　报告生成

(四)软件应用效果小结

　　针对以上三个创新功能的应用效果来看,在整个技战术采集与分析的工作中消耗时间会比同类软件有所减少。其中,视频自动截取功能和自动生成报告功能的添加为降低技战术采集分析的耗时起到了明显作用。

第四章 中国优秀乒乓球男子运动员"关键分"技战术特征分析

近年来,国际乒联对乒乓球规则一次次进行修改,从大球、11分制、无机胶水等的改革,到2014年10月最新实施的塑料乒乓球(大球)改革,其目的是为了提升乒乓球比赛的观赏性的同时增加比赛的偶然性。虽然从初期的效果看,并没有真正达到这一目的,但由于比赛中每局赛制的缩短,故每一分的重要性逐渐提高。两个竞技水平相当的运动员,他们之间的比赛会呈现出比分焦灼的场面,每局比赛经常在最后几分球才决出胜负。

中国乒乓球队教练们常说一句话:"平常训练中掌握的技战术,只有在大赛中能去用的才是自己的,而能在关键时刻敢用且能得分的技战术,才是自己真正的特长技战术。"我国国家队对关键比分时技战术的训练一向比较重视,在队内比赛中会进行各种不同形式的关键比分段比赛,以锻炼运动员打关键球的能力。如,平分比赛,从8平、9平或10平等比分开始打起,先到11分或净胜2分者取胜;再如,逢4见9赛制,在比赛中谁先得到4分就直接跳到9分继续比赛等。

但我国在为国家乒乓球队进行"技战术"奥运攻关与科研服务中,以及国内广大乒乓球研究者在研究乒乓球技战术时,多从优秀运动员整场比赛个人特点、多人对比分析以及整体技战术发展趋势等方面进行研究,而对于国际大赛中运动员在关键比分段与其他比分段的技战术得分与使用情况的研究还较少、不成体系,且研究方法和理论上还存在许多有待于商榷的地方。

优秀运动员在比赛的关键比分段往往会根据自身优势并结合对手薄弱环节选择技战术。本研究作为国家乒乓球男队技战术科研课题的一部分,旨在通过对2013年以来,中国乒乓球男队4名主力(张继科、马龙、许昕、樊振东)在世界大赛中关键比分段与其他比分段的技战术得分与使用情况进行对比分析。希望通过对相关数据的研究与分析,一方面,回答国家队教练员,四名主力队员谁的关键比分段得分能力更强的问题,对其在今后重大比赛的排兵布阵提供参考依据;另一方面,通过对比分析四位运动员在重大比赛中处理关键比分段时的技战术使用及得分情况,并与其他比分段进行对比分析,发现异同,找出问题,为今后的训练和比赛提供参考依据。需要说明的是,本研究仅限于技战术层面,不对运动员在不同比分阶段的心理状态进行研究。

以往对乒乓球"关键分"界定大都选择在尾局阶段选择一段比分(如8:8、9:9以后的每一分球、双方队员得分数相加大于18分以后的球等),将其定义为"关键比分段"。本研究在吸收以往研究经验的基础上结合国家队教练员、运动员的实际需求,对关键比分段界定如下。

关键比分段:每局比赛自双方运动员得分之和大于等于16且分差在3分及3分以内(如8:8,9:7,7:9,10:7,7:10)一球开始(含该球),到该局结束的每一分球。

关键比分局:若某局比赛打到关键比分段,则该局比赛为关键比分局。

其他比分段:每一关键比分局中除关键比分段以外的每一分。

第一节 中国优秀男子乒乓球运动员关键比分段得失分特征

一、中国男子乒乓球运动员关键比分段与其他比分段得、失分情况对比分析

表4-1 比赛录像统计信息表

	张继科	马龙	许昕	樊振东	合计
场次	17	16	13	15	61
总局数	86	84	71	76	317
关键局数	53	54	53	52	212
总分数	1 129	1 094	1 093	1 059	4 375
关键比分段数	277	224	232	216	949
得分频数	154	118	111	109	492
得分率	55.6%	52.7%	47.8%	50.5%	51.8%
其他比分段数	852	870	861	843	3426
得分频数	430	446	445	423	1744
得分率	50.5%	51.3%	51.7%	50.2%	50.9%

本研究对张继科、马龙、许昕、樊振东四名中国优秀男子乒乓球运动员自2013年以来所参加世界大赛,共61场、317局中212局关键局、4 369个球中关键比分段与其他比分段的技战术使用情况进行分别统计与对比分析。

从表4-1、图4-1可以看出,四名运动员在其他比分段的表现相差不大,在得分率50%到52%之间。而在关键比分段的表现上,张继科好于其他三人,得分率达到55.6%,较其他比分段有明显提升,这也说明了张继科更善于打关键比赛的关键比分段。马龙关键比分段得分率较其他比分段稍有提升,这也说明马龙在比赛中能够始终保持稳定的发挥。许昕关键比分段得分率

47.5%,为四人中最低,这说明许昕在关键时刻心理出现一些波动;同时技战术选择与执行也存在一定问题。小将樊振东在两个比分阶段表现中规中矩,得分率均在50%左右,这也需要其在今后通过训练和比赛进一步提升自己在世界大赛中的得分能力。这一结果,尤其是关键比分段得分率也基本符合国家队教练员对四人参加世界大赛表现的判断。

	张继科	马龙	许昕	樊振东
关键比分段	55.6%	52.7%	47.8%	50.5%
其他比分段	50.5%	51.3%	51.7%	50.2%

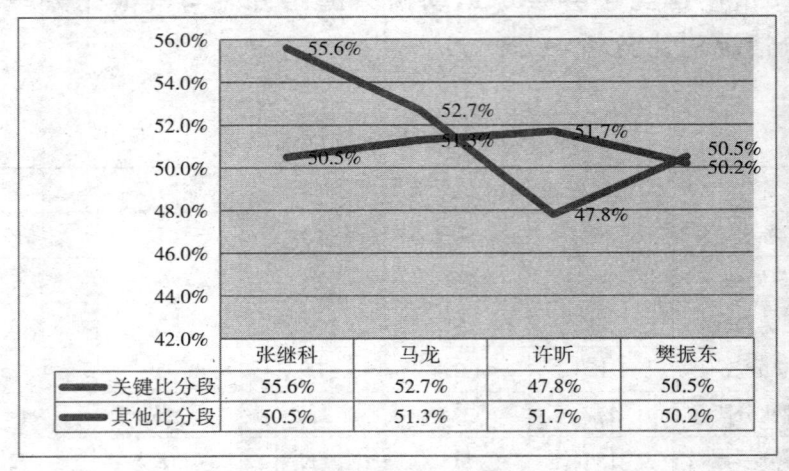

图 4-1 总体得分率对比

二、中国男子乒乓球选手关键比分段与其他比分段发球轮、接发球轮得失分情况对比分析

（一）关键比分段与其他比分段发球轮、接发球轮整体情况对比分析

表 4-2 整体发球轮、接发球轮得失分情况对比

比分	发/接发轮次	得分	失分	总计	得分率
关键比分段	发球轮	250	232	482	51.9%
	接发球轮	244	222	466	52.4%
其他比分段	发球轮	915	791	1706	53.6%
	接发球轮	830	884	1714	48.4%

第四章　中国优秀乒乓球男子运动员"关键分"技战术特征分析

由表 4-2 可以看出，中国四位优秀乒乓球运动员关键比分段较其他比分段发球轮得分率下降 1.2%，而接发球轮得分率则上升 4%。这说明我国优秀运动员在两个比分阶段发球轮均保持一定优势，但并不明显；而在接发球轮，我国运动员虽然在其他比分段时处于劣势，但在关键比分段时，四位运动员能通过减少相持球使用比例，增加二、四板进攻性等方式建立优势。总体来说，我国四位优秀运动员在关键比分段时的表现比较出色。

（二）关键比分段与其他比分段发球轮、接发球轮个体情况对比分析

表 4-3　发球轮、接发球轮得失分情况对比

比分		张继科		马龙		许昕		樊振东	
		发球轮	接发球轮	发球轮	接发球轮	发球轮	接发球轮	发球轮	接发球轮
关键比分段	得分	70	84	62	61	60	51	61	48
	失分	72	50	52	49	53	68	52	55
	得分率	49.3%	62.7%	54.4%	55.5%	53.1%	42.9%	54.0%	46.6%
其他比分段	得分	233	200	232	211	239	207	211	212
	失分	192	227	201	226	186	223	212	208
	得分率	54.8%	46.8%	53.6%	48.3%	56.2%	48.1%	49.9%	50.5%

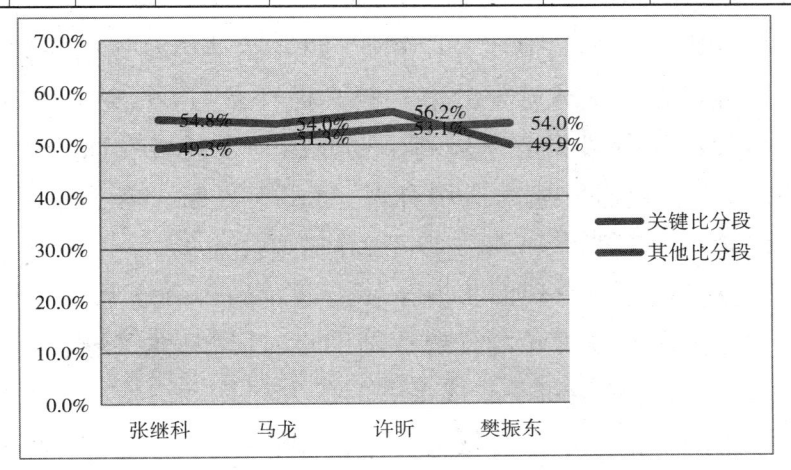

图 4-2　发球轮得分率对比

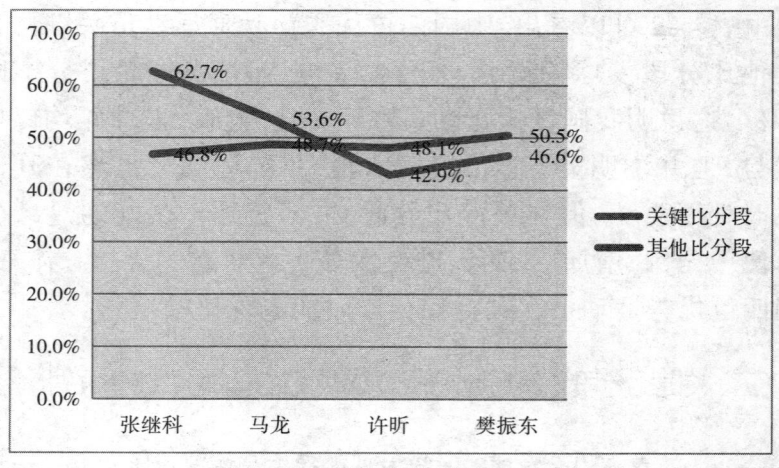

图 4-3　接发球轮得分率对比

由表 4-3、图 4-2、图 4-3 可以看出，中国四位优秀乒乓球运动员在关键比分段与其他比分段发球轮得分率相对比较稳定，基本能够达到 50% 以上，且波动相对较小。但需要注意的是，关键比分段时只有樊振东在发球轮得分率较其他比分段有所上升，而其他三人均有所下降，其中张继科下降最多。

四名运动员接发球轮得分率在其他比分段时基本在 50% 以下；关键比分段时四人该环节得分率出现较大波动（42.9% ~ 62.7%）。其中，张继科、马龙该环节得分率有所提升，许昕、樊振东则有所下降。

关键比分段与其他比分段相比，四名运动员对比结果如下。

张继科在接发球轮得分率有较大提升，达到 62.2%。这说明张继科关键比分段得分率较高主要原因是在其接发球轮的出色发挥，主要表现为技战术运用合理，且出手果断。但其关键比分段发球轮得分率下降到 50% 以下，是需要注意的。

马龙在关键比分段时提升了接发球轮的得分能力，但同时自己关键比分段时发球轮的优势逐渐缩小，这与马龙关键时刻发球轮略有保守，没有给对手造成足够的压力有关。

许昕关键比分段发球轮得分率虽然较其他比分段有所降低，

但依然保持一定优势；而接发球轮得分率仅为 42%，是其关键比分阶段得分率较低的主要原因。这与许昕在关键比分段二、四板技战术运用上没有给对手形成足够压力，变为被动相持有关。如何在接发球轮，尤其是关键比分段接发球轮避免陷入被动，增加得分能力，是许昕今后需要解决的问题。

樊振东关键比分段发球轮得分率有所提升，这与其关键时刻更加积极主动且增加发球后强攻质量有关；而接发球轮得分率下降与其比赛经验不足，对对手发球的判断不精确，盲目上手导致失分过多有关。

三、中国优秀男子乒乓球运动员关键比分段与其他比分段三段得分、使用情况对比分析

（一）四人关键比分段与其他比分段三段整体得分、使用情况对比分析

表 4-4 整体得分、使用情况对比

比分		总分	得分	得分率	使用率
关键比分段	发抢段	267	165	61.8%	28.1%
	接抢段	338	178	52.7%	35.6%
	相持段	344	151	43.9%	36.2%
其他比分段	发抢段	834	528	63.3%	24.4%
	接抢段	1 148	606	52.8%	33.6%
	相持段	1 438	617	42.9%	42.0%

结合表 4-4、图 4-4 可以看出，中国四位优秀乒乓球运动员关键比分段与其他比分段三段得分率基本没有差别，三段得分率由高到低排序一次是发抢段、接抢段、相持段。

结合表 4-4、图 4-5 可以看出，中国四位优秀乒乓球运动员

关键比分段较其他比分段发抢段与接抢段使用率有所增加,而相持段的使用率有所下降。这就使得四人在其他比分段三段由发抢段、接抢段、相持段使用率逐步增加的趋势,变成了关键比分段三段使用率走向趋于集中。这也说明关键比分段时中国四名优秀运动员加强了发抢和接抢的主动性和击球质量,力争在前四板占据主动,避免与对手进入不占优势的相持。

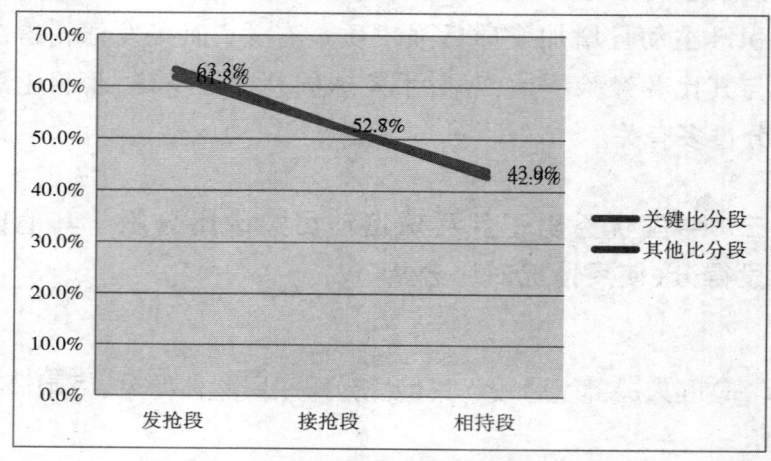

图 4-4 三段整体得分率情况对比

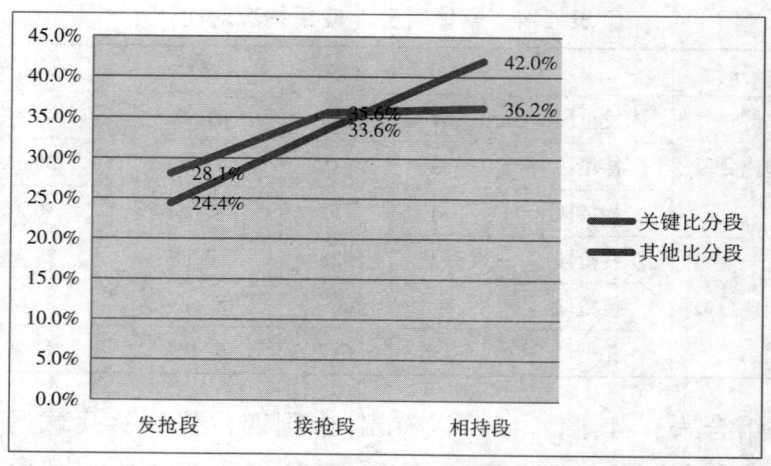

图 4-5 三段整体使用率情况对比

第四章 中国优秀乒乓球男子运动员"关键分"技战术特征分析

(二)四人关键比分段与其他比分段发抢段得分、使用情况对比分析

表 4-5 发抢段得分、使用情况对比

比分		总分	得分	得分率	使用率
关键比分段	张继科	80	43	53.8%	28.9%
	马龙	65	42	64.6%	29.0%
	许昕	69	46	66.7%	29.7%
	樊振东	53	34	64.2%	24.5%
其他比分段	张继科	209	132	63.2%	24.5%
	马龙	238	149	62.6%	27.4%
	许昕	205	141	68.8%	24.0%
	樊振东	182	106	58.2%	21.6%

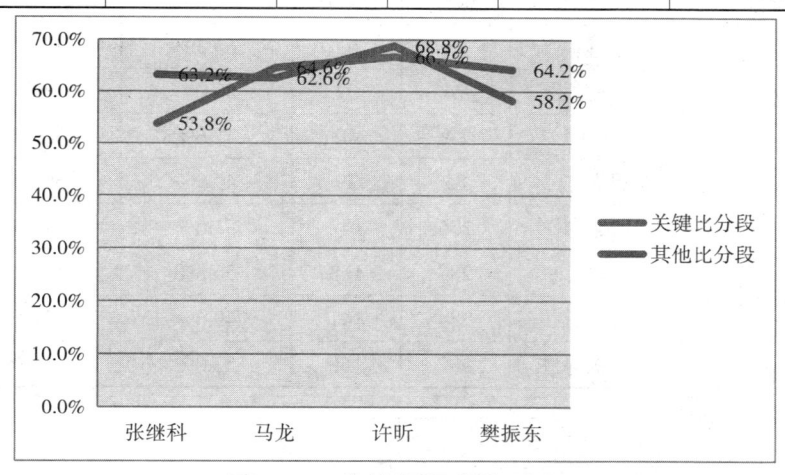

图 4-6 发抢段得分率对比

从表 4-5、图 4-6 可以看出,与其他比分段相比较,中国四位优秀乒乓球运动员在关键比分段时均提升了发抢段的使用率。在得分率方面,马龙与许昕在两个比分阶段发抢段得分率均能达到 60% 以上,说明两人在发抢段的技战术运用比较合理,且执行力较强。樊振东在关键比分段时发抢段得分率由其他比分段时的 58.2% 提升到 64.2%,这与樊振东关键比分段时第三板主动增加抢攻技术使用比例和增加击球质量有关。而张继科关键比分段时

发抢段得分率较其他比分段时下降明显,下降9.4%,说明发抢段直接失分较多,使得张继科关键比分段发球轮得分率下降。这与张继科在关键比分段时过于依赖反手,且对正手的保护不够,且进攻技术直接失分较多有关。从四人关键比分段发抢段得分率情况来看,关键时刻拿到发球权后,还是要突出积极主动,抢先上手,主动加质量的思想。具体到技战术中,就应该通过积极的跑动,用杀伤力更强的正手解决问题,不能被对手锁死反手,陷入被动。

(三)四人关键比分段与其他比分段接抢段得分、使用情况对比分析

表 4-6 接抢段得分、使用情况对比

比分		总分	得分	得分率	使用率
关键比分段	张继科	95	62	65.3%	34.3%
	马龙	74	37	50.0%	33.0%
	许昕	84	40	47.6%	36.2%
	樊振东	85	39	45.9%	39.4%
其他比分段	张继科	275	142	51.6%	32.3%
	马龙	287	163	56.8%	33.0%
	许昕	284	141	49.6%	33.2%
	樊振东	302	160	53.0%	35.8%

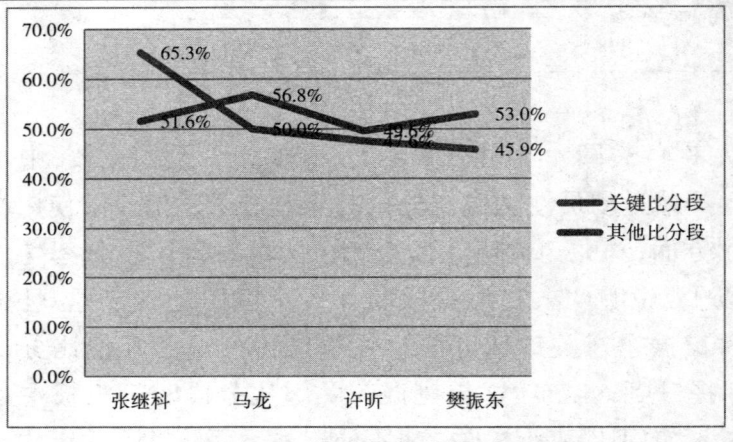

图 4-7 接抢段得分率对比

第四章 中国优秀乒乓球男子运动员"关键分"技战术特征分析

从表4-6、图4-7可以看出,与其他比分段相比较,中国四位优秀乒乓球运动员关键比分段时接抢段的使用率除马龙外,其他三人均有所增加,其中樊振东关键比分段该段使用率更是接近40%。但从得分率情况看,只有张继科在关键比分段时接抢段得分率较其他比分段有所提升,且达到65%;其他三人关键比分段接抢段得分率较其他比分段均有所下降。这说明张继科在关键比分段接抢段优势明显,能够给对手的发球造成很大压力,这也一定程度上弥补了其在关键比分段发抢段得分率不高的劣势。由于接发球技术受限于对手的发球,所以在接发球时要掌握好凶与稳的"度",既不能过于凶狠,造成过多接发球直接失分,也不能过于保守,导致一旦控制不住就会陷入被动。马龙接发球以控制为主,在关键比分段时一旦心理出现波动,控制不严密会给对手发抢的机会而造成自己被动;许昕接发球手段较灵活,但第四板衔接一般,一旦对手适应了其接发球手段,若不能很好地进行衔接,不但会造成第四板直接失分,还会影响后面的相持;樊振东关键比分段接发球凶狠有余,稳定不足,抢攻比较盲目,说明年轻小将还缺乏大赛经验。

(四)四人关键比分段与其他比分段相持段得分、使用情况对比分析

表4-7 相持段得分、使用情况对比

比分		总分	得分	得分率	使用率
关键比分段	张继科	102	48	47.1%	36.8%
	马龙	85	41	48.2%	37.9%
	许昕	79	25	31.6%	34.1%
	樊振东	78	37	47.4%	36.1%
其他比分段	张继科	368	156	42.4%	43.2%
	马龙	345	141	40.9%	39.7%
	许昕	366	162	44.3%	42.8%
	樊振东	359	158	44.0%	42.6%

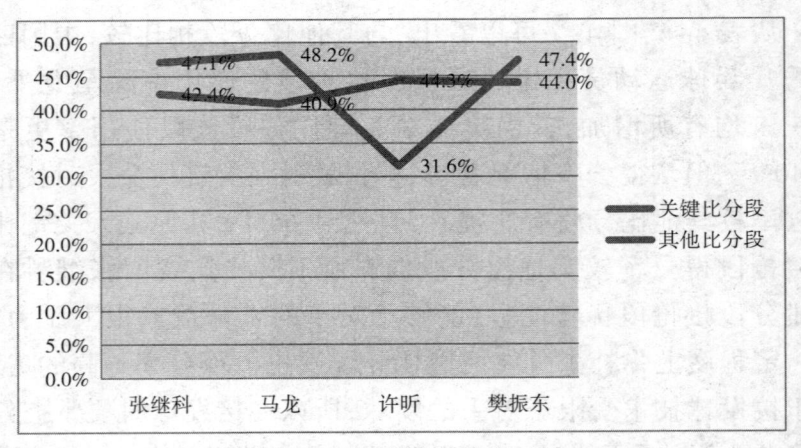

图 4-8　相持段得分率对比

从表 4-7、图 4-8 可以看出,中国四位优秀乒乓球运动员在关键比分段相持段的使用率均有所降低。在相持段得分率方面,四名运动员在两个比分阶段均未能达到 50%。但除许昕外,其他三人关键比分段时相持段得分率较其他比分段均有所提升;许昕在其他比分段时相持段得分率稍高于其他三人,但关键比分段时他在该环节得分率则下降 12.7%。由于相持的主动与被动跟前面的发抢、接抢环节是否能够建立优势有很大关系,所以继续提升前四板的主动性与衔接的稳定性,即使不能直接得分,能够为相持积累优势也是必要的;同时,在相持过程中,我国四位优秀运动员在相持整体能力提升的情况下,还要根据不同对手,加强线路上的变化。

（五）关键比分段与其他比分段四人三段得分率、使用率小结

张继科关键比分段发抢段与接抢段得分率较其他比分段出现较大波动,其中发抢段大幅下降,接抢段大幅上升。关键时刻发抢段与接抢段的起伏表现,需要通过后面的具体数据来进一步分析。

马龙在两个比分阶段三段得分率均较为均衡,使用也较为合理,这也是马龙能够在比赛中持续稳定发挥的保证。

许昕无论在关键比分段还是其他比分段发抢段得分率均为四人最高,展现了出色的发抢能力,今后应有意识提升发球抢攻

的使用。但在接抢段与相持段，许昕表现一般，尤其在接抢段没有表现出直板运动员的优势。而在相持段，作为直板运动员，反手相对薄弱，本身在相持段就不具备优势，加之在关键比分段接抢段的不稳定表现，导致无法在前三板限制对手的发挥，最终造成打到相持以后打得很吃力。

樊振东三段整体表现中规中矩，作为年轻小将，在关键比分段时发抢段与相持段得分率较其他比分段有所提升，说明他在关键时刻敢打敢拼，也具备一定的实力；而在关键比分段时接抢段表现得不理想，也体现了小将在关键时刻接发球急于求成、经验不足的缺点。

此外，中国四位优秀乒乓球运动员在处理关键比分段时，都在尽量减少与对手进行相持，增加前四板技战术使用，力争通过发抢和接抢来获得每一分的胜利。

第二节 中国优秀男子乒乓球运动员关键比分段发抢段技战术特征

一、中国优秀男子乒乓球运动员关键比分段与其他比分段发球使用情况对比分析

（一）关键比分段与其他比分段四位运动员发球整体使用情况对比分析

表4-8 发球整体运用情况

比分	发球	中短、半 频数	正短、板 频数	反短、半 频数	中、反长 频数	小计 频数	使用率
关键比分段	侧旋	165	64	18	14	261	55.2%
	逆旋转	42	39	14	5	100	21.1%
	转不转	59	33	14	6	112	23.7%

续表

比分	发球	中短、半 频数	正短、板 频数	反短、半 频数	中、反长 频数	小计 频数	使用率
	小计	266	136	46	25	473	100.0%
	（使用率）	56.2%	28.8%	9.7%	5.3%	100.0%	
其他比分段	侧旋	560	240	67	85	952	56.6%
	逆旋转	198	133	70	17	418	24.9%
	转不转	178	81	29	24	312	18.5%
	小计	936	454	166	126	1 682	100.0%
	（使用率）	55.6%	27.0%	9.9%	7.5%	100.0%	

由于发球在现代乒乓球比赛中，直接得分情况较少，而更多地起到了限制对手接发球强攻以及为自己下一板抢攻创造机会的作用，故本文只对运动员发球的使用情况进行研究，对运动员发球的直接得分情况不做研究。本文通过将四位运动员发球方式、线路与落点相结合，从而能够更完整地研究每一个发球在线路与落点的选择。从表4-8可以看出，无论关键比分段还是其他比分段，中国四位优秀乒乓球运动员在整体发球方式、线路和落点上变化不大。其中，发球方式均以侧身位发正手侧旋球为主，配合发逆旋转发球和转不转发球；而在发球的整体线路与落点上，四位运动员均以发中路短球、半出台球为主，正手位短球、半出台球为辅，同时配合反手短球、半出台球以及中路、反手底线长球。

（二）四位运员关键比分段与其他比分段发球方式使用情况对比分析

表4-9 发球方式情况

比分	运动员	侧旋 频数	使用率	逆旋转 频数	使用率	转不转 频数	使用率
	张继科	89	63.1%	38	27.0%	14	9.9%

第四章 中国优秀乒乓球男子运动员"关键分"技战术特征分析

续表

比分	运动员	侧旋 频数	侧旋 使用率	逆旋转 频数	逆旋转 使用率	转不转 频数	转不转 使用率
关键比分段	马龙	87	76.3%	10	8.8%	17	14.9%
关键比分段	许昕	48	42.5%	17	15.0%	48	42.5%
关键比分段	樊振东	37	35.2%	35	33.3%	48	42.5%
其他比分段	张继科	234	55.6%	161	38.2%	26	6.2%
其他比分段	马龙	368	85.0%	23	5.3%	42	9.7%
其他比分段	许昕	179	42.1%	84	19.8%	162	38.1%
其他比分段	樊振东	171	42.4%	150	37.2%	82	20.3%

从表4-9可以看出,张继科关键比分段时较其他比分段增加了侧旋发球的使用(近10%),这可能与对手对其逆旋转发球逐渐适应,张继科希望在关键比分段时主动求变有关;但侧旋发球的使用要求张继科更多使用正手来得分,而影响其反手进攻的质量,从发抢段的效果看,这一变化并没有达到预期的目的。马龙整场比赛均以发侧旋球为主,这与马龙发球后全台正手抢攻能力强有关。许昕则以发侧旋球和转不转球为主,两个比分阶段差别不大。樊振东发球方式较灵活,而在关键比分段时减少了侧旋与逆旋转发球的使用,增加了转不转发球的使用,说明樊振东希望在关键比分段时简化比赛,从而更好发挥其正反手抢攻实力均衡的优势。

(三)四位运动员关键比分段与其他比分段发球线路、落点使用情况对比分析

表4-10 发球线路、落点情况

比分	运动员	中短、半 频数	中短、半 使用率	正短、半 频数	正短、半 使用率	反短、半 频数	反短、半 使用率	中、反长 频数	中、反长 使用率
关键比分段	张继科	84	59.6%	45	31.9%	4	2.8%	8	5.7%
关键比分段	马龙	38	33.3%	53	46.5%	13	11.4%	10	8.8%
关键比分段	许昕	78	69.0%	15	13.3%	16	14.2%	4	3.5%

续表

比分	运动员	中短、半 频数	中短、半 使用率	正短、半 频数	正短、半 使用率	反短、半 频数	反短、半 使用率	中、反长 频数	中、反长 使用率
	樊振东	66	62.9%	23	21.9%	13	12.4%	3	2.9%
其他比分段	张继科	239	56.8%	137	32.5%	30	7.1%	15	3.6%
	马龙	182	42.0%	171	39.5%	18	4.2%	62	14.3%
	许昕	275	64.7%	66	15.5%	57	13.4%	27	6.4%
	樊振东	240	59.6%	80	19.9%	61	15.1%	22	5.5%

从表4-10可以看出，张继科、许昕与樊振东在关键比分段与其他比分段发球线路、落点的选择与四位运动员整体发球线路、落点相似：以发中路短球、半出台球为主，正手位短球、半出台球为辅，配合反手位短球、半出台球与中路、反手位底线长球长球。而马龙发球落点则更加灵活多变。其中，其他比分段时，马龙发正手位短球、半出台球以及中路、反手位底线长球的使用比例更高；而相比于其他比分段，马龙在关键比分段时增加了发正手位短球、半出台球的使用比例（52%），较其他比分段增加了14%，目的就是为了限制对手在接发球时使用控制性技术或弱上手，为其下一板衔接创造机会。

二、中国优秀男子乒乓球运动员关键比分段与其他比分段一、三板技术组合使用、得分情况对比分析

（一）关键比分段与其他比分段一、三板技术组合整体使用、得分情况对比分析

表4-11 一、三板技术组合整体使用、得分情况

比分	技术组合	频数	得分	失分	得分率	使用百分比
关键比分段	发球抢攻	309	98	75	56.6%	72.5%

续表

比分	技术组合	频数	得分	失分	得分率	使用百分比
	发球后控、防	117	18	23	43.9%	27.5%
	小计	426	116	98	54.2%	100.0%
其他比分段	发球抢攻	991	296	201	59.6%	66.3%
	发球后控、防	504	64	83	43.5%	33.7%
	小计	1 495	360	284	55.9%	100.0%

由表4-11可以看出，中国四位优秀男子运动员无论在关键比分段还是其他比分段，一、三板技术组合都以发球后抢攻为主，且关键比分段较其他比分段使用比例有所提升。这说明通过发球控制对方后寻找机会抢攻依然是以为主力队员发抢段的主要战术和得分手段。同时，发球后抢攻组合也是四人的主要得分手段，发球抢攻能力的重要性不言而喻。第三板进攻性技术的使用率要高于控制、防御性技术。

（二）关键比分段与其他比分段一、三板技术组合个体使用、得分情况对比分析

表4-12 第三板进攻技术使用、得分情况

比分	运动员	频数	得分	失分	得分率	使用百分比
关键比分段	张继科	86	23	24	48.9%	74.1%
	马龙	63	19	16	54.3%	63.0%
	许昕	70	27	18	60.0%	73.7%
	樊振东	90	29	17	63.0%	78.3%
其他比分段	张继科	252	79	52	60.3%	69.8%
	马龙	247	76	52	59.4%	67.9%
	许昕	244	76	41	65.0%	69.5%
	樊振东	248	65	56	53.7%	59.2%

表 4-13 第三板控制、防御技术使用、得分情况

比分	运动员	频数	得分	失分	得分率	使用百分比
关键比分段	张继科	30	4	7	36.4%	25.9%
	马龙	37	8	8	50.0%	37.0%
	许昕	25	4	4	50.0%	26.3%
	樊振东	25	2	4	33.3%	21.7%
其他比分段	张继科	109	14	16	46.7%	30.2%
	马龙	117	14	33	29.8%	32.1%
	许昕	107	16	13	55.2%	30.5%
	樊振东	171	20	21	48.8%	40.8%

由表 4-12、表 4-13 可知,张继科在两个比分阶段一、三板技术组合使用中发抢组合使用比例均达到 70% 以上;但相比于其他比分段,张继科关键比分段发抢组合得分率下降较多。张继科打法凶狠,防御或过度球相对较少。这一方面能够给对手造成很大压力;另一方面也会给自己带来很多失误,特别是近几年由于伤病等原因,导致张继科正手进攻范围和质量有所下降,加之关键比分段时既要增加击球质量又要保证命中率难度更大,导致关键比分段时张继科第三板进攻得分率下降明显。

马龙在两个比分阶段发球后抢攻技术组合得分率均在 54% 以上,在四人中均排名第三。这一方面说明马龙在发抢技术组合表现相对稳定;另一方面也说明马龙第三板直接得分能力一般,当然这一点也可通过马龙较强的连续进攻能力进行弥补。需要指出的是,关键比分段时发球后控制或防御技术组合使用比例达到 37%,为四人中最高。由于出色的控制和防转攻能力让马龙比赛中可以根据情况选择积极主动还是以稳为主;但在关键比分段时,由于对手很难找到突破口,于是会更多采用"搏杀"的方式来打乱马龙的发球节奏。

许昕在两个比分阶段一、三板发球抢攻技术组合的使用比例基本保持在 70% 以上,同时 60% 以上的得分率也体现出作为直板运动员在发抢环节的优势。

第四章 中国优秀乒乓球男子运动员"关键分"技战术特征分析

樊振东在两个比分阶段一、三板技术组合的使用上出现较大波动。其中,其他比分段发球后抢攻技术组合的使用比例达到40%,说明其发球质量不高,且进攻意识没有关键比分段强烈;同时对对手接发球进攻准备不足,没有很好地形成主动反攻。但在关键比分段时这种情况有了很大改变,发抢技术组合的使用比例达到78%,得分率达到63%,均为四人中最高。这也体现了樊振东在关键比分段发球轮表现更加积极主动,敢打敢拼。当然两个比分阶段一、三板技术组合使用、得分的不稳定也说明了作为一名小将,樊振东还需要经过更多比赛的历练来逐步形成自己的技战术风格。

第三节 中国优秀男子乒乓球运动员关键比分段接抢段技战术特征

一、中国优秀男子乒乓球运动员关键比分段与其他比分段接发球技术、落点使用、得分情况对比分析

(一)中国优秀男子乒乓球运动员关键比分段与其他比分段接发球技术整体使用、得分情况对比分析

表4-14 接发球两类技术使用、得分情况

比分	技术	频数	直接得分	直接失分	得分率	使用率
关键比分段	控制	197	19	7	73.1%	42.3%
	进攻	265	70	41	63.1%	56.9%
其他比分段	控制	868	91	28	76.5%	50.6%
	进攻	842	213	137	60.9%	49.1%

注:对手发球失误不计入该统计。共计17分,其中,张继科5分,马龙、许昕、樊振东各4分

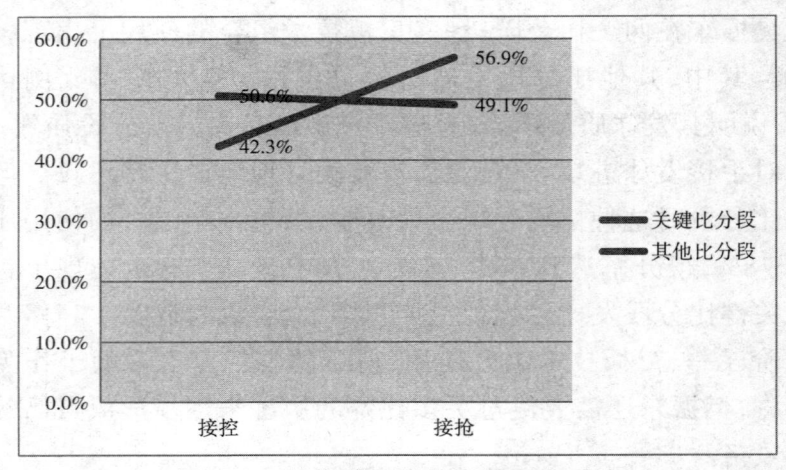

图 4-9 接发球两类技术使用率对比

表 4-15 接发球技术整体使用、得分情况

		频数	得分	失分	得分率	使用率
关键比分段	摆、劈	197	19	7	73.1%	42.6%
	拧、挑	207	52	34	60.5%	44.8%
	正手拉	33	12	4	75.0%	7.1%
	反手拉	25	6	3	66.7%	5.4%
	小计	462	89	48	65.0%	100.0%
关键比分段	摆、劈	816	89	27	76.7%	50.5%
	拧、挑	560	126	80	61.2%	34.7%
	正手拉	141	49	31	61.3%	8.7%
	反手拉	99	29	21	58.0%	6.1%
	小计	1 616	293	159	64.8%	100.0%

通过表 4-14、表 4-15、图 4-9 可以看出，我国四位优秀乒乓球运动员关键比分段较其他比分段接发球更加积极主动，增加了接发球抢攻技术的使用比例，主要体现在接台内球使用拧、挑技术的比例增加。而在接发球各项技术得分率方面，台内球技术在两个比分阶段得分率差异不大；但在接出台发球技术（正、反手拉冲）的得分率上，关键比分段时得分率更高。这说明在比赛打到关键比分段，四位运动员一旦抓住对方发半出台、出台球形成

第四章 中国优秀乒乓球男子运动员"关键分"技战术特征分析

主动上手,得分率要高于其他比分段。

(二)中国优秀男子乒乓球运动员关键比分段与其他比分段接发球抢攻技术个体使用、得分情况对比分析

表 4-16 张继科接发球技术使用、得分情况

比分	技术	频数	直接得分	直接失分	得分率	使用率
关键比分段	摆、劈	58	4	1	80.0%	44.3%
	拧、挑	57	23	9	71.9%	43.5%
	正手拉	1	0	0	0.0%	0.8%
	反手拉	15	4	2	66.7%	11.5%
其他比分段	摆、劈	140	13	6	68.4%	40.6%
	拧、挑	158	36	27	57.1%	45.8%
	正手拉	7	2	3	40.0%	2.0%
	反手拉	40	12	10	54.5%	11.6%

表 4-17 马龙接发球技术使用、得分情况

比分	技术	频数	直接得分	直接失分	得分率	使用率
关键比分段	摆、劈	58	7	2	77.8%	53.7%
	拧、挑	35	5	8	38.5%	32.4%
	正手拉	15	9	2	81.8%	13.9%
	反手拉	0	0	0	0.0%	0.0%
其他比分段	摆、劈	259	34	4	89.5%	60.8%
	拧、挑	107	26	15	63.4%	25.1%
	正手拉	53	21	13	61.8%	12.4%
	反手拉	7	3	2	60.0%	1.6%

表 4-18 许昕接发球技术使用、得分情况

比分	技术	频数	直接得分	直接失分	得分率	使用率
关键比分段	摆、劈	45	4	2	66.7%	37.8%
	拧、挑	57	14	6	70.0%	47.9%
	正手拉	14	2	1	66.7%	11.8%
	反手拉	3	0	0	0.0%	2.5%

续表

比分	技术	频数	直接得分	直接失分	得分率	使用率
其他比分段	摆、劈	251	27	11	71.1%	58.8%
	拧、挑	106	25	9	73.5%	24.8%
	正手拉	59	18	12	60.0%	13.8%
	反手拉	11	3	1	75.0%	2.6%

表 4-19 樊振东接发球技术使用、得分情况

比分	技术	频数	直接得分	直接失分	得分率	使用率
关键比分段	摆、劈	36	4	2	66.7%	34.6%
	拧、挑	58	10	11	47.6%	55.8%
	正手拉	3	1	1	50.0%	2.9%
	反手拉	7	2	1	66.7%	6.7%
其他比分段	摆、劈	166	15	6	71.4%	39.7%
	拧、挑	189	39	29	57.4%	45.2%
	正手拉	22	8	3	72.7%	5.3%
	反手拉	41	11	8	57.9%	9.8%

从表 4-16 至表 4-19 可以看出，在我国四位优秀乒乓球运动员关键比分段与其他比分段台内接发球技术使用与得分情况对比中，张继科在两个比分阶段接台内发球使用控制性技术与进攻性技术的使用比例相当，均在 40% 左右，关键比分段时稍稍提升了控制性技术的使用比例；其他三人则在关键比分段时提高了进攻性技术的使用比例，降低了控制性技术的使用比例。其中，马龙与许昕在非关键加分控制性技术使用比例在 60% 左右，而进攻性技术的使用比例在 25% 左右，而在关键比分段时马龙虽提高了进攻性技术的使用比例，但在接台内发球时还是以控制性技术为主；但许昕在关键比分段接台内发球时大幅提升了进攻性技术的使用比例（接近 50%），超过了控制性技术；而樊振东在其他比分段接台内发球时，进攻性技术的使用比例稍高于控制性技术，而到了关键比分段时，进攻性技术的使用比例达到 55%，说明其在关键比分段接台内发球时抢攻意识更强烈。

第四章 中国优秀乒乓球男子运动员"关键分"技战术特征分析

此外,通过对四位运动员接台内发球进攻性技术得分率情况对比中可以发现,张继科与樊振东虽然同样在两个比分阶段保持40%以上使用比例,且其他比分段两人得分率均在57%左右,但是在关键比分段时,张继科接台内发球运用进攻性技术的得分率达到71%,而樊振东则下降到47%。这说明张继科在关键比分段接台内发球时,能够做到胆大心细,在运用进攻性技术,尤其是其擅长的反手拧拉技术时,杀伤力很强;而樊振东在关键比分段接台内发球运用进攻性技术时则显得有些盲目,直接失分较多,也说明小将还需要在比赛中继续磨炼自己,提升关键比分段时刻接发球技术运用的合理性和杀伤力。马龙虽然在关键比分段接台内发球使用进攻性技术的得分率仅为38%,但由于该类技术并不是马龙的主要接发球手段,使用比例较少,只可作为马龙接发球时的一种变化。不过,马龙也需要在今后适当提升接台内发球进攻性技术的能力,使其接发球体系更加完善。许昕在关键比分段时大幅提升接台内球进攻性技术的使用,是由于关键时刻控短效果一般,索性利用抢攻,出奇制胜,也可以视作一种"搏杀",但是从得分率来看,两个比分阶段该类技术的得分率均达到70%,说明效果还是不错的。

虽然接发球进攻体系的立体化、多样化,尤其是台内球的争抢已经成为我国男队主力队员比赛中的主要发展方向。但同时也应该看到,相比于台内球进攻性接发球技术,对于我国男队四名主力队员来说,控制性技术的使用依然能够起到一定作用。首先是控制性技术相对于进攻性技术而言,直接失分较少,更加"保险",同时,我国运动员的优势主要体现在控制以及由控转攻这一环节,结合四人接抢段二、四板技术组合的使用和得分情况也可以说明这一点:接发球时使用控制性技术更多的是保证接发球成功率、限制对手的发抢,并为自己接发球后抢攻创造机会。所以,在今后的比赛中四人在关键比分段时可适当降低接发球进攻性技术的使用,根据自身优势以及对手情况,提升关键时刻接发球的合理性。

从表4-16至表4-19可以看出,在接出台发球技术的使用上,张继科与樊振东在关键比分段与其他比分段反手拉冲技术的使用比例较高。这与两人接台内发球时,台内拧拉技术的使用较多,对手通过发反手位或中路底线长球,打乱他们接发球节奏,降低其接发球质量。而马龙与许昕在两个比分阶段正手拉冲技术的使用比例较高。这也说明了两人正手抢攻意识较强。

通过对关键比分段与其他比分段我国乒乓球男队四名主力队员接抢段接发球技术使用与得分情况的分析,总结如下。

张继科、樊振东在比赛中接发球环节战术指导思想相对简单：通过运用全台立体化的接发球抢攻技术,尽早将比赛转成上旋球的强强对抗；同时配合摆短,为第四板抢攻创造机会。这种接发球方式,虽然简单,但由于两人较强的反手能力和抢攻质量,尤其是张继科在关键比分段时台内接发球进攻技术一锤定音的能力,能够给对手的发球轮带来很大压力。

马龙无论关键比分段还是其他比分段,在接抢段台内球接发球技术中以使用控制性技术为主,配合使用进攻性技术。这说明在接台内球时马龙技术运用相对灵活,能够视比赛中比分、对手等情况而定。但在比赛的关键时刻,马龙有时会由于心态的变化出现接发球控制不严密甚至控出半高球,这无形中会增加了马龙接发球时的压力。当遇到这种情况时,马龙应及时调整战术,相信自己的防御和防转攻能力,将比赛简单化,通过劈长后抗一板或直接上手与对手形成上旋球,发挥自己攻、防技术全面的优势,赢得关键比分段的比分。

许昕在关键比分段接台内球时,大幅度提升了进攻性技术的使用；而在其他比分段时,则主要以控制性技术为主。这说明许昕在关键时刻接发球时,希望通过积极地抢攻,为第四板以及相持创造机会,也有主动求变的战术思想。但是,这种近似"搏杀"的方式一旦被对手适应,或由于心态原因出现几个失误,可能使得许昕后面的比赛在接发球轮处于被动。所以,许昕还需要继续磨炼自己的接发球技术和能力,利用直板优势,通过有效的控制,

第四章　中国优秀乒乓球男子运动员"关键分"技战术特征分析

逼迫对手在发球后继续控制或弱上手,给自己下一板抢攻创造机会;同时在对手抓住其反手弱点发上旋短球时,应果断上手,甚至可以使用带有"搏杀"性质的抢攻,突破对手的防线。

（三）中国优秀男子乒乓球运动员关键比分段与其他比分段接发球抢攻落点整体使用、得分情况对比分析

表 4-20　接发球落点使用与得分情况

比分	技术	落点	上台频数	直接得分	直接失分	得分率	使用百分比
关键比分段	进攻	正手位	39	16	40（14.9%）	41.0%	9.3%
		反手位	129	33		25.6%	30.9%
		中路	60	19		31.7%	14.4%
	控制	正手位	29	3	6	10.3%	6.9%
		反手位	36	4		11.1%	8.6%
		中路	125	11		8.8%	29.9%
其他比分段	进攻	正手位	122	51	133（15.9%）	41.8%	7.9%
		反手位	400	115		28.8%	25.9%
		中路	183	48		26.2%	11.9%
	控制	正手位	199	18	31	9.0%	12.9%
		反手位	137	21		15.3%	8.9%
		中路	501	49		9.8%	32.5%

注:（1）得分率 = 直接得分数 / 频数;（2）进攻技术直接失分下括号为直接失分占进攻技术总频数使用比例(下同)

从表 4-20 可以看出,我国四位优秀乒乓球运动员无论在关键比分段还是其他比分段,在接发球时采用以"攻反手、控中路"为主的技战术思想。从技战术层面来说,这是一个相对稳妥的思想:接发球抢攻时,压制对手的反手位一方面是为了限制对手反攻的质量,为下一板衔接打下基础;另一方面若接发球抢攻一板到对手正手位,需要提高抢攻的突然性和质量,这导致容易造成失误。而接发球控制时,为了避免控制的球从球台两边出台,被

对手抓住机会进行抢攻造成被动,运动员更多选择了控制对手中路来限制对手抢攻质量。但从得分率来看,两个比分阶段抢攻正手位的效果更好,这也体现了一种求变、出其不意的技战术思想,往往在比赛的关键时刻,这一落点变化会产生不错的效果。

(四)中国优秀男子乒乓球运动员关键比分段与其他比分段接发球抢攻落点个体使用、得分情况对比分析

表 4-21　张继科接发球落点使用与得分情况

比分	技术	落点	上台频数	直接得分	直接失分	得分率	使用百分比
关键比分段	攻	正手位	11	7	10 (13.3%)	63.6%	9.1%
		反手位	38	14		36.8%	31.4%
		中路	16	5		31.3%	13.2%
	控制	正手位	7	0	1	0.0%	5.8%
		反手位	6	1		16.7%	5.0%
		中路	43	3		7.0%	35.5%
其他比分段	进攻	正手位	27	12	45 (18.2%)	44.4%	7.2%
		反手位	131	33		25.2%	35.1%
		中路	44	14		31.8%	11.8%
	控制	正手位	19	2	6	10.5%	5.1%
		反手位	25	3		12.0%	6.7%
		中路	127	8		6.3%	34.0%

表 4-22　马龙接发球落点使用与得分情况

比分	技术	落点	上台频数	直接得分	直接失分	得分率	使用百分比
关键比分段	进攻	正手位	9	1	11 (21.2%)	11.1%	9.2%
		反手位	21	6		28.6%	21.4%
		中路	11	6		54.5%	11.2%
	控制	正手位	6	2	1	33.3%	6.1%
		反手位	17	1		5.9%	17.3%
		中路	34	4		11.8%	34.7%

第四章 中国优秀乒乓球男子运动员"关键分"技战术特征分析

续表

比分	技术	落点	上台频数	直接得分	直接失分	得分率	使用百分比
其他比分段	进攻	正手位	36	18	29（18.0%）	50.0%	9.0%
		反手位	65	23		35.4%	16.2%
		中路	31	11		35.5%	7.7%
	控制	正手位	76	6	5	7.9%	19.0%
		反手位	42	10		23.8%	10.5%
		中路	151	20		13.2%	37.7%

表 4-23 许昕接发球落点使用与得分情况

比分	技术	落点	上台频数	直接得分	直接失分	得分率	使用百分比
关键比分段	进攻	正手位	9	5	7（9.5%）	55.6%	8.3%
		反手位	32	6		18.8%	29.4%
		中路	26	5		19.2%	23.9%
	控制	正手位	11	1	3	9.1%	10.1%
		反手位	6	1		16.7%	5.5%
		中路	25	2		8.0%	22.9%
其他比分段	进攻	正手位	19	3	23（13.0%）	15.8%	4.8%
		反手位	72	27		37.5%	18.4%
		中路	63	14		22.2%	16.1%
	控制	正手位	72	6	13	8.3%	18.4%
		反手位	33	7		21.2%	8.4%
		中路	133	13		9.8%	33.9%

表 4-24 樊振东接发球落点使用与得分情况

比分	技术	落点	上台频数	直接得分	直接失分	得分率	使用百分比
关键比分段	进攻	正手位	10	3	12（17.9%）	30.0%	11.1%
		反手位	38	7		18.4%	42.2%
		中路	7	3		42.9%	7.8%
	控制	正手位	5	0	1	0.0%	5.6%
		反手位	7	1		14.3%	7.8%
		中路	23	2		8.7%	25.6%

续表

比分	技术	落点	上台频数	直接得分	直接失分	得分率	使用百分比
其他比分段	进攻	正手位	40	18	36（14.2%）	45.0%	10.6%
		反手位	132	32		24.2%	35.1%
		中路	45	9		20.0%	12.0%
	控制	正手位	32	4	7	12.5%	8.5%
		反手位	37	1		2.7%	9.8%
		中路	90	8		8.9%	23.9%

结合上文接发球技术统计及表 4-21 至表 4-24 可以看出，相比于其他比分段，四位运动员在关键比分段时主要是通过改变接发球技术，即增加接发球进攻性。而两个比分阶段接发球抢攻和控制技术在落点上变化不大：张继科在两个比分阶段接发球采取进攻对手反手位，并配合控制对手中路的技战术思想；马龙在两个比分阶段接发球以控制对手中路为主，以控制对手正手位和进攻对手反手位为辅的技战术思想；许昕在其他比分段接发球以控住对手中路为主，配合控制对手正手位以及抢攻对手反手位和中路。而在关键比分段时，许昕接发球抢攻更加积极，主要进攻对手的中路和正手位，同时配合控住对手中路；樊振东在两个比分阶段接发球均以进攻对手反手位为主，以控制对手中路为辅的技战术思想。

二、中国优秀男子乒乓球运动员关键比分段与其他比分段二、四板技术组合运用情况对比分析

（一）关键比分段与其他比分段四位运动员二、四板技术组合整体使用、得分情况对比分析

表 4-25　二、四板技术组合整体使用、得分情况

比分	技术组合	频数	得分	失分	得分率	使用百分比
关键比分段	连续攻	115	34	39	46.6%	36.6%
	控攻	99	35	24	59.3%	31.5%

第四章　中国优秀乒乓球男子运动员"关键分"技战术特征分析

续表

比分	技术组合	频数	得分	失分	得分率	使用百分比
	其他	100	18	35	34.0%	31.8%
	小计	314	87	98	47.0%	100.0%
其他比分段	连续攻	377	96	119	44.7%	32.6%
	控攻	387	123	97	55.9%	33.4%
	其他	393	42	141	23.0%	34.0%
	小计	1 157	261	357	42.2%	100.0%

由表 4-25 可以看出，与发抢段一、三板技术组合相似，我国四位优秀乒乓球运动员关键比分段与其他比分段接抢段二、四板技术组合中也更多地选择通过接发球后抢攻来赢得主动。同时，关键比分段与其他比分段二、四板技术组合得分率情况差别不大，接发球控制后进攻组合得分率高于接发球抢攻后连续攻技术组合。这说明接发球控制后进攻技术组合更能造成直接得分。但随着台内进攻技术的不断发展，接发球抢攻已经成为限制对手发球抢攻的有效武器，这就要求我们的主力队员，在今后的训练中，有意识加强接发球抢攻后连续进攻的能力。

（二）关键比分段与其他比分段二、四板技术组合个体使用、得分情况对比分析

表 4-26　二、四板连续攻技术组合使用、得分情况

		频数	得分	失分	得分率	使用百分比
关键比分段	张继科	26	7	6	53.8%	32.9%
	马龙	16	4	6	40.0%	23.2%
	许昕	40	11	16	40.7%	48.2%
	樊振东	33	12	11	52.2%	39.8%
其他比分段	张继科	113	30	30	50.0%	41.9%
	马龙	46	9	15	37.5%	16.9%
	许昕	84	21	31	40.4%	28.9%
	樊振东	134	36	43	45.6%	41.4%

表 4-27 二、四板控攻技术组合是用、得分情况

		频数	得分	失分	得分率	使用百分比
关键比分段	张继科	32	13	7	65.0%	40.5%
	马龙	20	7	4	63.6%	29.0%
	许昕	25	7	5	58.3%	30.1%
	樊振东	22	8	8	50.0%	26.5%
其他比分段	张继科	80	34	25	57.6%	36.4%
	马龙	99	32	30	51.6%	38.8%
	许昕	113	36	26	58.1%	29.3%
	樊振东	95	123	97	55.9%	33.4%

表 4-28 二、四板接后控、防技术组合使用、得分情况

		频数	得分	失分	得分率	使用百分比
关键比分段	张继科	21	6	7	46.2%	26.6%
	马龙	33	5	10	33.3%	47.8%
	许昕	18	0	8	0.0%	21.7%
	樊振东	28	7	10	41.2%	33.7%
其他比分段	张继科	77	7	28	20.0%	28.5%
	马龙	127	19	38	33.3%	46.7%
	许昕	94	5	33	13.2%	32.3%
	樊振东	95	11	42	20.8%	29.3%

从表 4-26 至表 4-28 可以看出，作为反手能力较强，擅长使用反手拧拉技术的张继科与樊振东在其他比分段二、四板连续攻技术组合使用比例达到 41%，得分率张继科高于樊振东；控攻技术组合使用比例在 35% 左右，得分率两人相差不大。但在关键比分段时，张继科连续攻技术组合使用比例降低至 32%，得分率依然在 50% 以上；控攻技术组合使用比例提高至 40%，得分率达到 65%。但樊振东连续攻技术组合使用比例稍有降低（40%），得分率提升至 50% 以上；而控攻技术组合使用比例则降低至 26%，得分率也只有 50%；接发球后控、防技术组合使用比例提高至 33%。结合两人接发球得失分情况，张继科虽然减少了关键比分

第四章 中国优秀乒乓球男子运动员"关键分"技战术特征分析

段时接发球台内拧拉的使用比例,但得分能力反而较其他比分段有所增加;同时张继科在关键比分段时提升了接发球控制的使用比例,并且为其第四板抢攻创造了很好的条件,使其第四板抢攻得分率大幅提升。这说明张继科在比赛中,尤其是在关键比分段二、四板的处理上技战术运用比较合理有效。相比之下,樊振东在比赛中,尤其是在关键比分段时二、四板技战术运用上则并不是很合理。首先,樊振东在关键比分段时较其他比分段接发球台内拧技术使用比例有所上升,但并没有收到很好的效果。主要表现在直接失分太多,而直接得分较少,大部分都需要进行第四板衔接,这无形中增加了第四板的难度。其次,樊振东在关键比分段时接发球质量也有所下降,这导致其第四板需要更多使用控制或防御性技术,同样增加了第四板衔接的难度。

对于接发球以控制为主,且正反手实力比较均衡的马龙而言,在二、四板技战术组合中还存在一定问题。从表4-28中可以看出,马龙在两个比分阶段接发球后控制与防御技术组合的使用比例均接近50%。这说明在全台无死角的进攻性技术体系下,对马龙控制性技术的质量要求提升了,同时通过控短后寻找抢攻机会的难度也相应增加了,有时需要通过连续控短或在对方弱上手自己主动防御创造抢攻或转攻机会。这要求马龙在加强控球质量的同时,加强第四板反攻的能力,同时还要在适当提升接发球抢攻技术比例的同时加强第四板的衔接。

作为直板运动员,许昕在二、四板技战术运用上并不像马龙一样,控制严密,抢攻杀伤力强;也不像王皓一样拥有较强的台内拧拉能力。这导致了许昕在比赛中接发球时经常在控制与抢攻之间徘徊。其中,其他比分段时,许昕三种二、四板技术组合的使用比例相当,得分率以控攻技术组合最高,达到58%;接发球后控制与防御技术组合得分率最低,仅为13%。这就说明许昕在接发球环节会出现波动,有时能为下一板抢攻创造很好得分机会;有时则出现比较致命的机会被对手攻死。但在关键比分段时,许昕在二、四板技战术运用上相对有效。首先,许昕保持了其他比分段时控攻技术组合的使用比例与得分率,这也是关键时刻许昕接抢段较为稳定的得分手段;其次,许昕在关键比分段时敢于大胆"搏杀",明显提升了台内拧拉技术的使用比例,且产生了不错的效果。

第四节 中国优秀男子乒乓球运动员关键比分段相持段技战术特征

一、中国优秀男子乒乓球运动员关键比分段与其他比分段相持最后一板技术整体使用、得分情况对比分析

表4-29 相持最后一板技术整体使用、得分情况

比分	技术	频数	得分	失分	得分率	使用百分比
关键比分段	正手	153	58	95	37.9%	44.9%
	反手	102	37	65	36.3%	29.9%
	侧身	83	53	30	63.9%	24.3%
	控制	3	1	2	33.3%	0.9%
	小计	341	149	192	43.7%	100.0%
其他比分段	正手	585	220	365	37.6%	41.0%
	反手	493	186	307	37.7%	34.6%
	侧身	311	188	123	60.5%	21.8%
	控制	37	15	22	40.5%	2.6%
	小计	1426	609	817	42.7%	100.0%

从表4-29可以看出,我国四位优秀乒乓球运动员相持最后一板技术整体运用中,关键比分段与其他比分段相比在使用比例以及得分率方面没有太大差别。但是,正手与反手攻、防技术的得分率在两个比分阶段均不足40%。这说明相比于发抢与接抢环节,相持依然是我国四位优秀运动员相对薄弱的环节。

二、中国优秀男子乒乓球运动员关键比分段与其他比分段相持最后一板技术个体使用、得分情况对比分析

表 4-30　相持最后一板正手攻、防技术使用、得分情况

比分	运动员	频数	得分	失分	得分率	使用百分比
关键比分段	张继科	48	17	31	35.4%	47.1%
	马龙	35	18	17	51.4%	41.2%
	许昕	34	7	27	20.6%	44.2%
	樊振东	36	16	20	44.4%	46.8%
其他比分段	张继科	142	43	99	30.3%	38.5%
	马龙	144	51	93	35.4%	42.5%
	许昕	168	70	98	41.7%	46.8%
	樊振东	131	56	75	42.7%	36.5%

从表 4-30 中可以看出，相比于其他比分段，张继科在关键比分段正手技术的使用比例上有所提升（8.6%），其他三人正手技术在两个比分阶段使用比例差别不大。而在得分率方面，相比于其他比分段，马龙与樊振东关键比分段正手技术得分率有所提升，其中马龙提升幅度较大（16%），且得分率超过 50%；而张继科与许昕则有所下降，其中许昕下降幅度较大（21%）。

表 4-31　相持最后一板反手攻、防技术使用、得分情况

比分	运动员	频数	得分	失分	得分率	使用百分比
关键比分段	张继科	35	16	19	45.7%	34.3%
	马龙	29	9	20	31.0%	34.1%
	许昕	14	2	12	14.3%	18.2%
	樊振东	24	10	14	41.7%	31.2%
其他比分段	张继科	132	58	74	43.9%	35.8%
	马龙	126	42	84	33.3%	37.2%
	许昕	72	16	56	22.2%	20.1%
	樊振东	163	70	93	42.9%	45.4%

从表4-31可以看出,相比于其他比分段,樊振东关键比分段反手技术的使用比例下降14%。在得分率方面,四位运动员在两个比分阶段差别不大。其中,反手能力更强的张继科与樊振东得分率较高,达到40%以上;马龙得分率在30%以上;许昕反手技术得分率最低,尤其关键比分段时得分率仅有14%,也暴露了其反手相对薄弱的问题。

表4-32 相持最后一板侧身攻、防技术使用、得分情况

比分	运动员	频数	得分	失分	得分率	使用百分比
关键比分段	张继科	17	14	3	82.4%	16.7%
	马龙	21	14	7	66.7%	24.7%
	许昕	28	16	12	57.1%	36.4%
	樊振东	17	9	8	52.9%	22.1%
其他比分段	张继科	77	47	30	61.0%	20.9%
	马龙	62	40	22	64.5%	18.3%
	许昕	114	69	45	60.5%	31.8%
	樊振东	58	32	26	55.2%	16.2%

从表4-32可以看出,四位运动员相持最后一板侧身技术的使用率在两个比分阶段差别不大。其中,许昕在四人中该技术使用比例最高,这也能够弥补其相对薄弱的反手。在得分率方面,张继科关键比分段侧身技术的得分率达到82%,较其他比分段有较大提升;其他三人该技术在两个比分阶段差别不大。

第五章 中国优秀乒乓球女子运动员"关键分"技战术分析

自21世纪以来,为进一步推动乒乓球运动的普及与提高,增加乒乓球竞技比赛的观赏性,国际乒联对乒乓球竞赛规则进行了四次重大改革(即从2000年10月1日开始用直径40毫米的大球;从2001年9月1日起,将每局21分赛制改为11分赛制,发球由每方发5分球后轮换改为每方发2分球轮换;从2002年9月1日起实行无遮挡发球;从2008年9月1日起使用健康、环保、绿色的无机胶水)。这些改革无疑是对中国队"霸主"地位的强烈冲击,特别是11分赛制,从比赛结果来看,其最基本的特征为使比赛的偶然性增大,从比赛具体细节来看,虽然11分制实施后打满七局的77个总球数比原来的21分制时打满5局的105个总球数少,但由于局点数由原来的5个变为现在的7个,关键分的次数增多,比赛的激烈程度增加。即11分赛制比赛实质上是增加了比赛中关键场次、关键局甚至关键分出现的概率。

11分赛制实行后,中国乒团参加的第一个赛事是2001年韩国公开赛。赛后,冠军得主王楠对11分赛制的最大感受为:"每一个球都得当关键球打,每一个球都好像是20平"。马琳在2007年与世锦赛男单冠军(输给王励勤)失之交臂后,终于2008年半决赛战胜王励勤从而进入决赛战胜王皓获得北京奥运会冠军。赛后马琳说道:"这一次我在关键分的把握上很果断,决赛能战胜王皓,也是因为对关键分的处理比他更好。"2005年4月国乒选拔赛专练关键分,比赛采用特殊比赛规则即每局从8比8开始。2009年乒乓球队进行了"直通横滨"第一阶段队内选拔赛比赛中男队使用了新的四分关键球赛制，其核心思想是在比赛中谁先得到4分就直接加到9分继续比赛，目的即为提高关键分水平。国家队教练们常说一句话"平常练习中掌握的技术不是真正自己的技术，能在比赛中运用的才是自己的技术，能在关键分用且能够得分的技术才是自己最有效的得分手段。"由此可见，11分赛制时代，运动员在比赛中必须高度重视每一分的争夺，更要慎重对关键分技战术的处理，尤其高水平运动员之间的较量，关键分技战术处理的好坏直接关系到比赛输赢，关键分技战术水平是高水平竞技制胜的核心。

从目前查阅的文献来看，对关键分技战术的研究寥寥无几，且多以对男子个例或整体关键分技战术的研究为主，另有对运动员关键分心理的研究，更多的文献只是提到关键分的重要性，并未对其进行专门的探讨和研究，尤其对女子运动员关键分的研究，至今为零。

据此，本研究本着继承与发展，学习与创新的宗旨，以中国优秀乒乓球女子运动员（丁宁、刘诗雯、李晓霞、郭跃2009—2014年参加的世界杯、世界乒乓球锦标赛、巡回赛、乒超联赛等国际赛事四强赛事以及国内一些重大赛事如世界乒乓球锦标赛选拔赛、全运会等赛事共计197场469局1447个关键分的技战术为研究对象，分析关键分时我国优秀乒乓球女子运动员发抢段、接抢段、发球轮相持段、接发球轮相持段四段的技战术运用特征以及关键分优秀运动员的上手特征，试图总结出中国优秀乒乓球女子运动员关键分技战术处理特征，以期为中国女子乒乓球运动的持续发展提供些许理论参考依据。

第一节　中国优秀乒乓球女子运动员"关键分"得分特征

本研究对中国优秀女子运动员197场球中1447个关键分技战术进行了统计分析。关键分获胜情况见表5-1。

第五章　中国优秀乒乓球女子运动员"关键分"技战术分析

表 5-1　关键分获胜率统计

研究对象	场次	关键局	胜局	局胜率	关键分	得分频数	得分率
丁宁	60	148	86	58.1%	416	225	54.1%
郭跃	42	95	55	57.9%	304	166	54.6%
李晓霞	42	107	51	47.7%	370	186	50.3%
刘诗雯	53	119	73	61.3%	357	198	55.5%
合计	197	469	265	56.5%	1 447	775	53.6%

注：* 表示 $P<0.05$

由表 5-1 分析，从整体水平来看，中国优秀女运动员关键分平均得分率为 53.6%，关键分平均局胜率为 56.5%，说明关键分时有一半以上的获胜机会；运动员个体对比分析，关键分得分率分别为 54.1%、54.6%、50.3%、55.5%，均在 50% 以上，其中刘诗雯的得分率最高，但与四名运动员关键分得分率无显著性差异（$P>0.05$），说明关键分四名优秀运动员得分能力近似；关键分的局胜率分别为 58.1%、57.9%、47.7%、61.3%；其中刘诗雯关键分局胜率最高，为 61.3%，获胜机会较大，李晓霞关键分局胜率为 47.7%，显著低于平均值 56.5%，获胜概率较小。刘诗雯关键分局胜率与丁宁、郭跃无显著性差异，但与李晓霞有显著性差异（$P=0.04<0.05$），说明关键分刘诗雯关键分获胜能力优于李晓霞。

一、关键分发球轮、接发球轮得分对比分析

表 5-2　关键分整体发球轮、接发球轮得失分情况对比统计

	得分	失分	总计	得分率
发球轮	416	309	725	57.4%**
接发球轮	358	364	722	49.6%**

注：** 表示 $P<0.01$

从表 5-2 可以看出，中国优秀女子运动员关键分发球轮 725 分，接发球轮 722 分，发球轮得 416 分，得分率为 57.4%，接发球轮 358 分，得分率为 49.6%。仅从得分率角度来看，中国优秀女

子乒乓球运动员关键分发球轮有较明显优势,接发球轮并没有明显劣势。

经过统计学检验发现,关键分发球轮得分率与接发球轮得分率存在高度显著性差异,p=0.002<0.01,说明中国优秀女子运动员比赛中关键分发球轮比接发球轮更有优势。

表 5-3　关键分个人发球轮、接发球轮得失分情况对比统计

	丁宁		郭跃		李晓霞		刘诗雯	
	发球轮	接发球轮	发球轮	接发球轮	发球轮	接发球轮	发球轮	接发球轮
得分	125	100	96	69	92	94	103	95
失分	99	92	59	80	85	99	66	93
得分率	55.8%	52.1%	61.9%	46.3%	52.0%	48.7%	60.9%	50.5%

从表 5-3 可以看出,关键分发球轮,四名运动员得分率分别为 55.8%、61.9%、52.0%、60.9%,其中郭跃、刘诗雯发球轮得分率居高,均高于 60%,李晓霞最低,丁宁得分率居中;接发球轮得分率分别为 52.1%、47.0%、48.7%、50.5%,其中丁宁、刘诗雯接发球轮得分率居高,均高于 50%,郭跃接发球轮得分率最低,李晓霞得分率居中。通过对 4 名运动员关键分发球轮、接发球轮得分率卡方检验,结果显示 P 值均大于 0.05 水平,说明关键分发球轮及接发球轮,4 名优秀运动员之间得分率不存在显著性差异。

经过统计学检验发现,郭跃发球轮接发球轮得分率存在高度显著性差异,p=0.006<0.01,郭跃关键分发球轮技战术效果显著优于接发球轮;刘诗雯发球轮接发球轮得分率存在显著性差异,p=0.048<0.05,说明刘诗雯关键分发球轮技战术效果优于接发球轮。丁宁、李晓霞发球轮接发球轮检验结果显示,p 值均大于 0.05,说明丁宁和李晓霞发球轮接发球轮接发球技战术运用效果没有显著差异。

总的来说,关键分郭跃和刘诗雯发球轮的得分能力高且明显优于接发球轮;丁宁和李晓霞发球轮和接发球轮得分率差异不大。

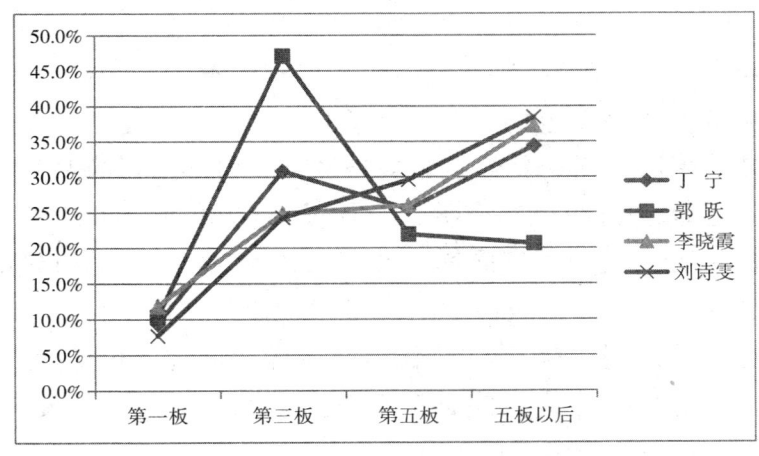

第五章 中国优秀乒乓球女子运动员"关键分"技战术分析

图 5-1 发球轮各板使用率分布图

由图 5-1 可以看出,郭跃关键分第三板发生得失分使用率明显高于其他队员,而五板及五板以后相持使用率明显少于其他队员,郭跃关键分发球轮相对于其他女优秀运动员,比赛争夺更为靠前,第三板战术发挥得好坏直接影响比赛的胜负;丁宁、李晓霞、刘诗雯在各板分布上呈现相同趋势,丁宁在第三板的使用率略高于刘诗雯和李晓霞,说明丁宁关键分同样注重前三板的抢攻;刘诗雯五板及五板以后相持使用率高;且明显多于其他 3 名女优秀运动员,得分球数也较多,由此可以看出,刘诗雯关键分五板以后的相持球有一定的优势;李晓霞关键分五板以后相持使用率略低于刘诗雯。

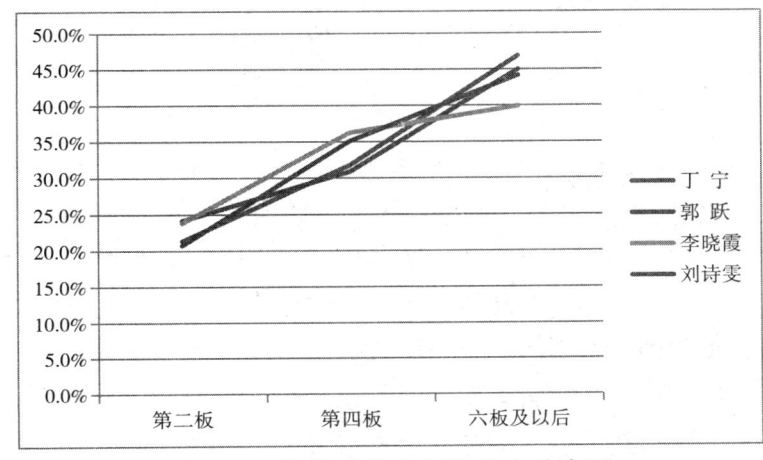

图 5-2 接发球轮各板使用率分布图

· 179 ·

由图 5-2 可以看出，李晓霞和刘诗雯在关键分接发球轮各板数使用率分布上均呈现相同趋势，而丁宁和郭跃在关键分接发球轮各板数使用率布上均呈现相同趋势；其中李晓霞第二板、第四板的使用率明显高于其他三名运动员，而六板之后的相持明显低于其他运动员说明李晓霞关键分接发球轮更加注重前三板；郭跃关键分第二板使用率同李晓霞相差不大，高于丁宁和刘诗雯，说明郭跃第二板较为积极主动，但郭跃第四板的使用率低于其他三名运动员，说明郭跃第二板没有结束的话即转入相持段。丁宁六板之后的相持使用率明显高于其他运动员，说明丁宁关键分接发球轮比赛重心较为靠后。

二、"关键分"三段各技战术得分特征分析

（一）关键分发球抢攻段各技战术得分特征分析

表 5-4　发抢段各技战术得分统计

	发球			发球抢攻			发球后控制			发球被攻			第 5 板		
	得分	失分	得分率	得分	失分	得分率	得分	失分	得分率	得分	失分	得分率	得分	失分	得分率
丁宁	17	4	81.0%	48	10	82.8%	1	1	50.0%	2	7	22.2%	23	34	40.4%
郭跃	13	3	81.3%	46	16	74.2%	3	2	60.0%	0	6	0.0%	16	18	47.1%
李晓霞	20	1	95.2%	26	12	68.4%	0	2	0.0%	1	3	25.0%	19	27	41.3%
刘诗雯	13	0	100.0%	24	9	71.9%	3	0	100%	0	5	0.0%	32	20	61.5%
小计	62	9	87.3%	144	47	75.8%	7	5	58.3%	3	21	15.0%	90	99	47.6%

由表 5-4 分析，从整体来看，关键分发抢段各技战术的得分率排序由高到低依次为：发球、发球抢攻、发球后控制、第五板、发球被攻，说明关键分发球的质量以及发球后第三板的抢攻衔接即前三板是制胜关键，分别占发抢段总得分的 20.6%、47.1%，关

第五章 中国优秀乒乓球女子运动员"关键分"技战术分析

键分发抢段前三板的争夺是比赛的焦点。

四名运动员对比分析,关键分时,李晓霞发球质量最好,发球直接得分20个,占其发抢段总得分的30.3%,其次为刘诗雯,发球直接得分13个,占发抢段得分的18.3%;关键分发球抢攻战术,丁宁、郭跃不仅使用率高,得分率也非常出色,得分率高达82.8%、74.2%;刘诗雯第5板战术得分率高达61.5%,明显高于其他三名运动员,符合刘诗雯相持能力强的特点,相持能力强为其发抢段增加了稳定性。

总的来说,关键分发抢段,李晓霞发球质量最高;丁宁、郭跃发球抢攻质量高;刘诗雯发抢段第五板得分能力最强。

(二)关键分接发球抢攻段各技战术得分特征分析

表5-5 接发球抢攻段各技战术得分统计

研究对象	接发球 得分	接发球 失分	接发球 得分率	接发球抢攻 得分	接发球抢攻 失分	接发球抢攻 得分率	接发球后抢攻 得分	接发球后抢攻 失分	接发球后抢攻 得分率	接发球后控制 得分	接发球后控制 失分	接发球后控制 得分率	接发球被攻 得分	接发球被攻 失分	接发球被攻 得分率
丁宁	14	2	87.5%	18	7	72.0%	15	11	57.7%	2	2	50.0%	5	26	16.1%
郭跃	12	8	60.0%	11	5	68.8%	14	12	53.8%	1	0	1000%	3	16	15.8%
李晓霞	18	5	78.3%	14	9	60.9%	25	18	58.1%	0	0	0.0%	3	24	11.1%
刘诗雯	14	7	66.7%	12	6	66.7%	26	16	61.9%	0	0	0.0%	3	18	12.5%
总计	58	22	72.5%	56	40	68.3%	80	57	58.0%	3	2	60.0%	14	84	13.9%

由表5-5分析,以整体来看,关键分接发球抢攻段各技战术的得分率由高到低排序依次为:接发球、接发球抢攻、接发球后控制、接发球后抢攻、接发球被攻。接发球战术的得分率最高,为72.5%,说明中国优秀女运动员关键分接发球的质量很高,观察录像发现,郭跃和刘诗雯关键分接发球战术得分以摆短技术为主,而丁宁和李晓霞接发球战术得分以劈长技术为主。接发球抢攻战术的得分率仅次于接发球战术,得分率为68.3%,得分概率很

高,说明女优秀运动员关键分接发球抢先上手意识很强。得分率排名第3的是接发球后控制,但使用率非常低,丁宁4分球,得分2分,郭跃1分球,得分。得分率排名第四的是接发球后抢攻,数据显示其使用率最高,得分率为58.0%,有一半以上的得分概率。接发球战术、接发球抢攻战术及接发球后抢攻战术的得分总和占接发球抢攻段得分的91.5%,无疑说明世界优秀运动员关键分前三板的争夺非常激烈,接发球抢攻段挑打、抢拉、严密控制、抢先上手的意识较强。

  四名运动员对比分析,丁宁关键分接发球战术的得分率最高,为87.5%,明显高于其他3名运动员,观察录像分析,丁宁关键分接发球战术以劈长技术为主,摆短技术为辅,劈中路和摆反手的使用频次最高,接发球质量很高,增加对手上手难度甚至直接得分。李晓霞关键分接发球战术的得分率仅次于丁宁,得分率为78.3%,观察录像发现,李晓霞关键分接发球战术以劈长技术为主,线路多为劈正手位大角度,对手均上手失分。另外,李晓霞以摆中路近网短球配合劈正手技术,得分率显著。接发球抢攻战术方面,丁宁和郭跃发挥出色,得分率居高,分别为72.0%、68.8%,观察录像发现,丁宁关键分接发球抢攻战术主要采用正手拉和挑打技术得分,郭跃关键分接发球抢攻战术主要采用反手拉和挑打技术得分。接发球后抢攻方面,刘诗雯和李晓霞得分率居高,得分率分别为61.9%、58.1%,观看录像分析,李晓霞和刘诗雯关键分接发球后抢攻以正反手的拉或攻技术得分为主。

  综合分析,关键分接发球抢攻段,丁宁得分能力最高,接发球和接发球抢攻战术得分率最高,接发球后抢攻得分率位居第3名;李晓霞接发球战术得分能力强,仅次于丁宁;郭跃接发球抢攻战术得分能力强,仅次于丁宁;刘诗雯接发球后抢攻得分能力最强。

第五章 中国优秀乒乓球女子运动员"关键分"技战术分析

(三)关键分相持段各技战术得分特征分析

表 5-6 相持段各技战术得分统计

相持段	主动相持 得分	失分	得分率	一般相持 得分	失分	得分率	被动相持 得分	失分	得分率
丁宁	54	9	85.7%	22	37	37.3%	5	40	11.1%
郭跃	36	12	75.0%	3	6	33.3%	7	26	21.2%
李晓霞	42	14	75.0%	13	23	36.1%	5	46	9.8%
刘诗雯	59	16	78.7%	6	17	26.1%	4	42	8.7%
合计	191	51	78.9%	44	83	34.6%	21	154	12.0%

由表 5-6 分析,整体来看,关键分相持段主动相持的得分率最高,为 78.9%;其次为一般相持,得分率为 34.6%;被动相持的得分率最低,为 12.0%。个人分析,刘诗雯关键分相持段主动相持的球数最多,说明刘诗雯关键分相持段比较主动。但是,刘诗雯的得分率并不是最高,低于丁宁,在 4 名运动员中排名第 2,观察录像发现,刘诗雯主动进攻失误较多。丁宁关键分主动相持的得分能力最高,得分率高达 85.7%,说明丁宁关键分相持段比较稳健。一般相持,4 名运动员得分率均低于 40.0%,得分率不高,说明一般相持是女优秀运动员关键分薄弱环节。

(四)关键分得分特征小结

关键分,中国优秀女子运动员得分率为 53.5%,局胜率为 56.5%,获胜率高,其中,刘诗雯关键分得分率为 55.5%、局胜率为 61.3%,获胜率最高;李晓霞关键分得分率为 50.3%,局胜率为 47.7%,获胜率最低;刘诗雯关键分局胜率与其他运动员无显著性差异,但与李晓霞有显著性差异(P<0.05),说明关键分刘诗雯

获胜机会显著高于李晓霞。

关键分,从整体来看,中国优秀女子运动员发球轮与接发球轮得分率存在高度显著性差异,$p<0.01$,发球轮的技战术运用效果显著优于接发球轮;对比分析,郭跃和刘诗雯发球轮得分率最高,均高于平均水平57.4%,达到60%以上,且发球轮接发球轮得分率存在显著性差异,尤其郭跃,$p<0.01$,差异性高度显著,说明郭跃和刘诗雯发球轮的得分能力高且显著优于接发球轮;丁宁和李晓霞发球轮和接发球轮得分率没有显著性差异,p值均大于0.05,说明丁宁和李晓霞发球轮接发球轮技战术运用效果差异不大。

关键分发球轮,郭跃前三板争抢最为积极,使用率高;其次为丁宁;刘诗雯五板以后相持使用率最高,相持能力强,李晓霞仅次于刘诗雯。

关键分接发球轮,李晓霞二、四板使用率高,六板及以后相持使用率明显低于其他三名运动员,其前三板抢攻积极,关键分更加注重前三板;丁宁六板及以后相持使用率高,比赛重心在多板相持。

关键分发球抢攻段,李晓霞发球质量最高;丁宁、郭跃发球抢攻质量高;刘诗雯发抢段第五板得分能力最强;关键分接发球抢攻段,丁宁得分能力最高,接发球和接发球抢攻战术得分率均最高,接发球后抢攻得分率位居第三名;李晓霞接发球战术得分能力强,仅次于丁宁;郭跃接发球抢攻战术得分能力强,仅次于丁宁;刘诗雯接发球后抢攻得分能力强;关键分相持段,一般相持是女优秀运动员关键分薄弱环节,丁宁主动相持得分率最高。

第二节 中国优秀乒乓球女子运动员"关键分"技战术特征

一、"关键分"技战术运用的总体特征分析

表5-7 关键分整体三段得分率、使用率统计

段	得分	失分	得分率	使用率
发球抢攻段	304	181	62.7%	33.5%
接发球抢攻段	211	195	52.0%	28.1%
相持段	255	301	45.9%	38.4%

由表5-7可以看出,中国女优秀运动员关键分发抢段得分率为62.5%、接抢段得分率为52.0%、相持段得分率为45.9%。发抢段的得分率最高。中国女子优秀运动员关键分发抢段的使用率为33.5%,接抢段的使用率为28.1%,相持段的使用率为38.2%,其中,发抢段和接抢段的使用率且占到三段的六成,说明女优秀运动员关键分时更加注重前五板,注重发抢段的同时,敢于在接发球段积极上手,体现"抢上手,强上手"的搏杀意识。

表5-8 关键分个人三段得分率、使用率统计

运动员	发球抢攻段				接发球抢攻段				相持段			
	得分	失分	得分率	使用率	得分	失分	得分率	使用率	得分	失分	得分率	使用率
丁宁	91	56	61.9%	35.3%	55	48	53.4%	24.8%	80	86	48.2%	39.9%
郭跃	78	45	63.4%	40.5%	41	41	50.0%	27.0%	42	57	42.4%	32.6%
李晓霞	66	45	59.5%	30.0%	60	56	51.7%	31.4%	60	83	42.0%	38.6%
刘诗雯	70	34	67.3%	29.1%	55	50	52.4%	29.4%	73	75	49.3%	41.5%

由表5-8可以看出,关键分时,4名优秀女运动员发抢段使用率由高到低排序依次为郭跃40.5%、丁宁35.3%、李晓霞30.0%、刘诗雯29.1%,郭跃和丁宁发抢段使用率远高于李晓霞

和刘诗雯,说明郭跃和丁宁在发抢段更积极主动发动进攻;得分率由高到低排序依次为刘诗雯、郭跃、丁宁、李晓霞,其中,刘诗雯发抢段使用率最低,但得分率最高,为67.3%,结合刘诗雯自身特点,其相持段的优势增加了前三板的稳定性,故得分率最高。反而郭跃和丁宁,发抢段使用率高的同时,也带来了主动失误。关键分接抢段,4名优秀女运动员的使用率和得分率相差不大,其中李晓霞的使用率最高,但得分率不太理想,丁宁使用率最低,得分率最高,为53.4%。关键分相持段,刘诗雯的使用率和得分率最高,其次为丁宁,李晓霞与郭跃相持段相差不大。

总的来说,关键分三段数据显示,刘诗雯得分能力最强,发抢段和相持段得分率最高;其次为丁宁,在接抢段得分率最高,相持段得分率仅次于刘诗雯;第3名为郭跃,发抢段表现仅次于刘诗雯,第4名为李晓霞,三段数据没有明显的优势,接抢段使用率最高,但得分率一般。

二、"关键分"发抢段技战术特征

(一)"关键分"发球战术特征

发球战术是指发球方发球时通过线路和落点的变化迫使接发球方接发球直接失误的一种战术,它是发球轮战术的第一阶段,发球方通过发球可以造成接球方直接失误或者回球质量差,进而得分或为下一板击球创造好的得分机会。

1. "关键分"发球战术效果特征

表5-9 关键分发球战术效果统计

得失分性质	频数	得分率	使用率
发球直接得分	63	100.0%	87.5%
发球被攻失分	4	0.0%	5.6%
发球失误失分	3	0.0%	4.2%

第五章 中国优秀乒乓球女子运动员"关键分"技战术分析

续表

得失分性质	频数	得分率	使用率
其他	2	0.0%	2.8%
总计	72		100.0%
发球轮中			9.9%

注：其他为擦边、擦网数据

由表5-9可以看出，一方面，中国优秀女运动员关键分发球直接得分使用率高达87.5%，说明关键分，优秀运动员更加注重高质量的发球，通过发球的主动性为其创造直接得分或者第三板抢攻得分的机会。另一方面，发球被攻失分4分，占5.6%，其中，以丁宁发球被攻居多(3分)。观察数据发现，尽管无遮挡发球有效限制了发球的威力，但是，女优秀运动员关键分以发中路近网短球为主，有效限制了对手接发上手，从而为自己的进攻创造好的机会。发球失误方面，郭跃发球直接失误2分，占2.8%，其他3名运动员没有发球直接失误数据。

表5-10 个人关键分发球战术效果统计

得失分性质	丁宁 频数	丁宁 得分率	丁宁 使用率	郭跃 频数	郭跃 得分率	郭跃 使用率	李晓霞 频数	李晓霞 得分率	李晓霞 使用率	刘诗雯 频数	刘诗雯 得分率	刘诗雯 使用率
发球直接得分	17	100.0%	81.0%	13	100.0%	81.3%	20	100.0%	95.2%	13	100.0%	92.9%
发球被攻失分	3	0.0%	14.3%	0	0.0%	0.0%	0	0.0%	0.0%	1	0.0%	7.1%
发球失误失分	0	0.0%	0.0%	2	0.0%	12.5%	1	0.0%	4.8%	0	0.0%	0.0%
其他	1	0.0%	4.8%	0	0.0%	6.3%	0	0.0%	0.0%	0	0.0%	0.0%
发球轮中	21		9.4%	16		10.3%	21		11.9%	14		8.3%

注：其他为回球擦网、擦边情况

由表5-10分析，从发球直接得分使用率来看：李晓霞关键分发球直接得分使用率最高，为95.2%，仅有1个发球被攻，说明其关键分发球威胁大且稳定性高。观察数据发现，李晓霞发球直接得分以发中路近网短球为主(11分)，结合录像发现：11分的中路短球,对手回球出界7分,回球下网3分,判断失误上手漏球1分;刘诗雯关键分发球直接得分使用率为92.9%,有一个发球被攻,说明发球战术同样是刘诗雯处理关键分的优势战术,观察数据发现,刘诗雯发球直接得分以发正手位近网短球为主(5分),结合录像发现:5分的正手位近网短球,对手回球出界3分,回球下网2分;郭跃关键分发球直接得分使用率为81.3%,没有发球被攻情况,说明郭跃的发球威胁性较高,但有2个发球直接失误,应加强关键分发球的稳定性。观察数据发现,郭跃发球直接得分以发中路近网短球为主(7分),结合录像发现:7分的中路近网短球,对手回球出界2分,回球下网5分;丁宁关键分发球直接得分使用率最低,为76.2%,且发球被攻失分3分,占14.3%,说明丁宁关键分发球质量仍需进一步提高。丁宁关键分发球直接得分以发中路近网短球为主(6分),结合录像发现:6分的中路短球,对手回球下网5分,回球出界1分。

2. "关键分"发球线路特征

表5–11 关键分发球线路统计

	正手位				中路				反手位			
	频次	得分	得分率	使用率	频次	得分	得分率	使用率	频次	得分	得分率	使用率
丁宁	29	17	58.6%	12.9%	160	89	55.6%	71.4%	35	20	57.1%	15.6%
郭跃	22	12	54.5%	14.2%	117	77	65.8%	75.5%	14	7	50.0%	9.0%
李晓霞	21	8	38.1%	11.9%	127	67	52.8%	71.8%	28	17	60.7%	15.8%
刘诗雯	27	18	66.7%	16.0%	123	78	63.4%	72.8%	19	7	36.8%	11.2%
小计	98	54	55.6%	13.7%	527	310	58.8%	72.7%	96	51	53.1%	13.2%

由表5–11可以看出,中国优秀女子运动员关键分发球线路以中路为主,使用率高达72.8%,正手位和反手位的使用率相差不大,分别为13.5%、13.2%。关键分发球线路得分率由高到低一次排序为中路、正手位、反手位,得分率分别为58.9%、55.1%、53.1%。

以上数据无疑说明:中国优秀女子运动员关键分发球战术

线路以中路为主,通过旋转和落点的变化争取发球直接得分的同时,限制对手接发球直接上手,并为后续的第三板抢攻创造机会。

从 4 名运动员个人数据分析,在得分率方面,刘诗雯正手位发球的得分率最高,为 66.7%,结合数据发现,刘诗雯 18 个正手位发球全为近网短球,其中发球直接得分 5 分,发抢段得分 14 分,相持段得分 4 分。结合录像发现,关键分刘诗雯发正手位近网短球后,第三板抢攻使用率为 41%,较为主动,其次,当对手劈正手位大角度时,刘诗雯准备充分且回球质量高。郭跃中路发球得分率最高,其中中路近网短球高达 77 个,占中路得分数的 91%。结合数据发现,郭跃发球直接得分 7 分,发抢段得分 54 分,相持段得分 23 分。结合录像发现,郭跃中路主要以发转与不转球衔接第 3 板反手抢攻、正手抢攻,侧身抢攻得分为主,抢先发动进攻,第三板抢攻使用率接近 50%。李晓霞反手位发球得分率最高,以发近网短球、半出台球为主,结合长球。观察录像发现,李晓霞关键分反手长球发球时机把握得很好,配合中路近网短球,得分率高。丁宁发球线路得分率差异不大。

3. "关键分"发球落点特征

表 5-12 关键分发球落点统计

	近网短球				半出台球				长球			
	频次	得分	得分率	使用率	频次	得分	得分率	使用率	频次	得分	得分率	使用率
丁宁	155	90	58.1%	69.2%	54	31	57.4%	24.1%	15	5	33.3%	6.7%
郭跃	129	83	64.3%	83.2%	21	12	57.1%	13.5%	3	1	33.3%	1.9%
李晓霞	137	71	51.8%	77.4%	32	17	53.1%	18.1%	8	4	50.0%	4.5%
刘诗雯	136	81	59.6%	80.5%	22	15	68.2%	13.0%	11	7	63.6%	6.5%
小计	557	325	58.3%	76.8%	129	75	58.1%	17.8%	37	17	45.9%	5.1%

由表 5-12 可以看出,中国优秀女子运动员关键分发球落点以近网短球为主,使用率高达 76.8%,其次是半出台球,使用率为 17.8%,最后是长球,使用率为 5.1%。说明关键分,女运动员均以短球、半出台球牵制对手,限制对手抢攻,为自身的抢攻制

造机会,偶尔配合长球,改变对手接发球的节奏并调动对手。得分率方面,由高到低依次为近网短球、半出台球、长球,分别为:58.2%、58.1%、45.9%,其中长球的得分率显著低于近网短球和半出台球,说明关键分发球战术,落点以近网短球和半出台球使用效果好。

从 4 名运动员个人数据分析发现,得分率方面,郭跃近网短球得分率最高,结合录像发现,郭跃近网短球以转与不转球配合第 3 板的抢攻衔接得分为主。刘诗雯半出台球和长球的得分率均最高,结合录像分析,刘诗雯发半出台球或长球对手上手后,刘诗雯第 3 板快速反攻能力强,每板之前衔接快,以快制胜。

4. "关键分"发球直接得失分特征

表 5-13　关键分发球位置类型与得失分情况统计

	得分									失分		
	正手短球	中路短球	反手短球	正手半出台球	反手半出台球	中路半出台球	正手长球	中路长球	反手长球	发球失误	被攻	意外
丁宁	0	7	1	4	2	1	1	1	0	0	3	1
郭跃	1	7	0	0	2	2	1	0	0	2	0	1
李晓霞	1	11	0	1	0	5	0	0	2	1	0	0
刘诗雯	5	3	0	0	0	4	0	1	0	0	0	0
合计	7	28	1	5	4	12	2	2	2	0	3	2

由表 5-13 可以看出,女优秀运动员关键分发球直接得分位置要集中在中路短球,其次为中路半出台球。个人分析,关键分发球直接得分位置,丁宁主要集中在中路短球和正手位半出台球;郭跃主要集中在中路短球;李晓霞主要集中在中路短球和中路半出台球;刘诗雯主要集中在正手位短球和中路半出台球。郭跃关键分发球失误 2 分,李晓霞发球失误 1 分。在发球被攻方面,只有丁宁发球被攻直接失 3 分。

（二）"关键分"第三板技战术特征

表 5-14　关键分第三板技战术使用类型统计

	发球后抢攻				发球后控制				发球后防御			
	频次	得分	得分率	使用率	频次	得分	得分率	使用率	频次	得分	得分率	使用率
丁宁	58	48	82.8%	84.1%	2	1	50.0%	2.9%	9	2	22.2%	13.0%
郭跃	62	46	74.2%	84.9%	5	3	60.0%	6.8%	6	0	0.0%	8.2%
李晓霞	38	26	68.4%	86.4%	2	0	0.0%	4.5%	4	1	25.0%	9.1%
刘诗雯	33	24	72.7%	80.5%	3	3	100.0%	7.3%	5	0	0.0%	12.2%
小计	192	144	75.0%	84.6%	12	7	58.3%	5.3%	23	3	13.0%	10.1%

由表 5-14 可以看出：中国优秀女子运动员关键分第三板战术中各技战术的使用率由高到低排序依次为：发球后抢攻、发球后防御、发球后控制，使用率分别为：84.6%、10.1%、5.3%，发球后抢攻的使用率明显高于发球后控制和发球后防御，这说明：关键分，积极主动、抢先上手是女优秀运动员的主要策略。另外，发球后防御的使用率达到 10.1%，说明无遮挡发球规则的实施，对运动员发球落点质量要求更高，否则运动员将面临被攻的风险，反而被动失分。在得分率方面，发球抢攻的得分率最高，为 75.0%，说明女优秀运动员关键分发球抢攻质量高，只要第三板积极上手，得分的概率就高。其次为发球后控制战术，得分率为 58.3%，发球后控制指当对手回球控制质量较高时发球方因无法上手而采取的保守战术，女优秀运动员关键分发球后控制技术得分率不高，观察录像发现，5 个发球后控制失分中，有 3 个为回摆下网、1 个为回摆出界，均为无谓失误，故女优秀运动员应做好第三板对手回球质量高无法上手时的控制技术及后续的防御技术准备，避免无谓失误。

由 4 名运动员个人分析，4 名女优秀运动员关键分第 3 板战术均以发球抢攻战术为主，使用率均在 80.0% 以上。以得分率来看，丁宁得分率最高，为82.8%，丁宁关键分前三板抢攻命中率及质量均很高，是其第三板战术得分高的重要原因。郭跃的得分率仅次于丁宁，得分率为73.0%，其关键分抢攻质量高，但是命中率低于丁宁。观看录像发现，郭跃抢攻失分16中，抢攻出界失分8分，抢攻下网失分7分。李晓霞得分率最低，为68.4%，观看录像发现，李晓霞关键分前三板拼抢积极，但无谓失分较多，12分的失分中，抢拉下网5分，抢攻出界3分。刘诗雯发球抢攻战术使用率低于其他三名运动员，得分率排名第3，得分率为72.7%。

发球后防御战术方面，丁宁发球被攻频次最高，使用率达到13.0%，观看比赛录像可以发现，丁宁关键分发球被攻失分较多主要是因为丁宁发球质量不高，给对手制造抢攻机会。4名运动员关键分发球后控制战术发生得失分的球数并不多，也从侧面说明女优秀运动员关键分时更加积极主动上后。对比来看，郭跃和刘诗雯的使用率相对较多，使用率分别为6.8%、7.3%。观看比赛录像发现，郭跃、刘诗雯控制技术以摆短为主，刘诗雯的得分率为100%。

1. 关键分"发球抢攻战术分析

发球抢攻战术简称发抢战术，是指第一板发球后，第三板运用进攻性技术击球而产生得失分的战术，是第三板战术中最为主动和最具攻击性的战术。

表5-15 关键分发球抢攻方式统计

	正手抢攻				反手抢攻				侧身抢攻			
	频次	得分	得分率	使用率	频次	得分	得分率	使用率	频次	得分	得分率	使用率
丁宁	26	23	88.5%	44.8%	27	22	81.5%	46.6%	5	3	60.0%	8.6%
郭跃	24	18	75.0%	38.7%	26	21	80.0%	41.9%	12	7	58.3%	19.4%
李晓霞	16	10	62.5%	42.1%	21	16	76.2%	55.3%	1	0	0.0%	2.6%
刘诗雯	10	9	90.0%	30.3%	19	14	73.7%	57.6%	4	1	25.0%	12.1%
小计	76	60	78.9%	39.8%	94	73	78.5%	48.7%	22	11	50.0%	11.5%

第五章　中国优秀乒乓球女子运动员"关键分"技战术分析

由表 5-15 可以看出,中国优秀女子运动员关键分发球抢攻方式中,反手抢攻的使用率最高,为 48.7%,其次为正手抢攻,使用率为 39.8%,侧身抢攻的使用率不高,为 11.5%。在得分率方面,正手抢攻的得分率最高,为 78.9%,反手抢攻的得分率略低于正手抢攻,得分率为 78.5%,侧身抢攻的得分率不高,为 50.0%。单从得分率来看,刘诗雯正手抢攻的得分率最高,丁宁三种抢攻方式的得分率均很高,尤其反手抢攻和侧身抢攻,由此说明丁宁发球抢攻得分能力最高,发球抢攻是丁宁重要的得分手段。

从 4 名运动员个人来看,关键分发球抢攻战术方式以正反手抢攻为主。在正手抢攻方面,刘诗雯正手抢攻的使用率最低,但是得分率最高,得分率高达 90.0%。观看录像发现,刘诗雯关键分靠发中路近网短球后配合正手抢攻,且正手抢攻得分的对手主要是左手持拍选手丁宁和郭跃,抢攻得分的位置也以正手位大角度和中路为主。丁宁正手抢攻的使用率最高,为 44.8%,得分率仅次于刘诗雯,为 88.5%,观察录像发现,丁宁以发中路近网短球配合长球后正手抢攻得分为主。在反手抢攻方面,郭跃反手抢攻的使用率不高,但是得分率很高,且明显高于正手抢攻,观察录像发现,郭跃站位偏反手位,正手位大角度抢攻时失误较多。在侧身抢攻方面,郭跃侧身抢攻的使用率显著高于其他 3 名运动员,这与郭跃打法风格有关,得分率排名第 2,仅次于丁宁,为 58.3%,观看录像发现,郭跃侧身抢攻失分均为自身失误。

总的来说,发球抢攻,丁宁得分能力最优秀,其次为郭跃,刘诗雯正手抢攻方面出色,李晓霞表现一般。

2. "关键分"发球后控制及防御战术分析

发球后控制战术是指发球方通过高质量的近网短球使得接发球方无法上手而又使用较高质量的回摆技术,使得发球方因第三板抢攻机会不好而采取的较为保守的战术。发球后防御战术是指发球方第一板发球被接发球方直接进攻后,第三板使用防御技术击球而产生得失分的战术。发球后防御战术是第三板战术中最为被动的战术。

表 5-16 关键分发球后控制方式统计

	发球后控制技术				发球后防御技术			
	摆短		劈长		正手防		反手防	
	频次	得分	频次	得分	频次	得分	频次	得分
丁宁	2	1	0	0	2	0	7	2
郭跃	4	2	1	1	2	0	4	0
李晓霞	1	0	1	0	1	0	3	1
刘诗雯	2	2	1	1	1	0	4	0
小计	9	5	3	2	6	0	18	3

由表 5-16 可以看出,中国优秀女子运动员关键分使用发球后控制战术发生得失分的球数量并不多,控制技术以摆短为主。发球后防御战术的使用率略高于发球后控制,在发抢段的使用率到 10.1%,由于发球被攻得分的概率很低,女优秀运动员应加强关键分发球的质量。发球后的防御技术以反手位为主,说明反手位仍是薄弱技术。

3."关键分"第五板技战术特征

关键分第五技战术根据第三板采用的技战术类型以及第五板衔接的技术,确定第五板技战术类型为:发球抢攻衔接第 5 板进攻性技术、发球控制后衔接第 5 板进攻性技术以及被攻,简称发抢+第 5 板和发控+第 5 板。

表 5-17 关键分第 5 板战术类型统计

第5板	第3板							
	进攻性技术				控制性技术			
	频次	得分	得分率	使用率	频次	得分	得分率	使用率
正手攻	42	29	69.0%	22.5%	18	10	55.6%	9.6%
反手攻	54	34	63.0%	28.9%	4	3	75.0%	2.1%
侧身攻	12	7	58.3%	6.4%	3	2	66.7%	1.6%
正手防	18	1	5.6%	9.6%	5	0	0.0%	2.7%
反手防	22	1	4.5%	11.8%	3	1	33.3%	1.6%
合计	148	72	48.6%	79.1%	33	16	48.5%	17.6%

注:6 分球为连续防御战术,3.3%

第五章 中国优秀乒乓球女子运动员"关键分"技战术分析

由表 5-17 可以看出,中国优秀女子运动员关键分发球抢攻后衔接第五板技术的使用率为 79.1%,发球后控制衔接第五板技术的使用率为 17.6%,发抢+第 5 板技术的使用率显著高于发控+第 5 板技术,说明女优秀运动员关键分发抢段积极主动,进攻意识强。得分率方面,两种技战术的差异性不大,得分率分别为 48.6%、48.5%,女优秀运动员应加强进攻技术的稳定性。发抢+第 5 板技战术中,反手攻的使用率最高,为 28.9%,其次为正手攻,使用率为 22.5%。反手防的使用率也达到 11.8%,说明女运动员关键分抢攻后质量不高反被攻的概率偏高,女运动员关键分第三板抢攻的质量仍需进一步提升。得分率方面,正手攻的得分率最高,为 69.0%,其次为反手攻,为 63.0%。侧身攻的得分率高达 58.3%,但使用率不高,仅为 6.4%,鉴于此,女优秀运动员关键分发抢后应敢于使用侧身攻。

表 5-18 个人关键分第 5 板战术类型统计

运动员	第 5 板	第 3 板							
		进攻性技术				控制性技术			
		频次	得分	得分率	使用率	频次	得分	得分率	使用率
丁宁	正手攻	12	8	66.7%	21.1%	9	4	44.4%	15.8%
	反手攻	11	8	72.7%	19.3%	0	0	0.0%	0.0%
	侧身攻	4	2	50.0%	7.0%	1	1	100.0%	1.8%
	正手防	9	0	0.0%	15.8%	2	0	0.0%	3.5%
	反手防	8	0	0.0%	14.0%	0	0	0.0%	0.0%
郭跃	正手攻	10	5	50.0%	29.4%	5	4	80.0%	14.7%
	反手攻	7	4	57.1%	20.6%	1	1	100.0%	2.9%
	侧身攻	3	2	66.7%	8.8%	0	0	0.0%	0.0%
	正手防	1	0	0.0%	2.9%	2	0	0.0%	5.9%
	反手防	4	0	0.0%	11.8%	0	0	0.0%	0.0%

续表

| 运动员 | 第5板 | 第3板 ||||||||
| | | 进攻性技术 |||| 控制性技术 ||||
		频次	得分	得分率	使用率	频次	得分	得分率	使用率
李晓霞	正手攻	8	5	62.5%	17.4%	1	0	0.0%	2.2%
	反手攻	18	11	61.1%	39.1%	0	0	0.0%	0.0%
	侧身攻	2	1	50.0%	4.3%	0	0	0.0%	0.0%
	正手防	7	1	14.3%	15.2%	0	0	0.0%	0.0%
	反手防	7	0	0.0%	15.2%	2	1	50.0%	4.3%
刘诗雯	正手攻	12	11	91.7%	24.0%	3	2	66.7%	6.0%
	反手攻	18	11	61.1%	36.0%	3	2	66.7%	6.0%
	侧身攻	3	2	66.7%	6.0%	2	1	50.0%	4.0%
	正手防	1	0	0.0%	2.0%	1	0	0.0%	2.0%
	反手防	3	1	33.3%	6.0%	1	0	0.0%	2.0%

由表5-18可以分析,关键分发枪+第5板技战术中,两名左手持拍运动员丁宁和郭跃第5板正手攻的使用率最高,分别为21.1%、29.4%,其次为反手攻,使用率分别为19.3%、20.6%。正手攻和反手攻的得分率方面,丁宁关键分第5板正手攻和反手攻的得分率分别为66.7%和72.7%,而郭跃关键分第5板正手攻和反手攻的得分率分别为50.0%、57.1%,丁宁的得分率明显高于郭跃,说明丁宁第3板进攻后第5板正反手进攻衔接质量和命中率均高于郭跃。另外,被攻方面,丁宁第5板正手防的使用率也高达15.8%,但得分率为0.0%,分析原因,丁宁为左手持拍且站位靠反手位,观察录像发现,丁宁第3板进攻后常被对手防或反攻正手位大角度,9个失分球丁宁均为勉强碰到球甚至直接失分,丁宁应加强第3板的进攻质量并做好第5板正手防的准备。郭跃第5板反手防的使用率最高,为11.8%,但得分率为0.0%,观看录像发现,郭跃侧身拉后对于对手反攻反手位的球失分较多,故郭跃应加强侧身位进攻后反手位连续攻的稳定性。而两名右

第五章 中国优秀乒乓球女子运动员"关键分"技战术分析

手持拍运动员李晓霞和刘诗雯关键分发抢+第5板技战术中第5板反手攻的使用率最高,分别为39.1%、36.0%,两人得分率相当,均为61.1%。两人数据没有明显差异。

关键分发控+第5板技战术方面,4名运动员的使用率均不高。丁宁和郭跃第3板控制性技术衔接正手攻的使用率分别为15.8%、14.7%,明显高于李晓霞和刘诗雯。其中,郭跃的得分率最高,为80.0%,丁宁的得分率最低,为44.4%,观看录像发现,丁宁第5板正手攻无谓失误较多。

4名女优秀运动员对比分析,发球抢攻+第5板技战术中,刘诗雯第5板正手攻的得分率最高,为91.7%,远高于其他3名运动员。丁宁第5板反手攻的得分率最高,为72.7%。总的来看,刘诗雯发球抢攻+第5板技战术得分能力最高,其次为丁宁,郭跃的得分能力最低,李晓霞表现一般。

(三)"关键分"发球抢攻段小结

(1)中国优秀女子乒乓球运动员关键分发球的威胁性很高。关键分发球线路以发中路为主;发球落点以发近网短球的使用率最高,辅助发半出台球和长球,近网短球和半出台球的得分情况较好。四名运动员中,李晓霞发球威胁性最高。

(2)中国优秀女子乒乓球运动员关键分第三板战术以发球后抢攻战术为主,使用率远远高于其他战术。发抢战术中,以反手抢攻的使用率最高,其次为正手抢攻,且正反手抢攻的得分效果很好。丁宁发抢战术中三种抢攻方式的得分效果均优于其他三名运动员。

(3)中国优秀女子乒乓球运动员关键分第五板战术以发球抢攻衔接第五板技术为主,但得分效果不明显,与发球后控制衔接第五板技术的得分率相差不大。发抢衔接第五板技术中,反手攻的使用率最高,但正手攻的得分效果最好。四名运动员中,刘诗雯关键分第五板战术得分能力最强。

三、"关键分"接发球抢攻段技战术特征分析

(一)"关键分'接发球战术特征

接发球战术是指接发球方根据发球方发球而采用控制或进攻技术击球直接产生得失分的一种战术,争取接发球直接得分的同时尽可能地破坏对方的发球抢攻战术。根据第二板接发球采用的技术类型,将接发球战术分为接发球控制战术和接发球抢攻战术进行研究。中国优秀乒乓球女子运动员关键分接发球控制战术的使用率高达60.1%,接发球抢攻战术的使用率为39.3%。

1. "关键分"接发球控制战术特征分析

根据接发球线路和落点,将4名运动员接发球控制技术数据统计见表5-19。

表5-19 关键分控制性技术线路及落点统计

		接发球落点									
		近网短球				半出台球				出台球			
线路		频次	得分	得分率	使用率	频次	得分	得分率	使用率	频次	得分	得分率	使用率
摆短	正手位	23	15	65.2%	5.3%	8	3	37.5%	1.9%	1	0	0.0%	0.2%
	反手位	21	11	52.4%	5.1%	18	11	61.1%	4.2%	3	1	33.3%	0.7%
	中路	113	58	51.3%	26.2%	36	14	38.9%	8.4%	0	0	0.0%	0.0%
劈长	正手位	0	0	0.0%	0.0%	1	0	0.0%	0.2%	34	18	52.9%	7.9%
	反手位	0	0	0.0%	0.0%	5	3	60.0%	1.2%	85	44	51.8%	19.7%
	中路	0	0	0.0%	0.0%	0	0	0.0%	0.0%	70	32	45.7%	16.2%

注:另有12个球下网,占2.8%

由表5-19可以看出,关键分接发球控制性技术中,我国优秀乒乓球女子运动员摆中路近网短球的使用率最高,为26.2%,其次为劈反手位出台球,使用率为19.7%,劈中路出台球的使用率仅次于劈反手位出台球,为16.2%,由此可以看出,我国优秀乒乓

第五章 中国优秀乒乓球女子运动员"关键分"技战术分析

球女子运动员接发球控制技术主要以中路近网短球和中路、反手位长球限制对手进攻或增加对手进攻的难度进而直接得分或破坏对手的发球抢攻战术。在得分率方面，摆正手位近网短球的得分率最高，为65.2%，其次为劈正手位长球，得分率为52.9%，劈反手位长球的得分率仅次于劈正手位长球，为51.8%。

表5-20 关键分个人关键分控制性技术线路及落点统计

			接发球落点									
			近网短球				半出台球				出台球		
		线路	频次	得分	得分率	使用率	频次	得分	得分率	使用率	频次	得分	得分率	使用率
丁宁	摆短	正手位	5	4	80.0%	4.5%	5	1	20.0%	4.5%	1	0	0.0%	0.9%
		反手位	6	3	50.0%	5.5%	7	3	42.9%	6.4%	3	1	33.3%	2.7%
		中路	28	10	35.7%	25.5%	9	6	66.7%	8.2%	0	0	0.0%	0.0%
	劈长	正手位	0	0	0.0%	0.0%	0	0	0.0%	0.0%	8	4	50.0%	7.3%
		反手位	0	0	0.0%	0.0%	2	1	50.0%	1.8%	22	11	50.0%	20.0%
		中路	0	0	0.0%	0.0%	0	0	0.0%	0.0%	12	6	50.0%	10.9%
郭跃	摆短	正手位	9	4	44.4%	10.5%	1	1	100.0%	1.2%	0	0	0.0%	0.0%
		反手位	3	3	100.0%	3.5%	4	3	75.0%	4.7%	0	0	0.0%	0.0%
		中路	33	14	42.4%	38.4%	11	2	18.2%	12.8%	0	0	0.0%	0.0%
	劈长	正手位	0	0	0.0%	0.0%	0	0	0.0%	0.0%	4	1	25.0%	4.7%
		反手位	0	0	0.0%	0.0%	1	1	100%	1.2%	6	4	66.7%	7.0%
		中路	0	0	0.0%	0.0%	0	0	0.0%	0.0%	11	5	45.5%	12.8%
李晓霞	摆短	正手位	0	0	0.0%	0.0%	1	1	100.0%	0.9%	0	0	0.0%	0.0%
		反手位	1	0	0.0%	0.9%	5	3	60.0%	4.3%	0	0	0.0%	0.0%
		中路	26	18	69.2%	22.4%	10	3	30.0%	8.6%	0	0	0.0%	0.0%

续表

			接发球落点											
			近网短球				半出台球				出台球			
刘诗雯	劈长	正手位	0	0	0.0%	0.0%	0	0	0.0%	0.0%	14	9	64.3%	12.1%
		反手位	0	0	0.0%	0.0%	0	0	0.0%	0.0%	30	15	50.0%	25.9%
		中路	0	0	0.0%	0.0%	0	0	0.0%	0.0%	25	11	44.0%	21.6%
	摆短	正手位	9	7	77.8%	7.6%	1	0	0.0%	0.8%	0	0	0.0%	0.0%
		反手位	12	5	41.7%	10.1%	2	2	100.0%	1.7%	0	0	0.0%	0.0%
		中路	26	16	61.5%	21.8%	6	3	50.0%	5.0%	0	0	0.0%	0.0%
	劈长	正手位	0	0	0.0%	0.0%	1	0	0.0%	0.8%	8	4	50.0%	6.7%
		反手位	0	0	0.0%	0.0%	2	1	50.0%	1.7%	27	14	51.9%	22.7%
		中路	0	0	0.0%	0.0%	0	0	0.0%	0.0%	22	10	45.5%	18.5%

由表5-20可以看出，关键分接发球战术中，在摆短技术方面，我国优秀乒乓球女子运动员摆中路近网短球的使用率明显高于其他线路及落点，说明我国优秀乒乓球女子运动员关键分均通过中路近网短球限制对手第三板的抢攻，争取为自身的抢攻创造机会。从4名运动员对比来看，郭跃、丁宁摆中路近网短球的使用率高于李晓霞和刘诗雯，但得分率却明显低于李晓霞和刘诗雯，得分率均低于50.0%，而李晓霞和刘诗雯的得分率均高于60.0%。观看比赛录像发现，郭跃关键分摆中路近网短球多因接发质量偏低被攻，丁宁关键分摆中路近网短球后被攻及进入被动相持失分居多。在劈长技术方面，4名运动员劈中路和反手位长球居多，关键分接发球战术通过增加对手抢攻的难度从而直接得分或反攻。其中，郭跃劈反手为的使用率最低，仅为7.0%，但得分率最高，为66.7%。

第五章 中国优秀乒乓球女子运动员"关键分"技战术分析

2. "关键分"接发球抢攻战术特征分析

（1）"关键分"接抢战术技术使用类型分析

表5-21 关键分接抢战术技术使用类型统计

	频数	得分	得分率	使用率
正手拉	64	38	59.4%	22.5%
反手拉	103	47	45.6%	36.3%
侧身拉	9	6	66.7%	3.2%
正手挑打	60	29	55.8%	18.3%
反手挑/拧	48	23	41.1%	19.7%
总计	284	143	50.4%	100.0%

由表5-21可以看出，从整体来看，关键分接抢战术的得分率为50.4%，有一半的得分概率。从进攻性技术对比来看，在使用率方面，反手拉的使用率最高，为36.3%，其次为正手拉，得分率为22.5%，反手挑打或者拧技术的使用率仅次于正手拉，为19.7%，反手挑打的使用率为18.3%，侧身拉的使用率最低，仅3.2%。在得分率方面，侧身拉的得分率最高，为66.7%，由此可见，优秀乒乓球女子运动员关键分应敢于使用侧身拉技术。正手拉的得分率为59.4%，得分比较理想。反手拉的使用率最高，但得分率较低，观看录像发现，优秀乒乓球女子运动员关键分接发球反手拉的质量不高被对手反攻失分较多。同样反手挑或拧接发球技术的得分率低的原因同反手拉相似。

表5-22 关键分个人接抢战术技术使用类型统计

	丁宁				郭跃				李晓霞				刘诗雯			
	频数	得分	得分率(%)	使用率(%)	频数	得分	得分率(%)	使用率(%)	频数	得分	得分率(%)	使用率(%)	频数	得分	得分率(%)	使用率(%)
正手拉	21	14	66.7	25.9	8	3	37.5	12.9	25	14	56	33.3	10	7	70	15.2
反手拉	35	19	54.3	43.2	29	15	51.7	46.8	17	5	29.4	22.7	22	8	36.4	33.3
侧身拉	1	0	0	1.2	5	4	80	8.1	3	2	66.7	4	0	0	0	0

续表

	丁宁				郭跃				李晓霞				刘诗雯			
	频数	得分	得分率(%)	使用率(%)	频数	得分	得分率(%)	使用率(%)	频数	得分	得分率(%)	使用率(%)	频数	得分	得分率(%)	使用率(%)
正手挑打	14	9	64.3	17.3	2	2	100	16.1	26	11	42.3	34.7	10	7	70	15.2
反手挑/拧	10	7	70	12.3	18	6	33.3	16.1	4	0	0	5.3	24	10	41.7	36.4
总计	81	49	60.5	100	62	30	48.4	100	75	32	42.7	100	66	32	48.5	100

由表 5-22 可以看出,丁宁关键分接发球进攻性技术主要为正手拉和反手拉,使用率占 79.1%,得分率比较理想,为 66.7% 和 54.3%。正手挑打和反手挑或拧技术的使用率虽然不高,但得分率均在 60% 以上。与其他 3 名运动员相比,丁宁反手拉和反手挑或拧技术的得分率最高。郭跃关键分接发球进攻性技术主要为反手拉,得分率也较为理想,为 51.7%。与其他 3 名运动员相比,郭跃侧身拉的使用率最高,为 8.1%,得分率也最高,为 80.0%。李晓霞关键分接发球进攻性技术正手挑打和正手拉居高,其次为反手拉,但三项进攻性技术的得分率一般,尤其正手挑打,使用率最高,得分率最低。刘诗雯关键分接发球进攻性技术反手拉和反手挑或拧技术的使用率最高,得分率在 4 名运动员中排第 3,刘诗雯正手拉的使用率最低,但得分率最高。

(2)"关键分"接抢战术线路使用特征分析

表 5-23　关键分接发球进攻性技术线路运用统计

线路	频数	得分	得分率	使用率
正手位	43	27	62.8%	15.1%
反手位	116	61	52.6%	40.8%
中路	109	55	50.5%	38.4%
其他	16	0	0.0%	5.6%
汇总	284	143	50.4%	100.0%

第五章 中国优秀乒乓球女子运动员"关键分"技战术分析

由表 5-23 可以看出,中国优秀乒乓球女子运动员关键分接发球进攻性技术进攻线路使用率由高到低依次排序为反手位、中路、正手位,使用率依次为 40.8%、38.4%、15.1%。这也说明由于正手进攻的威胁比较大,关键分运动员不敢轻易将球回至对方正手位,而以抢攻对方反手位、中路来削弱对方回球的质量,从而争取自身的主动。在得分率方面,抢正手位的得分率最高,为 62.8%,其次是反手位,得分率为 52.6%,中路得分率最低,为 50.5%。观察录像发现,我国优秀乒乓球女子运动员关键分抢攻正手位时节奏变化快,角度大,对手不好防御。

表 5-24　个人关键分接发球进攻性技术线路运用统计

线路	丁宁 频数	丁宁 得分	丁宁 得分率	丁宁 使用率	郭跃 频数	郭跃 得分	郭跃 得分率	郭跃 使用率	李晓霞 频数	李晓霞 得分	李晓霞 得分率	李晓霞 使用率	刘诗雯 频数	刘诗雯 得分	刘诗雯 得分率	刘诗雯 使用率
正手位	11	6	54.5%	13.6%	9	4	44.4%	14.5%	9	6	66.7%	12.0%	14	11	78.6%	21.2%
反手位	39	27	69.2%	48.1%	25	13	52.0%	40.3%	21	8	38.1%	28.0%	31	13	41.9%	47.0%
中路	25	16	64.0%	30.9%	27	13	48.1%	43.5%	39	18	46.2%	52.0%	18	8	44.4%	27.3%
其他	6	0	0.0%	7.4%	1	0	0.0%	1.6%	6	0	0.0%	8.0%	3	0	0.0%	4.5%
汇总	81	49	60.5%	100.0%	62	30	48.4%	100.0%	75	32	42.7%	100.0%	66	32	48.5%	100.0%

由表 5-24 分析,整体来看,关键分接抢战术的线路运用得分率方面,只有丁宁接抢线路组合得分率在 50% 以上,为 60.5%,接抢战术线路运用效果最好。个人分析,丁宁关键分接抢战术的线路组合以抢反手为主,且抢反手的得分率最高。观察录像发现,丁宁抢攻对方反手时力量大,速度快,质量比较高;郭跃关键分接抢战术抢中路和反手的使用率最高,抢反手和抢中路的得分率差异不大,在 4 名运动员中排第 2;李晓霞关键分接抢战术以抢中路为主,得分率低于 50%,效果一般,抢正手的使用率低,但得分率最高,观察录像发现,李晓霞抢正手时力量大,角度开,对手防守易失误;刘诗雯关键分接抢战术的线路运用和得分情况与总体特征相同,观察录像发现,其接抢对方正手时质量高,角度比

较开,隐蔽性强,对方不易回接,但刘诗雯抢反手位和中路的得分率都低于50%,接抢战术线路运用效果不太好。观察录像发现,刘诗雯关键分接抢那一板摩擦球的质量不高,虽然速度快,但对方比较好防御。

(3)"关键分"接发球直接得失分特征

表 5-25 关键分接发球直接得分分统计表

		频数	得分	失分	得分率	使用率
丁宁	控制性技术	15	13	2	86.7%	36.6%
	进攻性技术	25	18	7	72.0%	61.0%
郭跃	控制性技术	18	11	7	61.1%	50.0%
	进攻性技术	17	11	6	64.7%	47.2%
李晓霞	控制性技术	21	14	7	66.7%	45.7%
	进攻性技术	23	14	9	60.9%	50.0%
刘诗雯	控制性技术	20	13	7	65.0%	51.3%
	进攻性技术	18	12	6	66.7%	46.2%
合计	控制性技术	74	51	23	68.9%	45.7%
	进攻性技术	83	55	28	66.3%	51.2%

由表 5-25 分析,从整体来看,关键分接发球战术中,女优秀运动员进攻性技术的使用率高于控制性技术,但控制性技术的得分率略高于进攻性技术。个人分析,关键分接发球战术中,丁宁进攻性技术使用率最高,为 61.0%,得分率也显著高于其他 3 名运动员,得分率高达 86.7%,说名丁宁接发球进攻质量高,命中率高;刘诗雯控制性技术的使用率最高,但得分率低于丁宁。

总的来说,丁宁接发球战术发挥最出色,抢攻积极且得分率高。控制性技术的使用率最低,但得分率最高。

(二)"关键分"第四板战术特征

根据第 2 板技术使用性质,第四板战术分类为进攻+第 4 板技术和控制+第 4 板技术 2 类战术运用类型。

第五章 中国优秀乒乓球女子运动员"关键分"技战术分析

表 5-26 关键分第 4 板战术类型统计

第 4 板	第 2 板							
	进攻性技术				控制性技术			
	频次	得分	得分率	使用率	频次	得分	得分率	使用率
正手攻	26	17	65.4%	10.7%	47	21	44.7%	19.3%
反手攻	36	19	52.8%	14.8%	34	21	61.8%	14.0%
侧身攻	3	0	0.0%	1.2%	11	7	63.6%	4.5%
正手防	9	0	0.0%	3.7%	27	4	14.8%	11.1%
反手防	15	2	13.3%	6.2%	31	3	9.7%	12.8%
合计	81	38	46.9%	33.3%	150	56	37.3%	61.7%

注：控后控制 4 分，占 1.6%

由表 5-26 分析，整体来看，中国优秀女运动员关键分第四板技战术运用中，接发球控制衔接第四板技术的使用率明显高于接发球抢攻衔接第四板技术，说明关键分优秀女运动员接发球追求稳健。在得分率方面，接发球抢攻衔接第四板技术的得分率高于接发球控制衔接第四板技术，且得分以接发球抢攻衔接正手攻和反手攻技术得分为主，说明优秀女运动员接发球抢攻段抢先上手连续进攻得分能力强。经统计学 $X2$ 检验，$p=0.345>0.05$，说明第四板两种技战术类型的得分率没有显著性差异。

表 5-27 个人关键分第 4 板战术类型统计

运动员	第 4 板	第 2 板							
		进攻性技术				控制性技术			
		频次	得分	得分率	使用率	频次	得分	得分率	使用率
丁宁	正手攻	5	5	100.0%	8.2%	13	2	15.4%	21.3%
	反手攻	7	5	71.4%	11.5%	6	2	33.3%	9.8%
	侧身攻	0	0	0.0%	0.0%	3	3	100.0%	4.9%
	正手防	3	0	0.0%	4.9%	5	2	40.0%	8.2%
	反手防	5	1	20.0%	8.2%	11	1	9.1%	18.0%

续表

运动员	第4板	第2板 进攻性技术				第2板 控制性技术			
		频次	得分	得分率	使用率	频次	得分	得分率	使用率
郭跃	正手攻	7	6	85.7%	15.2%	8	3	37.5%	17.4%
	反手攻	5	1	20.0%	10.9%	4	3	75.0%	8.7%
	侧身攻	1	0	0.0%	2.2%	4	1	20.0%	8.7%
	正手防	4	1	25.0%	8.7%	5	1	20.0%	10.9%
	反手防	3	1	33.3%	6.5%	4	0	0.0%	0.0%
李晓霞	正手攻	8	3	37.5%	11.4%	13	7	53.8%	18.6%
	反手攻	12	7	58.3%	17.1%	11	7	63.6%	15.7%
	侧身攻	1	0	0.0%	1.4%	2	2	100.0%	2.9%
	正手防	1	0	0.0%	1.4%	8	1	12.5%	11.4%
	反手防	5	0	0.0%	7.1%	9	1	11.1%	12.9%
刘诗雯	正手攻	6	3	50.0%	9.1%	13	9	69.2%	19.7%
	反手攻	12	6	50.0%	18.2%	13	9	69.2%	19.7%
	侧身攻	1	0	0.0%	1.5%	2	1	50.0%	3.0%
	正手防	1	0	0.0%	1.5%	9	0	0.0%	13.6%
	反手防	2	0	0.0%	3.0%	7	1	14.3%	10.6%

由表5-27可以看出,丁宁关键分第四板战术的使用类型及得分率与整体情况相同,使用率最高的战术类型为接发球控制技术衔接正手攻,使用率为21.3%,但得分率极低,15次接发球控制后抢攻仅得2分,观察录像发现,丁宁失分均为主动进攻失分,其关键分第二板控制后,第四板抢攻衔接较为着急,抢攻的稳定性稍差。其次为接发球控制技术衔接正手防,使用率为18.0%,观看录像发现,丁宁接发球被攻多为摆短质量不高,出台或劈对手反手位时线路不够长居多。丁宁第四板战术使用率排名第三的为接发球进攻性技术衔接反手攻,使用率为11.5%,得分也很理想,为71.4%,观看录像发现,丁宁二、四板反手连续攻得分居多。

第五章　中国优秀乒乓球女子运动员"关键分"技战术分析

得分率方面,丁宁接发球抢攻衔接正手攻和接发球控制衔接侧身攻得分率均为100.0%,但使用率非常低,丁宁应加强接发球抢攻衔接第四板进攻技术的使用。郭跃关键分第四板战术使用率最高的前两项技术为接发球控制衔接正手攻和接发球抢攻衔接正手攻,使用率分别为17.4%和15.2%,但得分率接发球抢攻衔接正手攻的得分率高达85.7%,显著高于接发球控制衔接正手攻,郭跃比赛中应加强接发球抢攻衔接正手攻战术的使用率。李晓霞关键分第四板战术使用率居高的战术类型为接发球控制衔接正手攻和接发球抢攻衔接反手攻以及接发球控制衔接反手攻,使用率分别为18.6%、17.1%、15.7%,其第四板战术使用类型和整体相同,以控制技术衔接第四板战术为主,得分率来看,接发球控制衔接反手攻的得分率最高,为63.6%,观看录像发现,李晓霞接发球控制技术以劈长技术为主,劈长质量高,对手抢攻质量不高,李晓霞反攻得分居多。刘诗雯关键分第四板战术使用率极高的战术类型以接发球控制衔接正反手攻为主,得分率在四名运动员中最高,得分率均为69.2%,观察录像发现,刘诗雯接发球控制后第四板正反手衔接速度快、角度大,质量很高。

(三)"关键分"接发球抢攻段小结

(1)中国优秀女子运动员关键分接发球战术运用中,接发球控制战术的使用率高,但得分率低于接发球抢攻战术。接发球控制战术中摆中路近网短球的使用率最高,其次为劈中路长球,而摆正手位近网短球和劈正手位长球的得分效果高;接发球抢攻战术中,反手拉的使用率最高,其次为正手拉,但侧身拉的得分效果最好,接发球抢攻线路以反手位和中路为主。丁宁接发球抢攻战术中反手拉或挑的得分能力最强,郭跃侧身拉得分能力最强;

(2)中国优秀女子运动员关键分第四板战术运用中,接发球控制衔接第四板技术的使用率高,但的得分率高于接发球抢攻衔接第四板技术接发球控制衔接第四板技术,且得分以接发球抢攻衔接正手攻和反手攻技术得分为主;丁宁和郭跃接发球抢攻衔接正手攻得分能力强,刘诗雯接发球控制衔接正反手攻得分能力强。

四、"关键分"发球轮相持段技战术特征分析

(一)"关键分"发球轮相持段技战术运用特征分析

表 5-28 关键分发球轮相持段技战术运用情况统计

	频数	得分	使用率	得分率
第 7 板进攻	77	52	32.1%	67.5%
第 7 板防御	24	2	10.0%	8.3%
连续攻	67	26	27.9%	38.8%
攻防交替	70	32	29.2%	45.7%
其他	2	0	0.8%	0.0%
发球轮中				33.1%

由表 5-28 可以看出,中国优秀乒乓球女子运动员关键分发球轮相持技战术运用类型使用率由高到低排序依次为:第七板进攻、攻防交替、连续攻、第七板防御。说明中国优秀乒乓球女子运动员在发球轮相持主要采用主动进攻的战术策略。在得分率方面,高低排序为:第七板进攻、攻防交替、连续攻、第七板防御。第 7 板进攻的得分率远高于其他三类战术,说明中国优秀乒乓球女子运动员关键分选择进攻性技术可在相持中处于主动地位,得分的概率更大。观察录像发现,关键分相持中中国优秀乒乓球女子运动员能够积极主动变线调动对手,正手攻或拉得分居多,占相持得分的 46%。

第五章 中国优秀乒乓球女子运动员"关键分"技战术分析

表 5-29 个人关键分发球轮相持段技战术运用情况统计

	丁宁 频数	丁宁 得分	丁宁 使用率	丁宁 得分率	郭跃 频数	郭跃 得分	郭跃 使用率	郭跃 得分率	李晓霞 频数	李晓霞 得分	李晓霞 使用率	李晓霞 得分率	刘诗雯 频数	刘诗雯 得分	刘诗雯 使用率	刘诗雯 得分率
第7板进攻	19	16	24.7%	84.2%	11	9	34.4%	81.8%	26	14	39.4%	53.8%	21	13	32.3%	61.9%
第7板防御	7	0	9.1%	0.0%	5	0	15.6%	0.0%	5	1	7.6%	20.0%	7	1	10.8%	14.3%
连续攻	27	15	35.1%	55.6%	3	2	9.4%	66.7%	21	5	31.8%	23.8%	16	4	24.6%	25.0%
攻防交替	22	4	28.6%	18.2%	13	7	40.6%	53.8%	14	6	21.2%	42.9%	21	15	32.3%	71.4%
其他	2	0	2.6%	0.0%	0	0	0.0%	0.0%	0	0	0.0%	0.0%	0	0	0.0%	0.0%
发球轮中			34.4%				20.6%				37.3%				38.5%	

由表 5-29 可看出,除郭跃发球轮相持战术的使用率较低外,李晓霞、丁宁、刘诗雯相持的使用率都是各自发球轮战术中最高的,其中刘诗雯的使用率最高。在得分率方面,丁宁第 7 板进攻的使用率最低,但得分率最高,达到 84.2%,郭跃第 7 板进攻的得分率高于 80.0%,李晓霞第 7 板进攻的使用率最高,但得分率最低,观察录像发现,李晓霞关键分发球轮相持第 7 板进攻多为正手主动进攻失分。刘诗雯攻防交替战术的得分率远高于其他三名运动员,达到 71.4%,说明刘诗雯相持抗衡能力是刘诗雯的一大优势。郭跃连续攻战术的使用率最低,但得分率最高,为 66.7%,远高于其他三名运动员,说明郭跃连续进攻得分能力强。

(二)"关键分"发球轮相持段得失分位置特征分析

表 5-30　关键分发球轮相持段得失分位置统计

得失分位置	得分	失分
正手位	34	34
反手位	47	54
中路	31	40

由表 5-30 可以看出,关键分发球轮相持段,女优秀运动员以进攻对手反手位为主,共得 47 分,进攻正手位和中路得分差异不大,分别为 34 分和 31 分。女优秀运动员关键分相持段反手位失分最多,高达 54 分,这与对手进攻反手位的球数多有关。正手位和中路失分分别为 34 分和 40 分。

表 5-31　关键分发球轮相持段得失分位置统计

	丁宁		郭跃		李晓霞		刘诗雯	
	得分	失分	得分	失分	得分	失分	得分	失分
正手位	8	15	8	3	8	12	10	4
反手位	14	20	4	8	14	9	15	17
中路	13	7	6	3	4	19	8	11

第五章 中国优秀乒乓球女子运动员"关键分"技战术分析

由表5-31可以看出,关键分发球轮相持段,丁宁在对手反手位和中路的得分居多,分别为14分和13分,正手位得分相对较少,共计8分。说明丁宁关键分发球轮相持段调动对手右半台得分效率高。丁宁自身正手位和反手位失分居多,分别为15分和20分,观察录像发现,丁宁站位偏反手位,对手两大角度的调动往往使丁宁丢分。郭跃关键分发球轮相持段在对手正手位得分最多,为8分,其次为中路,为6分,观察录像发现,郭跃关键分发球轮相持段调动对手左半台得分效率高。郭跃自身在反手位丢分最多,为8分,郭跃反手位丢分多为自身进攻主动进攻失分。整体来看,郭跃发球轮相持段球数最少,说明郭跃关键分发球轮的争夺重心靠前。李晓霞关键分发球轮相持段在对手反手位和正手位得分居多,分别为14分和8分,说明李晓霞相持段善于大角度调动对手。李晓霞自身在正手位和中路的失分居多,尤其中路,失分高达19分,观看录像发现,李晓霞中路失分中自身主动进攻失分占63%。刘诗雯关键分发球轮相持段在对手正手位和反手位的得分居多,分别为10分和15分,刘诗雯最大的特点是相持板与板之间衔接速度快,快速两大角度调动对手是刘诗雯相持段的一大优势技术。刘诗雯失分位置最多为反手位,到达17分,观看录像发现,刘诗雯反手位的是失分多为主动进攻失分,占反手位失分的65%。

(三)"关键分"发球轮相持段小结

(1)中国优秀女子乒乓球运动员关键分发球轮相持主要采用积极进攻的策略,第7板进攻战术类型的使用率最高,得分效果优;丁宁、郭跃第7板得分能力强,郭跃连续攻得分能力强,刘诗雯攻防交替得分效果最好。

(2)中国优秀女子乒乓球运动员关键分发球轮相持段以攻对手反手位得分为主,失分也主要集中在反手位。

五、"关键分"接发球轮相持段技战术特征分析

（一）"关键分"接发球轮相持段技战术运用特征分析

表 5-32 关键分接发球轮相持段技战术运用情况统计

	频数	得分	使用率	得分率
第 6 板进攻	82	54	25.9%	65.9%
第 6 板防御	50	9	15.8%	18.0%
连续攻	89	43	28.1%	48.3%
攻防交替	81	41	25.6%	50.6%
其他	15	1	4.7%	6.7%
接发球轮中				43.9%

由表 5-32 可看出，中国优秀乒乓球女子运动员关键分四类相持战术的使用率高低排序为：连续攻、第 6 板进攻、攻防交替及第 8 板防御。其中连续攻和第 6 板进攻的使用率合计达到 54%，接发球轮相持段在接发球轮战术中使用率为 43.9%，说明高水平运动员技术水平和攻防能力都较为全面，使得相持段的使用率增大。得分率方面，高低排序为：第 6 扳进攻、攻防交替、连续攻及第 6 板防御，其中第 6 板进攻的得分率远高于其他三类战术，说明中国优秀乒乓球女子运动员关键分选择进攻性技术可在相持中处于主动地位，得分率高。观察录像发现，中国优秀乒乓球女子运动员关键分接发球轮相持拼抢较凶，积极主动变线，正手攻或拉得分居多，占相持得分的 50%。

表 5-33 个人关键分接发球轮相持段技战术情况统计

	丁宁				郭跃				李晓霞				刘诗雯			
	频数	得分	使用率	得分率	频数	得分	使用率	得分率	频数	得分	使用率	得分率	频数	得分	使用率	得分率
第 6 板进攻	21	14	23.3%	66.7%	17	10	25.4%	58.8%	22	18	28.6%	81.8%	22	12	26.5%	54.5%

第五章　中国优秀乒乓球女子运动员"关键分"技战术分析

续表

	丁宁				郭跃				李晓霞				刘诗雯			
	频数	得分	使用率	得分率	频数	得分	使用率	得分率	频数	得分	使用率	得分率	频数	得分	使用率	得分率
第6板防御	10	2	11.1%	20.0%	14	4	20.9%	28.6%	15	2	19.5%	13.3%	11	1	13.3%	9.1%
连续攻	28	22	31.1%	78.6%	15	3	22.4%	20.0%	21	6	27.3%	28.6%	25	12	30.1%	48.0%
攻防交替	26	8	28.9%	30.8%	21	11	31.3%	52.4%	14	8	18.2%	57.1%	20	14	24.1%	70.0%
其他	5	0	5.6%	0.0%	0	0	0.0%	0.0%	5	0	6.5%	0.0%	5	1	6.0%	20.0%
接发球轮中			46.9%				45.0%				39.9%				44.1%	

由表5-33可看出，除李晓霞外，郭跃、丁宁、刘诗雯接发球轮相持在接发球轮中使用率均高于40%，丁宁使用率最高。在得分率方面，李晓霞第6板进攻战术的得分率远高于其他三名运动员，为81.8%，观看录像发现，李晓霞第6板进攻正手得分效果好。丁宁连续攻战术的使用率及得分率均高于其他3名运动员，得分率为78.6%，说明丁宁连续进攻质量高。刘诗雯攻防交替战术在发球轮接发球轮的得分率均最高，其在相持段的攻防转换速度快，威胁性较大，相持抗衡能力强。

（二）"关键分"接发球轮相持段得失分位置特征分析

表5-34　关键分接发球轮相持段得失分位置情况统计

得失分位置	得分	失分
正手位	38	52
反手位	62	73
中路	48	44

由表5-34可以看出，我国优秀乒乓球女子运动员关键分接发球轮相持段在对手的反手位得分居多，共得62分，其次为中路，共得48分，正手位得分相对较少，为38分。说明我国优秀乒乓球女子运动员关键分接发球轮相持段线路主要为调动对手左

半台为主。失分位置方面,同样反手位失分最多,为74分,其次为正手位,失分51分。观看录像发现,我国优秀乒乓球女子运动员关键分正手较为凶狠,主动失分居多。对手进攻时主攻反手位,我国优秀乒乓球女子运动员应加强反手位相持能力。

表5-35 个人关键分接发球轮相持段得失分位置情况统计

	丁宁		郭跃		李晓霞		刘诗雯	
	得分	失分	得分	失分	得分	失分	得分	失分
正手位	9	14	6	10	7	14	16	14
反手位	21	25	12	15	14	13	15	20
中路	16	5	10	14	13	16	9	9

由表5-35可以看出,丁宁关键分接发球轮相持段进攻对手反手位得分和中路得分居多,分别为21分和16分,进攻正手位得分相对较少。丁宁自身在反手位和正手位的失分较多,失分分别为25分和14分,中路失分较少,仅5分。丁宁接发球轮相持段的得失分位置与发球轮情况相似,这与丁宁站位靠近反手位有关,对手正反手大角度调动迫使丁宁丢分;郭跃关键分接发球轮相持段进攻对手反手位最多,其次为中路。说明郭跃关键分接发球轮线路为调动对手左半台。失分位置方面,郭跃3个位置失分均较多,这也说明郭跃关键分相持能力整体较差;同丁宁、郭跃相似,李晓霞关键分接发球轮相持段得分位置主要为反手位和中路,通过对手左半台的积极调动得分。失分位置方面,李晓霞3个位置失分均很高,尤其中路,观看录像发现,李晓霞的中路失分69%为主动进攻失分;刘诗雯关键分接发球轮相持段得分位置与发球轮相似,均为正手位和反手位,得分分别为16分和15分,说明刘诗雯相持段的优势技术突出为正反手大角度快速调动。失分位置最多的是反手位,与发球轮相同,多为刘诗雯反手对攻及主动进攻失分,刘诗雯应加强反手位相持的稳定性。

(三)"关键分"接发球轮相持段小结

(1)中国优秀乒乓球女子运动员关键分接发球轮相持主要采

用积极进攻的策略,连续攻战术的使用率高于第6板进攻战术,第6板进攻战术的得分效果优于连续攻战术。李晓霞第6板进攻战术得分效果最好,丁宁连续攻战术得分能力强。

(2)中国优秀乒乓球女子运动员关键分接发球轮相持段以攻对手反手位得分为主,失分也主要集中在反手位。

六、"关键分"技战术特征小结

(1)中国优秀乒乓球女子运动员关键分发球的威胁性很大。四名运动员中,李晓霞发球威胁性最大;关键分第三板战术以发球后抢攻战术为主,其中,丁宁发抢战术中三种抢攻方式的得分效果均优于其他三名运动员;关键分第五板战术,刘诗雯得分能力最强。

(2)中国优秀乒乓球女子运动员关键分接发球战术运用,丁宁和郭跃接发球抢攻衔接正手攻得分能力强,刘诗雯接发球控制衔接正反手攻得分能力强;关键分第四板战术运用中,丁宁和郭跃接发球抢攻衔接正手攻得分能力强,刘诗雯接发球控制衔接正反手攻得分能力强。

(3)中国优秀乒乓球女子运动员关键分发球轮相持主要采用积极进攻的策略,第7板进攻战术类型的使用率最高,得分效果优;丁宁、郭跃第7板得分能力最强,郭跃连续攻得分能力最强,刘诗雯攻防交替得分效果最好;关键分接发球轮连续攻战术的使用率高,但第6板进攻战术的得分效果优。其中,李晓霞第6板进攻战术得分效果最好,丁宁连续攻战术得分能力强;发球轮和接发球轮相持均以攻对手反手位得分为主,失分也主要集中在反手位。

第三节 中国优秀乒乓球女运动员"关键分"上手特征

一、"关键分"总的上手率和得分率分析

表 5-36 乒乓球女运动员整体关键分上手特征汇总

总的上手	频数	得分	得分率	使用率
本方上手	748	411	54.9%	51.7%
对方上手	603	300	49.8%	41.7%
双方发球或搓球直接失误	96	64	66.7%	6.6%

由表 5-36 可以看出,中国优秀乒乓球女运动员关键分总的上手使用率 51.7% 和得分率 54.9%,均高于对手,说明乒乓球女运动员关键分上手积极且得分能力强。

表 5-37 乒乓球女子运动员个人关键分上手特征汇总

	总的上手	频数	得分	得分率	使用率
丁宁	本方上手	216	124	57.4%	51.9%
	对方上手	176	85	48.3%	42.3%
	双方发球或搓球直接失误	24	17	70.8%	5.8%
郭跃	本方上手	177	104	58.8%	58.2%
	对方上手	100	44	44.0%	32.9%
	双方发球或搓球直接失误	27	17	63.0%	8.9%
李晓霞	本方上手	186	94	50.5%	50.3%
	对方上手	161	76	47.2%	43.5%
	双方发球或搓球直接失误	23	16	69.6%	6.2%
刘诗雯	本方上手	169	89	52.7%	47.3%
	对方上手	166	95	57.2%	46.5%
	双方发球或搓球直接失误	22	14	63.6%	6.2%

第五章 中国优秀乒乓球女子运动员"关键分"技战术分析

由表 5-37 对比分析,关键分,郭跃上手使用率最高,为 58.2%,明显高于对手及其他 3 名运动员,得分率也最高,为 58.8%,说明郭跃关键分上手积极主动,且质量高。通过观察录像发现,郭跃发球轮第 3 板及接发球 2 上手率极高。丁宁上手使用率为 51.9%,得分率为 57.4%,使用率和得分率仅次于郭跃。刘诗雯关键分上手使用率最低,为 47.3%,仅高于对手 0.8%,且得分率低于对手,说明刘诗雯关键分上手效果不佳。

二、"关键分"发球轮接发球轮上手特征分析

表 5-38　关键分发球轮接发球轮上手情况统计

轮次	研究对象	关键分	上手频次	得分	使用率	得分率	得分率占发球轮
发球轮	丁宁	224	116	62	51.8%	53.4%	49.2%
	郭跃	155	95	64	61.3%	67.4%	66.7%
	李晓霞	177	92	49	52.0%	53.3%	53.3%
	刘诗雯	169	82	44	48.5%	53.7%	42.7%
	合计	725	385	219	53.1%	56.9%	52.5%
接发球轮	丁宁	192	100	62	52.1%	62.0%	62.0%
	郭跃	149	82	40	55.0%	48.8%	58.0%
	李晓霞	193	94	45	48.7%	47.9%	47.9%
	刘诗雯	188	87	45	46.3%	51.7%	47.4%
	合计	722	363	192	50.3%	52.9%	53.6%

由表 5-38 可看出,中国优秀乒乓球女运动员关键分发球轮总的上手使用率为 53.1%,得分率为 56.9%,上手得分占发球轮总得分的 52.5%,说明有一半以上的球是通过积极主动上手赢得。关键分发球轮上手使用率方面,郭跃使用率最高,达到 61.3%,得分率也很高,为 67.4%,得分占发球轮总得分的 66.7%,说明郭跃上手积极且上手质量高,积极主动上手是郭跃关键分的核心战术,遇到机会绝不会保守;刘诗雯使用率最低,低于 50.0%,但得分率较理想,为 53.7%,刘诗雯的打法特点快速衔接及相持能力

强,鉴于此,刘诗雯在前几板相对于其他 3 名运动员来说,比较保守,得分率不低;李晓霞发球轮上手使用率为 52.0%,仅次于郭跃,但得分率最低,为 53.3%,随高于对手,但仍有提升空间,李晓霞应加强上手质量及后续衔接技术的稳定性。

中国优秀乒乓球女运动员关键分接发球轮总的上手使用率为 50.3%,低于发球轮的上手使用率,说明接发球仍然是难度较大的一项技术,上手仍受对手发球质量影。上手得分率为 52.9%,上手得分占接发球轮总得分的 53.6%。关键分接发球轮上手使用率方面,只有郭跃和丁宁的使用率高于 50%,郭跃的使用率最高,为 55.0%,但得分率不太理想,仅为 48.8%,低于一半水平,观察录像发现,郭跃接发球轮上手后质量不高对手反攻失分较多。另外,郭跃得分率虽不高,但得分占到接发球轮总得分的 58.0%,说明郭跃上手得分的贡献率极高,郭跃应加强接发球轮上手后的攻防转换衔接,提高上手得分率。丁宁接发球轮上手的得分率极高,达到 62.0%,明显高于其他三名运动员,观察录像发现,丁宁上手后连续进攻得分居多,衔接质量高,是其得分的关键。刘诗雯接发球轮上手情况同发球轮相同,使用率最低,但得分率高于李晓霞和郭跃,观察录像发现,刘诗雯关键分上手后攻防衔接速度快,质量高。李晓霞无论是发球轮还是接发球轮,使用率和得分率方面,表现不突出。

三、"关键分"正反手上手特征分析

表 5-39　乒乓球女运动员整体关键分正反手上手特征汇总

上手正反手	频数	得分	使用率	得分率
正手	353	203	47.2%	57.5%
反手	395	208	52.8%	52.7%
总计	748	411	100.0%	54.9%

由表 5-39 可以看出,中国优秀乒乓球女运动员关键分反手上手的使用率明显高于正手上手的使用率,使用率分别为

第五章 中国优秀乒乓球女子运动员"关键分"技战术分析

52.8%、47.2%,这与对手发球偏反手位和中路有关。得分率方面,正手上手的得分率略高于反手上手的得分率,统计数据发现,女优秀运动员关键分发球后或接发球直接上手产生得分共计192分,其中正手上手直接得分107,占58%,说明正手进攻的威胁性远大于反手,优秀乒乓球女运动员关键分应加强正手上手的使用率。

表5-40 乒乓球女运动员个人关键分正反手上手特征汇总

	丁宁				郭跃				李晓霞				刘诗雯			
	频数	得分	使用率(%)	得分率(%)	频数	得分	使用率(%)	得分率(%)	频数	得分	使用率(%)	得分率(%)	频数	得分	使用率(%)	得分率(%)
正手	110	60	50.9	54.5	88	56	49.7	63.6	91	47	48.9	51.6	64	40	37.9	62.5
反手	106	64	49.1	60.4	89	48	50.3	53.9	95	47	51.1	49.5	105	49	62.1	46.7
总计	216	124	100.0	57.4	177	104	100.0	58.8	186	94	100.0	50.5	169	89	100.0	52.7

由表5-40可以看出,关键分正手上手使用率方面,丁宁最高,为50.9%,郭跃和李晓霞的使用率略低于丁宁,分别为49.7%、48.9%,刘诗雯关键分正手上手的使用率最低,为37.9%,明显低于其他三名运动员;得分率方面,郭跃得分率最高,达到63.6%,正手上手质量最高,刘诗雯得分率仅次于郭跃,得分率为62.5,刘诗雯正手上手得分能力较强,刘诗雯应加强正手上手使用率。关键分反手上手使用率方面,明显可以看出,刘诗雯反手上手的使用率明显高于其他三名运动员,为62.1,其他3名运动员反手上手的使用率均在50%左右;反手上手得分率方面,丁宁得分率最高,为60.4%,郭跃得分率仅次于丁宁,为53.9%,李晓霞和刘诗雯反手上手的得分率均低于50%。

总的来看,关键分上手正反手使用类型方面,丁宁正手上手最积极,刘诗雯反手上手最积极;郭跃正反手上手的得分综合能力最强,丁宁反手上手得分能力最强,刘诗雯正手上手的得分能力较强,李晓霞上手使用率和得分率均表现平平。

四、"关键分"上手前控制类型特征分析

表 5-41 乒乓球女运动员整体关键分上手特征汇总

上手前控制类型	频次	得分	使用率	得分率
发球后直接上手	372	211	96.6%	56.7%
发球后控制一板及以上上手	13	8	3.4%	61.5%
接发球直接上手	296	151	81.5%	51.0%
接发球控制一板及以上上手	67	41	18.5%	61.2%

由表 5-41 可以看出，优秀乒乓球女子运动员关键分上手前控制类型使用率由高的到底排序依次为：发球后直接上手、接发球直接上手、接发球控制一板及以上上手、发球后控制一板及以上上手，使用率分别为：96.6%、81.5%、18.5%、96.6%，说明关键分女优秀运动员抢先上手、积极主动意识强。优秀乒乓球女子运动员关键分上手前控制类型得分率由高的到底排序依次为发球后控制一板及以上上手、接发球控制一板及以上上手、发球后直接上手、接发球直接上手，得分率分别为 61.5%、61.2%、56.7%、51.0%，得分率均在 50% 以上。发球后控制一板及以上上手的使用率极低，仅 3.4%，所以其得分率高低，对比赛没有影响。接发球控制一板及以上上手在使用率占到 18.5%，得分率也达到 61.2%，说明优秀乒乓球女子运动员关键分接发球轮并不是一味地接发球直接上手抢攻，而是接发球控制一板及以上上手和接发球直接上手结合运用，并获得较好的得分率。

表 5-42 乒乓球女运动员个人关键分上手前控制类型特征汇总

	丁宁				郭跃				李晓霞				刘诗雯			
	频次	得分	使用率(%)	得分率(%)	频次	得分	使用率(%)	得分率(%)	频次	得分	使用率(%)	得分率(%)	频次	得分	使用率(%)	得分率(%)
发球后直接上手	109	57	94.0	52.3	93	62	97.9	66.7	91	49	98.9	53.8	79	43	96.3	54.4

第五章 中国优秀乒乓球女子运动员"关键分"技战术分析

续表

	丁宁				郭跃				李晓霞				刘诗雯			
	频次	得分	使用率(%)	得分率(%)	频次	得分	使用率(%)	得分率(%)	频次	得分	使用率(%)	得分率(%)	频次	得分	使用率(%)	得分率(%)
发球后控制一板及以上上手	7	5	6.0	71.4	2	2	2.1	100.0	1	0	1.1	0.0	3	1	3.7	33.3
接发球直接上手	82	50	82.0	61.0	62	30	75.6	48.4	81	38	86.2	46.9	71	33	81.6	46.5
接发球控制一板及以上上手	18	12	18.0	66.7	20	10	24.4	50.0	13	7	13.8	53.8	16	12	18.4	75.0

由表 5-42 可以看出,关键分上手前控制类型方面,优秀乒乓球女子运动员关键分发球后直接上手的使用率均在 90% 以上,得分率也比较理想,均在 50% 以上,郭跃得分率最高,达到 66.7%,观察录像发现,郭跃发转与不转球后直接上手得分效果非常明显;女运动员关键分接发球控制一板及以上上手的使用率,除郭跃的使用率偏低,为 75.6% 以外,其他 3 名运动员的使用率均在 80% 以上。丁宁接发球直接上手的得分率最高,为 61.0%,明显优于其他三名运动员。优秀乒乓球女子运动员关键分接发球控制一板及以上上手方面,郭跃使用率最高,为 24.4%,但得分效果不佳,仅为 50.0%,低于刘诗雯和丁宁,尤其刘诗雯,得分率高达 75.0%,观看录像发现,刘诗雯关键分接发球控制一板后上手非常果断,得分率极高。

五、"关键分"上手类型比较分析

表 5-43 乒乓球女运动员整体关键分上手类型特征汇总

上手类型	频次	得分	使用率	得分率
上手直接得失分	278	192	37.2%	69.1%
上手后连续攻得失分	307	193	41.0%	62.9%

续表

上手类型	频次	得分	使用率	得分率
上手后攻防转换得失分	163	26	21.8%	16.0%
总计	748	411	100.0%	54.9%

由表 5-43 可以看出，优秀乒乓球女子运动员关键分上手类型以上手直接得失分和上手后连续攻得失分为主，使用率达到 78%；得分率方面，上手直接得失分得分率最高，为 69.1%，根据三段评估理论对发抢段和接抢段的相关描述，得分率达到了优秀或良好的阈值，说明优秀乒乓球女子运动员关键分上手得分效果明显。关键分上手后连续攻得分率也达到 62.9%，说明上手后衔接进攻得分能力强。优秀乒乓球女子运动员关键分上手后攻防转换产生得失分的使用率且得分率低，效果不佳，因此，优秀乒乓球女子运动员比赛中应以上手直接得失分或者使用上手后连攻得失分的方式来结束一分球，尽量不要在上手后采取轻拨的方式进行击球的衔接。

表 5-44　乒乓球女运动员个人关键分上手类型特征汇总

上手类型	丁宁 频次	丁宁 得分	丁宁 使用率	丁宁 得分率	郭跃 频数	郭跃 得分	郭跃 使用率	郭跃 得分率	李晓霞 频次	李晓霞 得分	李晓霞 使用率	李晓霞 得分率	刘诗雯 频次	刘诗雯 得分	刘诗雯 使用率	刘诗雯 得分率
上手直接得失分	81	59	37.5	72.8	78	55	44.1	70.5	64	41	34.4	64.1	55	37	32.5	67.3
上手后连续攻得失分	87	57	40.3	65.5	64	44	36.2	68.8	74	46	39.8	62.2	82	46	48.5	56.1
上手后攻防转换得失分	48	8	22.2	16.7	35	5	19.8	14.3	48	7	25.8	14.6	32	6	18.9	18.8

由表 5-44 分析，整体来看，四名运动员关键分上手直接得失分的使用率均在 30% 以上，得分率均在 60% 以上，上手效果明显。上手后连续攻得失分使用率均在 40% 以上，得分率除刘诗雯外，均在 60% 以上，刘诗雯得分率 56.1%；上手后攻防转换得失分的使用率均在 20% 左右，得分率均很低。个人分析，郭跃

上手直接得失分的使用率最高,达到44.1%,得分率也很理想,为70.5%,丁宁虽使用率低于郭跃,为37.5%,但得分率略高于郭跃,达到72.8%,上手效果非常显著;刘诗雯上手后连续攻使用率最高,为48.5%,但得分率最低,观看录像发现,刘诗雯上手后下一板的衔接主动进攻失分居多,另一方面,上手后的衔接虽速度快,但只要对手准备充足衔接上,刘诗雯反而总被压迫。

六、"关键分"上手特征小结

(1)中国优秀乒乓球女子运动员关键分上手积极且得分率高,其中,郭跃上手得分能力最强。

(2)中国优秀乒乓球女子运动员关键分发球轮上手率及上手得分率均高于接发球轮,关键分反手上手的使用率高,但得分率低于正手,郭跃正手上手的得分率最高,丁宁反手上手的得分率最高。

(3)中国优秀乒乓球女子运动员关键分均以发球直接上手以及接发球直接上手为上手前控制类型的主要使用手段,发球后和接发球后控制一板及以上上手为辅,郭跃发球后直接上手得分能力最强,丁宁接发球直接上手得分能力最强,刘诗雯接发球后控制一板及以上得分能力最强。

(4)中国优秀乒乓球女子运动员关键分关键分上手类型以上手直接得失分和上手后连续攻得失分为主。其中,丁宁上手直接得失分得分能力最强,郭跃上手后连续攻的得分能力最强。

第六章 2020年东京奥运会乒乓球项目主要对手日韩男子双打技战术特征分析

乒乓球是中国的国球,从20世纪60年代初崛起之后,始终在世界乒坛处于领先地位,这在所有竞技体育项目中极为罕见,发展至今,"世界打中国"的格局仍未改变。主要原因在于中国乒乓球队能够清楚地认识到乒乓球项目的竞技规律和发展方向,并在实践中不断地进行摸索,总结经验,切合中国乒乓球队实际情况并进行实践创新。这是中国乒乓球队的优良传统,也是它保持长盛不衰的根本原因。乒乓球运动是以技战术为核心的隔网对抗性项目,因此对乒乓球技战术的研究一直是中国乒乓球队和科研人员共同关注的重点。

2017年国际奥委会宣布2020年东京奥运会乒乓球项目增加一项混合双打,金牌数由往届的4块增加至5块;2018年国际乒联对2020年东京奥运会乒乓球团体比赛的赛制进行了改革,双打场次从原来的第三场调整至第一场。奥运会作为乒乓球比赛中等级最高的赛事,混双项目的加入以及团体比赛中双打场次的提前,不仅将双打的重要性推向一个新的高度,也成为其他协会争夺2020年东京奥运会乒乓球项目金牌的一个突破口。

近几年我国在男子双打项目上情况不容乐观,而日、韩两国在乒乓球男双项目有所突破。2017年国际比赛(12站巡回赛、1站巡回赛总决赛、世界乒乓球锦标赛)男双项目,中国仅获4个冠军,日本获得6个冠军,韩国获得3个冠军;2018年10月国际乒联男子双打世界排名,日本男双组合森园政崇/大岛祐哉排名第一,韩国男双组合郑荣植/李尚洙排名第二,而中国男双组合最强的樊振东/许昕排名第四。2017年比赛成绩和2018年世界排名显示中国男子双打项目已不占优势,日本和韩国已成为我国的男子双打主要对手。中国乒乓球队必须尽快改变双打项目不够强势的局面,以保证2020年东京奥运乒乓球项目再次包揽全部金牌。

　　以"乒乓球"为关键词在中国知网检索1989年1月到2018年12月的文献,共检索到相关的文献12198篇。以"双打"为关键词进一步检索,仅得到76篇文献,可见近30年对乒乓球双打的研究极少。从仅有的研究成果来看,多数学者从线路变化、落点、个人贡献率和配对规律等方面对双打技战术进行了研究,这些研究多是采用经典三段法对整体进行研究,将两名双打运动员归为一个整体,而对单个运动员技战术的发挥情况研究不够全面,可见双打技战术分析还有很大的研究空间。

　　本着继承与发展的宗旨,本研究在前人研究的基础上,采用国乒队科研小组自行研发的"乒乓军师"视频技战术分析软件,结合双打项目特点,在经典三段法的基础上,对双打技战术分析方法进行补充,并将新的双打分析方法应用于日韩男双技战术分析中。本研究重点分析对日本男双主力森园政崇/大岛祐哉、韩国男双主力郑荣植/李尚洙,进行双打组合整体三段技战术、发接轮次配对规律、线路落点等特征全面分析,发现规律,建立视频库,总结技战术特点,旨在为中国乒乓球队提供日、韩男子双打主力运动员准确数据,为国家乒乓球队男子双打备战2020年东京奥运会进行针对性训练以及乒乓球双打技战术分析方法的研究与应用提供参考。

第一节　日本双打主力运动员森园政崇/大岛祐哉技战术特征

一、森园政崇/大岛祐哉整体三段特征

森园政崇/大岛祐哉 11 场比赛共计 1034 球，得 522 分，失 512 分，得分率为 50.48%。从整体来看，发抢段表现出色，发球直接得 39 分，第三板得 122 失 94 分，发抢段得分率是三段中最高为 62.40%，但使用率最低为 25.56%；接抢段表现较好，接发球优势明显得 121 分失 56 分，但第四板失分较多，失 105 分，接抢段得分率为 55.52%，使用率正常为 34.74%；相持段是三段之中使用率最高为 39.70%，但得分率最低仅为 38.65%，第五板失分较多为相持段薄弱环节失分较多，是相持段被动的主要原因（表 6-1）。

表 6-1　森园政崇/大岛祐哉男双组合整体三段得失分统计

板数	发抢段 发球	发抢段 第三板	接抢段 接发球	接抢段 第四板	相持段 第五板	相持段 第六板	相持段 六板后	总计
得分	39	122	121	80	57	41	62	522
失分	3	94	56	105	101	66	87	512
得分率	62.40%		55.52%		38.65%			50.48%
使用率	24.95%		35.01%		40.04%			100.00%
总计	258		362		414			1034

二、森园政崇/大岛祐哉八个发接轮次特征

表 6-2　森园政崇/大岛祐哉八个发接轮次得失分统计

发接轮次	得分	失分	合计	得分率
森园政崇发 - 左手接	75	70	145	51.72%
森园政崇发 - 右手接	63	72	135	46.67%

续表

发接轮次	得分	失分	合计	得分率
森园政崇接－左手发	63	69	132	47.73%
森园政崇接－右手发	62	51	113	54.87%
大岛祐哉发－左手接	60	58	118	50.85%
大岛祐哉发－右手接	63	57	120	52.50%
大岛祐哉接－左手发	70	68	138	50.72%
大岛祐哉接－右手发	66	67	133	49.62%
总计	522	512	1034	50.48%

森园政崇/大岛祐哉八个发接轮次平均得分率为50.48%，其中，森园政崇四个轮次，森园政崇发－左手接和森园政崇接－右手发两个轮次是优势轮次，森园政崇发－左手接轮次得分率为51.72%；森园政崇接－右手发轮次得分率为54.87%；其他两个轮次森园政崇发－右手接和森园政崇接－左手发轮次得分率是八个发接轮次中最低两个轮次，分别为46.67%和47.73%；大岛祐哉四个轮次发挥稳定，得失分相差不大，其中大岛祐哉发－左手接轮次得分率最高为52.50%；大岛祐哉接－右手发轮次得分率最低为49.62%。从整体来看，八个发接轮次得失分相差不大（表6-2）。

三、森园政崇/大岛祐哉发抢段结合四个发球轮次技战术特征

森园政崇/大岛祐哉发抢段结合四个发球轮次优势明显，四个轮次均直接得分较多。发球直接得分较多，仅有森园政崇发－右手接轮次第三板失分较多失31分，其他轮次第三板表现较好。整体来看，发抢段结合四个发球轮次是森园政崇/大岛祐哉三段优势环节（图6-1、表6-3）。

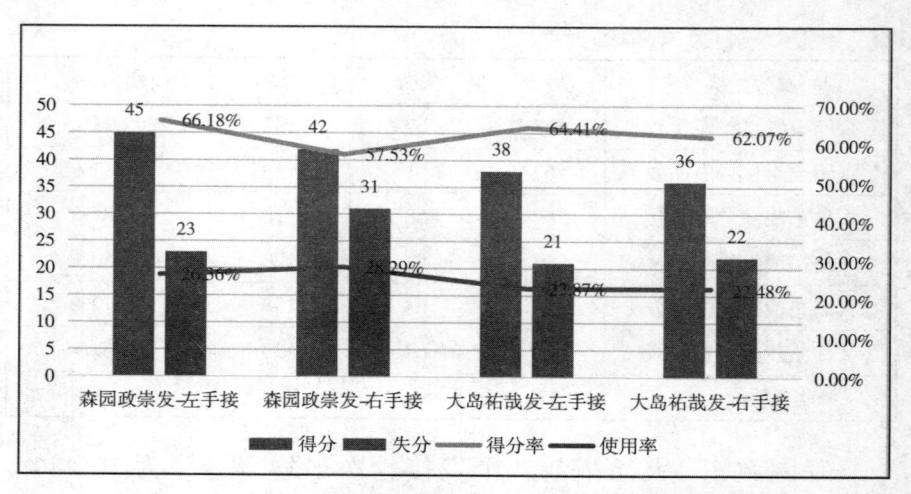

图 6-1 森园政崇/大岛祐哉接抢段结合四个接发球轮次

表 6-3 森园政崇/大岛祐哉接抢段结合四个接发球轮次统计表

	发球		第三板		总计
	得分	失分	得分	失分	
森园政崇发－左手接	11	2	34	21	68
森园政崇发－右手接	12	0	30	31	73
大岛祐哉发－左手接	9	1	29	20	59
大岛祐哉发－右手接	7	0	29	22	58
总计	39	3	122	94	258

（一）森园政崇、大岛祐哉发抢段对比分析

森园政崇的发抢段指森园政崇发球、第三板森园政崇发球后抢攻，包含森园政崇发两个轮次中发球直接得失分和大岛祐哉发两个轮次中第三板直接得失分；大岛祐哉的发抢段指大岛祐哉发球、第三板大岛祐哉发球后抢攻，包含大岛祐哉发两个轮次中发球直接得失分和森园政崇发两个轮次中第三板直接得失分。

经非参数（Mann-Whitney U test）检验，森园政崇发抢段得分率（63.7% ± 14.09%）与大岛祐哉（62.22% ± 17.81%）差异不显著，P=0.748>0.05；森园政崇发抢段使用率（15.15% ± 1.50%）

与大岛祐哉（12.67%±2.10%）差异不显著，P=0.699>0.05。表明森园政崇/大岛祐哉发抢段技战术发挥稳定，无论是大岛祐哉还是森园政崇发球轮，两人发球与第三板抢攻表现均较为优异（表6-4）。

表6-4 森园政崇、大岛祐哉发抢段对比（n=11）

	得分率 M±SD	使用率 M±SD
森园政崇	63.7%±14.09%	15.15%±1.50%
大岛祐哉	62.22%±17.81%	12.67%±2.10%
P	0.748	0.699

（二）森园政崇/大岛祐哉发抢段结合四个发球轮次中发球的分析

森园政崇/大岛祐哉发球主要以转与不转为主，共得34分，森园政崇直接得19分，大岛祐哉直接得14分。其中，森园政崇在发转与不转得同时还配合侧旋发球，侧旋发球直接得4分；大岛祐哉发–左手接轮次发转与不转发球直接得分多于右手接轮次。结合视频发现，森园政崇/大岛祐哉以发转与不转效果最佳，容易造成对手控制和拧拉挑打失误（表6-5）。

表6-5 森园政崇/大岛祐哉四个发球轮次发球旋转统计

	侧旋	转与不转	勾子发球	发球失误	总计
森园政崇发–左手接	2	9	0	2	13
使用率	15.38%	69.23%	0.00%	15.38%	100.00%
森园政崇发–右手接	2	10	0	0	12
使用率	16.67%	83.33%	0.00%	0.00%	100.00%
大岛祐哉发–左手接	0	9	0	1	10
使用率	0.00%	90.00%	0.00%	10.00%	100.00%
大岛祐哉发–右手接	1	6	0	0	7
使用率	14.29%	85.71%	0.00%	0.00%	100.00%
总计	5	34	0	3	42

两人发球以 1 区右路近网短球为主,森园政崇得 13 分,使用率为 56.52%;大岛祐哉得 14 分,使用率为 87.50%;2 区右路半出台和出台使用率较低,仅森园政崇得 1 分;3 区左路半出台和出台森园政崇得 3 分,使用率为 13.04%,大岛祐哉得 2 分,使用率为 12.50%;4 区左路近网小三角只有森园政崇得 6 分,使用率为 26.09%(表 6-6)。

表 6-6 森园政崇 / 大岛祐哉发球落点与得分关系

		1 区	2 区	3 区	4 区	总计
森园政崇	得分	13	1	3	6	23
	使用率	56.52%	4.35%	13.04%	26.09%	100.00%
大岛祐哉	得分	14	0	2	0	16
	使用率	87.50%	0.00%	12.50%	0.00%	100.00%
总计		27	1	5	6	39

注:1 区左路近网、2 区左路半出台和出台、3 区右路半出台和出台、4 区右路近网(后同)

(三)森园政崇 / 大岛祐哉发抢段结合四个发球轮次中第三板的分析

1. 第三板战术的分析

表 6-7 森园政崇 / 大岛祐哉发抢段结合四个发球轮次第三板战术统计

	发球后抢下旋		发球后抢上旋		发球后控制		意外		总计
	得分	失分	得分	失分	得分	失分	得分	失分	
森园政崇发 – 左手接	15	5	15	13	4	1	0	2	55
得分率	75.00%		53.57%		80.00%		0.00%		61.82%
使用率	36.36%		50.91%		9.09%		3.64%		100.00%
森园政崇发 – 右手接	18	8	8	19	3	3	1	1	61
得分率	69.23%		29.63%		50.00%		50.00%		47.54%
使用率	42.62%		44.26%		9.84%		3.28%		100.00%
大岛祐哉发 – 左手接	14	10	7	5	7	3	1	2	49

续表

	发球后抢下旋		发球后抢上旋		发球后控制		意外		总计
	得分	失分	得分	失分	得分	失分	得分	失分	
得分率	58.33%		58.33%		70.00%		33.33%		57.14%
使用率	48.98%		24.49%		20.41%		6.12%		100.00%
大岛祐哉发－右手接	13	5	8	13	8	4	0	0	51
得分率	72.22%		38.10%		66.67%		0.00%		56.86%
使用率	35.29%		41.18%		23.53%		0.00%		100.00%
总计	60	28	38	50	22	11	2	5	216
得分率	68.18%		43.18%		66.67%		28.57%		56.48%
使用率	40.74%		40.74%		15.28%		3.24%		100.00%

森园政崇/大岛祐哉在第三板战术组合中表现较好，得分率为56.48%，主要以发球后抢下旋和抢上旋为主，使用率较高，都为40.74%，发球后抢下旋得分率最高为68.18%，发球后抢上旋得分率仅为43.18%；发球后控制虽得分率较高为66.67%，但使用率较低为15.28%。其中，森园政崇/大岛祐哉发－右手接两个轮次发球后抢上旋为发抢段薄弱环节失分较多，分别得8失19分和得8失13分；发球后控制表现较好得22失11分，得分率为66.67%；整体来看四个发球轮次每种战术得失分相差不多。（表6-7）。

森园政崇/大岛祐哉发球后第三板抢下旋技术全面，三项技术得分率和使用率均维持在较高水平。拉冲得分率为63.64%，使用率最高为37.50%；拧拉得分率最高为73.08%，使用率为29.55%；挑打得分率为68.97%，使用率为32.95%。但第三板发球后抢下旋大岛祐哉效果好于森园政崇，森园政崇得33失13，得分率为71.74%。大岛祐哉得27失15，得分率为64.29%。（表6-8）。

表 6-8　森园政崇/大岛祐哉发球后抢下旋战术中的技术手段

		拉冲	拧拉	挑打	总计
森园政崇	得分	12	7	8	27
	失分	9	3	3	15
	得分率	57.14%	70.00%	72.73%	64.29%
	失分率	50.00%	23.81%	26.19%	100.00%
大岛祐哉	得分	9	12	12	33
	失分	3	4	6	13
	得分率	75.00%	75.00%	66.67%	71.74%
	失分率	26.09%	34.78%	39.13%	100.00%
总计		33	26	29	88
得分率		63.64%	73.08%	68.97%	68.18%
使用率		37.50%	29.55%	32.95%	100.00%

森园政崇/大岛祐哉发球后抢上旋失分较多，总计88分，得分率为43.18%。两人正手反拉具有一定威胁，但需减少失误。大岛祐哉第三板正手防御直接失14分，且使用率最高，为25.45%；两人反手反撕表现较好，分别得7分和9分，被动防御失分较多；大岛祐哉侧身较多得7分失6分（表6-9）。

两人主要以摆短技术为主，得分率为65.63%，劈长仅是用一次。其中，摆短技术森园政崇使用较多，得15分失7分，大岛祐哉得6分失4分（表6-10）。

表 6-9　森园政崇/大岛祐哉发球后抢上旋组合中的技术手段

反拉		正手		反手		侧身	总计
		防御	反撕	防御	反拉	防御	
森园政崇	得分	4	0	7	3	1	0	15
	失分	4	3	1	7	3	0	18
	得分率	50.00%	0.00%	87.50%	30.00%	25.00%	0.00%	45.45%
	使用率	24.24%	9.09%	24.24%	30.30%	12.12%	0.00%	100.00%

第六章 2020年东京奥运会乒乓球项目主要对手日韩男子双打技战术特征分析

续表

反拉		正手		反手		侧身		总计
		防御	反撕	防御	反拉	防御		
大岛祐哉	得分	6	0	9	1	7	0	23
	失分	5	14	3	4	6	0	32
	得分率	54.55%	0.00%	75.00%	20.00%	53.85%	0.00%	41.82%
	使用率	20.00%	25.45%	21.82%	9.09%	23.64%	0.00%	100.00%
总计		19	17	20	15	17	0	88
得分率		52.63%	0.00%	80.00%	26.67%	47.06%	0.00%	43.18%
使用率		21.59%	19.32%	22.73%	17.05%	19.32%	0.00%	100.00%

表6-10 森园政崇/大岛祐哉发球后控制战术中的技术手段

		摆短	劈长	总计
森园政崇	得分	15	0	15
	失分	7	0	7
	得分率	68.18%	0.00%	68.18%
	使用率	100.00%	0.00%	100.00%
大岛祐哉	得分	6	1	7
	失分	4	0	4
	得分率	60.00%	100.00%	63.64%
	使用率	90.91%	9.09%	100.00%
总计		32	1	33
得分率		65.63%	100.00%	66.67%
使用率		96.97%	3.03%	100.00%

2. 第三板战术得分线路落点的分析

森园政崇/大岛祐哉发球后抢下旋攻斜线的使用率高于直线,大岛祐哉攻斜线使用率为36.67%,森园政崇攻斜线使用率为31.67%。攻斜线方面森园政崇/大岛祐哉都已正手位为主,分别使用12次和15次；反手攻直线和攻斜线相差不多。森园政崇攻直线也使用次数较少，正手使用2次，反手使用4次，侧身使用2次；大岛祐哉没有使用侧身技术（表6-11）。

表6-11 森园政崇/大岛祐哉发球后抢下旋得分线路

	森园政崇		大岛祐哉		总计
	攻斜线	攻直线	攻斜线	攻直线	
正手	12	2	15	2	31
使用率	38.71%	6.45%	48.39%	6.45%	100.00%
反手	6	4	7	9	26
使用率	23.08%	15.38%	26.92%	34.62%	100.00%
侧身	1	2	0	0	3
使用率	33.33%	66.67%	0.00%	0.00%	100.00%
总计	19	8	22	11	60
使用率	31.67%	13.33%	36.67%	18.33%	100.00%

在发球后抢上旋得分线路使用上，大岛祐哉使用次数多于森园政崇。从攻斜线和攻直线得使用次数来看相差不多。其中，森园政崇抢上旋反手使用次数较多，攻斜线6次直线4次。正手表现一般，侧身使用次数仅1次。大岛祐哉抢上旋全面，正手攻斜线2次直线3次，侧身攻斜线4次直线4次，反手抢上旋主要以攻斜线为主，共7次，使用率为35.00%；结合视频发现，大岛祐哉第三板能够积极主动抢上旋，并且技术全面，敢于发力。而森园政崇抢上旋主要以正手为主，失误较多（表6-12）。

表6-12 森园政崇/大岛祐哉发球后抢上旋得分线路

	森园政崇		大岛祐哉		总计
	攻斜线	攻直线	攻斜线	攻直线	
正手	1	3	2	3	9
使用率	11.11%	33.33%	22.22%	33.33%	100.00%
反手	6	4	7	3	20
使用率	30.00%	20.00%	35.00%	15.00%	100.00%

续表

| | 森园政崇 || 大岛祐哉 || 总计 |
	攻斜线	攻直线	攻斜线	攻直线	
侧身	1	0	4	4	9
使用率	11.11%	0.00%	44.44%	44.44%	100.00%
总计	8	7	13	10	38
使用率	21.05%	18.42%	34.21%	26.32%	100.00%

发球后控制方面主要以森园政崇为主,使用 15 次,大岛祐哉使用 7 次。其中,森园政崇第三板控制中路得分最多,得 6 分,左路得 4 分,右路 5 分;大岛祐哉控制左路得 3 分,中路 2 分,右路 2 分(表 6-13)。

表 6-13 森园政崇/大岛祐哉发球后控制的得分落点

	左路	中路	右路	总计
森园政崇	4	6	5	15
使用率	26.67%	40.00%	33.33%	100.00%
大岛祐哉	3	2	2	7
使用率	42.86%	28.57%	28.57%	100.00%
总计	7	8	7	22
使用率	31.82%	36.36%	31.82%	100.00%

3. 第三板战术失分位置的分析

森园政崇/大岛祐哉第三板战术组合失分最多的为发球后抢上旋战术,共失 50 分。其中,森园政崇抢上旋左路失分最多,共失 9 分,使用率为 42.86%,第三板易被对手压制反手位而导致失分;大岛祐哉抢上旋三个位置均失分较多,左路失 12 分,中路失 8 分,右路失 12 分。结合视频发现失分的主要原因有两个方面:一是森园政崇第三板对于对手接发球拧拉、挑打的,抢上旋时身体位置不到位,节奏控制不好导致失分较多。二是易被对手抢冲正反手大角;发球后抢下旋方面,森园政崇三个位置均有不同程度失分;大岛祐哉中路抢下旋失分最多失 8 分,大岛祐哉中路失

5分左路失7分；发球后控制战术中森园政崇左路失5分,大岛祐哉中路失4分(表6-14)。

表6-14 森园政崇/大岛祐哉第三板战术组合失分位置统计

		发球后抢下旋	发球后抢上旋	发球后控制	总计
森园政崇	右路	3	5	0	8
	使用率	37.50%	62.50%	0.00%	100.00%
	中路	5	4	2	11
	使用率	45.45%	36.36%	18.18%	100.00%
	左路	7	9	5	21
	使用率	33.33%	42.86%	23.81%	100.00%
大岛祐哉	右路	1	12	0	13
	使用率	7.69%	92.31%	0.00%	100.00%
	中路	8	8	4	20
	使用率	40.00%	40.00%	20.00%	100.00%
	左路	4	12	0	16
	使用率	25.00%	75.00%	0.00%	100.00%
总计		28	50	11	89
使用率		31.46%	56.18%	12.36%	100.00%

四、森园政崇/大岛祐哉接抢段结合四个接发球轮次技战术特征

森园政崇接-左手接轮次表现一般,右手接轮次表现较好,这两个轮次虽接发球直接得分较多,但第四板失分较多。结合视频发现,森园政崇接两个轮次虽接发球拧拉主动,但对手适应较快准备充分抢上旋导致第四板失分较多。大岛祐哉接发球直接得分不及森园政崇多,但第四板得失分相差不多,主要原因是大岛祐哉能够合理接应用控制和抢攻技术,为森园政崇第四板创造机会。整体来看,接抢段结合四个接发球轮次,主要以森园政崇进攻为主,大岛祐哉为辅(图6-2、表6-15)。

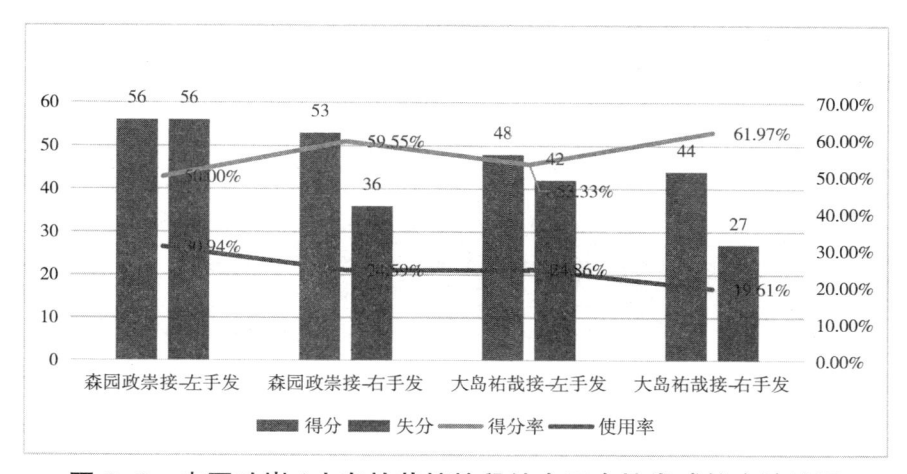

第六章 2020年东京奥运会乒乓球项目主要对手日韩男子双打技战术特征分析

图6-2 森园政崇/大岛祐哉接抢段结合四个接发球轮次统计图

表6-15 森园政崇/大岛祐哉接抢段结合四个接发球轮次统计表

	接发球		第四板		总计
	得分	失分	得分	失分	
森园政崇接－左手发	41	24	15	32	112
森园政崇接－右手发	40	14	13	22	89
大岛祐哉接－左手发	22	13	26	29	90
大岛祐哉接－右手发	18	5	26	22	71
总计	121	56	80	105	362

（一）森园政崇、大岛祐哉接抢段对比分析

森园政崇的接抢段指森园政崇接发球、第四板森园政崇接发球后抢攻，包含森园政崇接两个轮次接发球直接得失分和大岛祐哉接两个轮次第四板直接得失分；大岛祐哉的接抢段指大岛祐哉接发球、第四板大岛祐哉接发球后抢攻，包含大岛祐哉接两个轮次接发球直接得失分和森园政崇接两个轮次第四板直接得失分。

经非参数（Mann-Whitney U test）检验，森园政崇接抢段得分率（59.51%±7.26%）大于大岛祐哉（47.90%±15.81%），差异显著，P=0.013<0.05；森园政崇接抢段使用率（22.20%±3.95%）与大岛祐哉（13.30%±3.02%），差异显著，P=0.000<0.05。表明

接抢段以森园政崇接发球抢攻和第四板进攻得分为主,得分率和使用率明显高于大岛祐哉(表6-16)。

表6-16 森园政崇/大岛祐哉接抢段对比(n=11)

	得分率 M ± SD	使用率 M ± SD
森园政崇	59.51% ± 7.26%	22.20% ± 3.95%
大岛祐哉	47.90% ± 15.81%	13.30% ± 3.02%
P	0.013	0.000

(二)森园政崇/大岛祐哉接抢段结合四个接发球轮次中接发球的分析

1. 接发球战术的分析

表6-17 森园政崇/大岛祐哉接抢段结合四个接发球轮次接发球战术的统计

	接发球控制		接发球抢攻		对手发失和意外		总计
	得分	失分	得分	失分	得分	失分	
森园政崇接-左手发	8	1	32	23	1	0	65
得分率	88.89%		58.18%		100.00%		63.08%
使用率	13.85%		84.62%		1.54%		100.00%
森园政崇接-右手发	2	0	36	14	2	0	54
得分率	100.00%		72.00%		100.00%		74.07%
使用率	3.70%		92.59%		3.70%		100.00%
大岛祐哉接-左手发	15	9	7	3	0	1	35
得分率	62.50%		70.00%		0.00%		62.86%
使用率	68.57%		28.57%		2.86%		100.00%
大岛祐哉接-右手发	11	3	4	2	3	0	23
得分率	78.57%		66.67%		100.00%		78.26%
使用率	60.87%		26.09%		13.04%		100.00%
总计	36	13	79	42	6	1	177
得分率	73.47%		65.29%		85.71%		68.36%
使用率	27.68%		68.36%		3.95%		100.00%

第六章 2020年东京奥运会乒乓球项目主要对手日韩男子双打技战术特征分析

接发球优势明显,两人共计177球,得分率为68.36%,是接抢段得分的优势环节。森园政崇主要以抢攻为主,大岛祐哉主要以控制为主,两个人不同的接发球风格形成互补,四个接发球轮次均表现较好,尤其是森园政崇接两个轮次,得分率分别为63.08%和74.07%,且使用次数多。大岛祐哉接两个轮次虽得分率高,但使用次数较少。其中,接发球控制环节森园政崇使用率较低,大岛祐哉接两个轮次表现出色,得分率分别为62.50%和78.57%,且使用率较高分别为68.57%和60.87%。接发球抢攻方面,森园政崇右手接轮次表现优秀,得分率为72.00%,使用率最高为92.59%。左手发轮次优势较小。大岛祐哉接两个轮次虽得分率高但使用率低。对手发球失误和意外球共得6分失1分(表6-17)。

接发球控制共49分,得分率为73.47%。接发球控制以大岛祐哉摆短为主,得23分失10分,得分率为69.70%。森园政崇摆短虽得分率高但使用次数较少;劈长环节大岛得3分失2分,森园政崇得2分(表6-18)。

表6-18 森园政崇/大岛祐哉接发球控制中的技术手段

		摆短	劈长	总计
森园政崇	得分	8	2	10
	失分	1	0	1
	得分率	88.89%	100.00%	90.91%
	使用率	81.82%	18.18%	100.00%
大岛祐哉	得分	23	3	26
	失分	10	2	12
	得分率	69.70%	60.00%	68.42%
	使用率	86.84%	13.16%	100.00%
总计		42	7	49
得分率		73.81%	71.43%	73.47%
使用率		85.71%	14.29%	100.00%

接发球抢攻环节以森园政崇进攻为主得 68 分失 37 分,大岛祐哉使用次数较少得 11 分失 5 分。其中,森园政崇接发球拧拉得 59 分失 28 分,得分率为 67.82%,使用率最高为 82.86%,拉冲失分较多。这些说明森园政崇接发球的主要手段为拧拉(表 6-19)。

表 6-19　森园政崇/大岛祐哉接发球抢攻中的技术手段

		拉冲	拧拉	挑打	总计
森园政崇	得分	8	59	1	68
	失分	9	28	0	37
	得分率	47.06%	67.82%	100.00%	64.76%
	使用率	16.19%	82.86%	0.95%	100.00%
大岛祐哉	得分	3	5	3	11
	失分	0	4	1	5
	得分率	100.00%	55.56%	75.00%	68.75%
	使用率	18.75%	56.25%	25.00%	100.00%
合计		20	96	5	121
得分率		55.00%	66.67%	80.00%	65.29%
使用率		16.53%	79.34%	4.13%	100.00%

2. 接发球战术得分线路落点的分析

森园政崇/大岛祐哉接发球控制得分落点以中路和左路最为有效,使用率分别为 36.11% 和 44.44%。其中,大岛祐哉控制中路和左路分别为 10 次和 11 次,森园政崇使用次数相对较少,中路和左路分别为 3 次和 5 次(表 6-20)。

表 6-20　森园政崇/大岛祐哉接发球控制得分落点

	右路	中路	左路	总计
森园政崇	2	3	5	10
使用率	20.00%	30.00%	50.00%	100.00%
大岛祐哉	5	10	11	26
使用率	19.23%	38.46%	42.31%	100.00%
总计	7	13	16	36
使用率	19.44%	36.11%	44.44%	100.00%

可以看出,森园政崇接发球强抢攻线路以进攻斜线为主,使用43次,攻直线使用25次。其中接发球拧拉以攻斜线为主,得39分,使用率最高为60.94%。配合拧拉直线得20分,使用率为31.25%。拉冲攻斜线和直线都为4次。大岛祐哉整个接发球抢攻次数使用较少,共得11分,攻斜线得6分,攻直线得5分(表6-21)。

表6-21 森园政崇/大岛祐哉接发球抢攻得分线路

	森园政崇		大岛祐哉		总计
	攻斜线	攻直线	攻斜线	攻直线	
拉冲	4	4	1	2	11
使用率	36.36%	36.36%	9.09%	18.18%	100.00%
拧拉	39	20	2	3	64
使用率	60.94%	31.25%	3.13%	4.69%	100.00%
挑打	0	1	3	0	4
使用率	0.00%	25.00%	75.00%	0.00%	100.00%
总计	43	25	6	5	79
使用率	54.43%	31.65%	7.59%	6.33%	100.00%

(三)森园政崇/大岛祐哉接抢段结合四个接发球轮次中第四板的分析

1. 第四板战术的分析

表6-22 森园政崇/大岛祐哉接抢段结合四个接发球轮次第四板战术统计

	接球后抢下旋		接球后抢上旋		接球后被攻		接球后控制		意外		总计
	得分	失分	得分	失分	得分	失分	得分	失分	得分	失分	
森园政崇接-左手发	5	3	8	1	2	26	0	1	0	1	47
得分率	62.50%		88.89%		7.14%		0.00%		0.00%		31.91%
使用率	17.02%		19.15%		59.57%		2.13%		2.13%		100.00%
森园政崇接-右手发	1	2	8	2	3	17	1	0	0	2	36

续表

	接球后抢下旋		接球后抢上旋		接球后被攻		接球后控制		意外		总计
	得分	失分	得分	失分	得分	失分	得分	失分	得分	失分	
得分率	33.33%		80.00%		15.00%		100.00%		0.00%		37.14%
使用率	8.57%		28.57%		57.14%		2.86%		5.56%		100.00%
大岛祐哉接-左手发	10	4	4	1	6	22	6	0	0	2	55
得分率	71.43%		80.00%		21.43%		100.00%		0.00%		47.27%
使用率	25.45%		9.09%		50.91%		10.91%		3.64%		100.00%
大岛祐哉接-右手发	13	4	6	2	4	16	3	0	0	0	48
得分率	76.47%		75.00%		20.00%		100.00%		0.00%		54.17%
使用率	35.42%		16.67%		41.67%		6.25%		0.00%		100.00%
总计	29	13	26	6	15	81	10	1	0	5	185
得分率	69.05%		81.25%		15.63%		90.91%		0.00%		43.24%
使用率	22.70%		17.30%		51.89%		5.95%		2.16%		100.00%

森园政崇/大岛祐哉接抢段结合四个接发球轮表现一般,共计185分,得分率为43.24%。其中,接球后抢下旋、接球后抢上旋和接球后控制为优势环节,接球后被攻是导致二、四板战术组合失分的主要原因。结合四个接发球轮次,森园政崇接两个轮次(大岛祐哉第四板)表现较差,得分率较低,分别为31.91%和37.14%。大岛祐哉接-左手发轮次(森园政崇第四板)表现一般,得分率为47.27%;大岛祐哉接-右手发轮次(森园政崇第四板)表现较好,得分率为54.17%。接发球抢下旋方面大岛祐哉接两个轮次得分率最高,分别为71.43%和76.47%,且使用率高于森园政崇接两个轮次,分别为25.45%和35.42%;接发球抢上旋方面四个接发轮次虽得分率较高,但使用率较低;接球后被攻整体得分率为15.63%,且使用率最高为51.89%。四个接发球轮次均失分较多,但大岛祐哉接两个轮次相比森园政崇接两个轮次得分

第六章 2020年东京奥运会乒乓球项目主要对手日韩男子双打技战术特征分析

多。接球后控制以大岛祐哉接两个轮次为主,分别得6分和得3分。结合视频观察发现,二、四板战术组合得分主要以森园政崇为主,大岛祐哉接发球以控制为主辅助森园政崇第四板进攻,但需注意增加接发球控制质量,减少第四板被攻可能性(表6-22)。

接球后抢下旋战术以大岛祐哉接两个轮次为主。森园政崇接两个轮次使用率次数较少,共11次,得分率为54.44%;大岛祐哉接两个轮次共31分,得分率为74.19%。其中控制-拧拉/挑打技术得9分失4分,得分率为69.23%。控制-拉冲技术得14分失4分,得分率为77.78%,且使用率较高为58.06%。可以看出,大岛祐哉接发球以控为主,为森园政崇第四板拧拉/挑打创造了很多机会(表6-23)。

表6-23 森园政崇/大岛祐哉接球后抢下旋战术中的技术手段

	控制-拧拉/挑打 得分	控制-拧拉/挑打 失分	控制-拉冲 得分	控制-拉冲 失分	总计
森园政崇接两个轮次 (森接发球-大第四板)	2	2	4	3	11
得分率	50.00%		57.14%		54.55%
使用率	36.36%		63.64%		100.00%
大岛祐哉接两个轮次 (大接发球-森第四板)	9	4	14	4	31
得分率	69.23%		77.78%		74.19%
使用率	41.94%		58.06%		100%
总计	11	6	18	7	42
得分率	64.71%		72.00%		69.05%
使用率	40.48%		59.52%		100.00%

森园政崇/大岛祐哉接球后抢上旋战术组合中控制-反拉/反撕使用率仅为15.50%。拉冲-连续抢上旋表现出色,得22分失6分,得分率为78.57%,使用率较高。其中,森园政崇接两个轮次得15分失3分,大岛祐哉接两个轮次得7分失3分。森园政崇较好的接发球上手意识,为大岛祐哉第四板连续抢上旋创造了很多机会(表6-24)。

接球后被攻方面，森园政崇抢下旋后被对手反拉导致大岛祐哉第四板失 35 分，使用率为 77.08%；大岛祐哉控制效果不佳，被对手抢下旋导致森园政崇第四板失 30 分，使用率为 79.17%（表 6-25）。

表 6-24　森园政崇 / 大岛祐哉接球后抢上旋战术中的技术手段

	控制 – 反拉 / 反撕		拉冲 – 连续抢上旋		总计
	得分	失分	得分	失分	
森园政崇接两个轮次（森接发球 – 大第四板）	1	0	15	3	19
得分率	100.00%		83.33%		84.21%
使用率	5.26%		94.74%		1
大岛祐哉接两个轮次（大接发球 – 森第四板）	3	0	7	3	13
得分率	100.00%		70.00%		76.92%
使用率	23.08%		76.92%		1
总计	4	0	22	6	32
得分率	100.00%		78.57%		81.25%
使用率	12.50%		87.50%		100%

表 6-25　森园政崇 / 大岛祐哉接球后被攻战术中的技术手段

	控制 – 防御		抢下旋 – 防御		总计
	得分	失分	得分	失分	
森园政崇接两个轮次（森接发球 – 大第四板）	3	8	2	35	48
得分率	27.27%		5.41%		10.42%
使用率	22.92%		77.08%		100.00%
大岛祐哉接两个轮次（大接发球 – 森第四板）	8	30	2	8	48
得分率	21.05%		20.00%		20.83%
使用率	79.17%		20.83%		100.00%
总计	11	38	4	43	96
得分率	22.45%		8.51%		15.63%
使用率	51.04%		48.96%		100.00%

第六章 2020年东京奥运会乒乓球项目主要对手日韩男子双打技战术特征分析

接球后控制战术主要以大岛祐哉接两个轮次为主,摆短-摆短技术得6分,摆短-劈长技术得3分(表6-26)。

表6-26 森园政崇/大岛祐哉接球后控制战术中的技术手段

	摆短-摆短		摆短-劈长		总计
	得分	失分	得分	失分	
森园政崇接两个轮次（森接发球-大第四板）	1	0	0	1	2
得分率	100.00%		0.00%		50.00%
使用率	50.00%		50.00%		100.00%
大岛祐哉接两个轮次（大接发球-森第四板）	6	0	3	0	9
得分率	100.00%		100.00%		100.00%
使用率	66.67%		33.33%		100.00%
总计	7	0	3	1	11
得分率	100.00%		75.00%		90.91%
使用率	63.64%		36.36%		100.00%

2. 第四板战术得分线路落点的分析

可以看出,第四板抢下旋以森园政崇为主。森园政崇第四板正手位以攻直线和斜线各得7分。反手位以攻斜线为主得7分,使用率为30.43%；大岛祐哉第四板正手位以攻斜线得3分,反手位攻斜线得2分(表6-27)。

表6-27 森园政崇/大岛祐哉接球后抢下旋得分线路

	正手位		反手位		总计
	攻斜线	攻直线	攻斜线	攻直线	
森园政崇	7	7	7	2	23
使用率	30.43%	30.43%	30.43%	8.70%	100.00%
大岛祐哉	3	1	2	0	6
使用率	50.00%	16.67%	33.33%	0.00%	100.00%
总计	10	8	9	2	29
使用率	34.48%	27.59%	31.03%	6.90%	100.00%

森园政崇接两个轮次接球后抢下旋使用次数 16 次，多于大岛祐哉接两个轮次的 10 次，其主要原因为森园政崇接发球拧拉较多，为大岛祐哉第四板主动抢上旋创造了机会。从线路落点来看反手位较多，攻直线得 6 分，使用率为 37.50%，攻直线得 4 分，使用率为 25.00%（表 6-28）。

表 6-28　森园政崇 / 大岛祐哉接球后抢上旋得分线路

	正手位		反手位		总计
	攻斜线	攻直线	攻斜线	攻直线	
森园政崇	4	3	2	1	10
使用率	40.00%	30.00%	20.00%	10.00%	100.00%
大岛祐哉	2	4	6	4	16
使用率	12.50%	25.00%	37.50%	25.00%	100.00%
总计	6	7	8	5	26
使用率	23.08%	26.92%	30.77%	19.23%	100.00%

接球后被攻两人防御仅得 15 分，主要以反手位防御斜线为主，其中森园政崇第四板反手位防御斜线得 7 分，大岛祐哉防御斜线得 3 分（表 6-29）。

表 6-29　森园政崇 / 大岛祐哉接球后被攻得分线路

	正手位		反手位		总计
	防斜线	防直线	防斜线	防直线	
森园政崇	0	0	7	3	10
使用率	0.00%	0.00%	70.00%	30.00%	100.00%
大岛祐哉	1	0	3	1	5
使用率	20.00%	0.00%	60.00%	20.00%	100.00%
总计	1	0	10	4	15
使用率	6.67%	0.00%	66.67%	26.67%	100.00%

大岛祐哉接发球以控制为主，因此大岛祐哉接发球两个轮次（森园政崇第四板）控制得分多于森园政崇接两个轮次，控左路得 4 分，中路 2 分，右路 3 分（表 6-30）。

第六章　2020年东京奥运会乒乓球项目主要对手日韩男子双打技战术特征分析

表 6-30　森园政崇/大岛祐哉接球后控制得分落点

	左路	中路	右路	总计
森园政崇	4	2	3	9
使用率	44.44%	22.22%	33.33%	100.00%
大岛祐哉	1	0	0	1
使用率	100.00%	0.00%	0.00%%	100.00%
总计	5	2	3	10
使用率	50.00%	20.00%	30.00%	100.00%

3. 第四板战术中失分位置的分析

森园政崇/大岛祐哉接球后被攻战术组合失分最多,共失81分,占总失分的78.26%。其中,森园政崇右路失分最多失18分,左路失11分,中路是8分。其失分的主要原因是大岛祐哉接发球控制部分球冒高且出台,易被对手抢下旋导致第四板失分较多;大岛祐哉第四板右路和中路失分最多,都失17分。结合视频发现,失分的主要原因是森园政崇部分接发球拧拉为弱上手,质量不高且速度较慢,易被对手第三板反拉而造成第四板失分较多;接发球抢下旋、接发球抢上旋和接球后控制失分均为失误失分,其中接发球抢下旋中路失分最多,分别为失5分和失4分。接球后控制每个落点都有少量失分。接球后控制仅中路失1分（表6-31）。

表 6-31　森园政崇/大岛祐哉第四板战术失分位置统计

		接球后抢下旋	接球后抢上旋	接球后被攻	接球后控制	总计
森园政崇	右路	3	2	18	0	23
	使用率	13.04%	8.70%	78.26%	0.00%	100.00%
	中路	5	1	8	0	14
	使用率	35.71%	7.14%	57.14%	0.00%	100.00%
	左路	0	0	11	0	11
	使用率	0.00%	0.00%	100.00%	0.00%	100.00%
大岛祐哉	右路	0	1	17	0	18
	使用率	0.00%	5.56%	94.44%	0.00%	100.00%

续表

		接球后抢下旋	接球后抢上旋	接球后被攻	接球后控制	总计
大岛祐哉	中路	4	1	17	1	23
	使用率	17.39%	4.35%	73.91%	4.35%	100.00%
	左路	1	1	10	0	12
	使用率	8.33%	8.33%	83.33%	0.00%	100.00%
总计		13	6	81	1	101
使用率		13.04%	8.70%	78.26%	0.00%	100.00%

五、森园政崇/大岛祐哉相持段结合八个发接轮次技战术特征

（一）相持段段结合八个发接轮次的分析

四个发球轮次表现好于四个接发球轮次。其中，四个发球轮次中大岛祐哉发两个轮次失分最多，分别失 47 分和 41 分；四个接发球轮次中，森园政崇接－左手发轮次失分最多，失 40 分（图 6-3）。

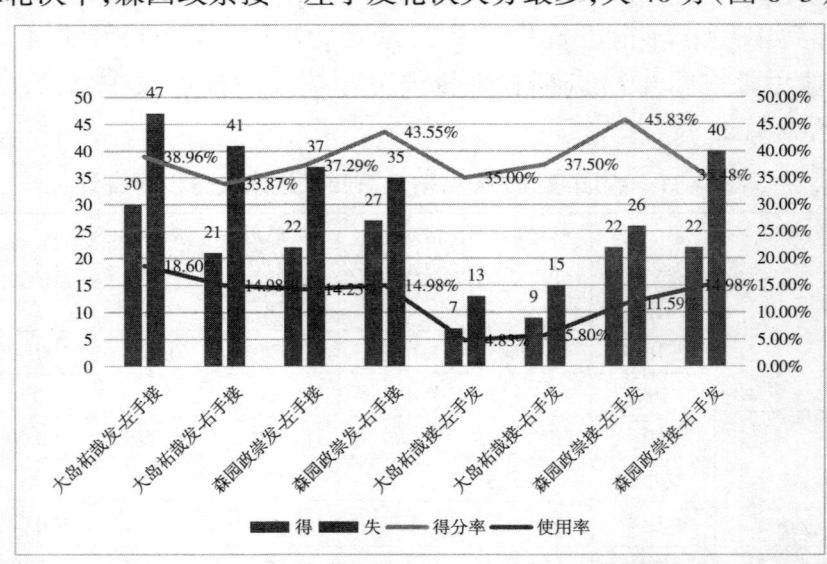

图 6-3　相持段结合八个发接轮次统计图

注：意外 9（+4-5），以下研究不包括意外。

第六章 2020年东京奥运会乒乓球项目主要对手日韩男子双打技战术特征分析

(二)相持段五、六板技战术的分析

表6-32 森园政崇/大岛祐哉相持段第五、六板得失分手段统计

		侧身	正手	反手	控制	总计
森园政崇	得分	5	18	7	1	31
	失分	7	28	20	0	55
	得分率	41.67%	39.13%	25.93%	100.00%	36.05%
	使用率	13.95%	53.49%	31.40%	1.16%	100.00%
大岛祐哉	得分	7	20	23	1	51
	失分	5	40	21	2	68
	得分率	58.33%	33.33%	52.27%	33.33%	42.86%
	使用率	10.08%	50.42%	36.97%	2.52%	100.00%
总计		24	106	71	4	205
得分率		50.00%	35.85%	42.25%	50.00%	40.00%
使用率		11.71%	51.71%	34.63%	1.95%	100.00%

两人在第五、六板相持中反手使用率较高为42.25%,正手次之使用率为35.85%。其中森园政崇接正手和反手均失分较多,分别失28分失20分;大岛祐哉反手表现较好,得23分失21分,但正手失分较多失40分(表6-32)。

可以看出,森园政崇发两个轮次四种落点组合均失分较多;大岛祐哉发两个轮次右左左和右右左落点组合失分较多,分别失20分和13分。结合视频发现,森园政崇发两个轮次整体相持能力较差,大岛祐哉发两个轮次第五板易被攻反手位导致失分较多(表6-33)。

表6-33 森园政崇/大岛祐哉一、三、五板落点组合统计

		重复落点	右左左	右右左	全台调动	总计
森园政崇 发两个轮次	得分	9	4	11	3	27
	失分	15	12	14	11	52
	得分率	37.50%	25.00%	44.00%	21.43%	34.18%
	使用率	30.38%	20.25%	31.65%	17.72%	100.00%

续表

		重复落点	右左左	右右左	全台调动	总计
大岛祐哉 发两个轮次	得分	5	8	6	9	28
	失分	7	20	13	6	46
	得分率	41.67%	28.57%	31.58%	60.00%	37.84%
	使用率	16.22%	37.84%	25.68%	20.27%	100.00%
总计		36	44	44	29	153
得分率		38.89%	27.27%	38.64%	41.38%	35.95%
使用率		23.53%	28.76%	28.76%	18.95%	100.00%

注：相持段一、三、五，二、四、六和六板后得分落点组合为对手球台落点组合，失分落点组合为研究对象球台落点组合（下同）。

森园政崇接两个轮次相对被动，仅得 8 分失 21 分，大岛祐哉接两个轮次具有一定相持能力，直接得 31 分失 45 分，仅全台调动失分较多失 13 分，其他落点组合得失分相差不多。两人仅有左左右和左右右两个落点组合失分较少，其他落点组合均有不同程度失分，森园政崇二、四、六板相持能力较差（表 6-34）。

表 6-34　森园政崇／大岛祐哉二、四、六板落点组合统计

		重复落点	右右左	左左右	右左左	左右右	全台调动	总计
森园政崇 接两个轮次	得分	2	2	2	0	0	2	8
	失分	7	4	1	5	1	3	21
	得分率	22.22%	33.33%	66.67%	0.00%	0.00%	40.00%	27.59%
	使用率	31.03%	20.69%	10.34%	17.24%	3.45%	17.24%	100.00%
大岛祐哉 接两个轮次	得分	11	6	4	6	0	4	31
	失分	12	9	1	9	1	13	45
	得分率	47.83%	40.00%	80.00%	40.00%	0.00%	23.53%	40.79%
	使用率	30.26%	19.74%	6.58%	19.74%	1.32%	22.37%	100.00%
总计		32	21	8	20	2	22	105
得分率		40.63%	38.10%	75.00%	30.00%	0.00%	27.27%	37.14%
使用率		30.48%	20.00%	7.62%	19.05%	1.90%	20.95%	100.00%

（三）相持段六板后技战术的分析

森园政崇/大岛祐哉相持段六板后表现比相持段五、六板好。其中，使用率方面六板后相持主要以正手为主，得分率为45.21%，使用率最高为50.00%。侧身得分率为41.94%，反手失分最多，得分率最低为26.06%（表6-35）。

表6-35 森园政崇/大岛祐哉相持段六板后得失分手段统计

	侧身	正手	反手	控制	总计
得分	13	33	14	2	62
失分	18	40	24	2	84
总计	31	73	38	4	146
得分率	41.94%	45.21%	36.84%	0.00%	42.47%
使用率	21.23%	50.00%	26.03%	2.74%	100.00%

表6-36 森园政崇/大岛祐哉相持六板后得失分落点组合统计

	压右	压左	右-左	左-右	总计
得分	16	17	12	16	61
失分	22	19	25	19	85
总计	38	36	37	35	146
得分率	42.11%	47.22%	32.43%	45.71%	41.78%
使用率	26.03%	24.66%	25.34%	23.97%	100.00%

两人六板后落点组合中，四种落点组合得分率和使用率均维持在一定水平，压左和左-右得失分相差不多，压右和右-左失分稍多。整体来看，两人六板后相持具备一定实力（表6-36）。

六、小结

森园政崇/大岛祐哉发抢能力突出、接抢能力强，有一定的相持能力。发球变化多，第三板抢下旋能力强，以攻斜线为主。接抢段以森园政崇进攻得分为主，森园政崇接发球拧拉有一定威胁；大岛祐哉接发球时多控制，落点以中路和左路为主；二四连续进攻能力较强。相持段第五板失分最多,六板后相持具备一定实力。

第二节 韩国双打主力运动员李尚洙/郑荣植技战术特征研究

一、李尚洙/郑荣植整体三段特征

李尚洙/郑荣植10场比赛共计714分,得367分失347分,得分率为51.40%。发抢段表现较好,得分率为57.97%,但使用率较低为28.99%。其中发球直接得34分,但发球失误较多失7分;第三板得86分失80分;接抢段得分率最高为58.37%,使用率正常为35.99%。接发球优势明显直接得83分,但第四板失分较多得67分失68分。相持段是李尚洙/郑荣植薄弱环节,得分率仅为38.80%,使用率为35.02%。从数据可以看出第六板和后两板失分较多,第六板得20分失41分,后两板得30分失62分,是相持段失分的主要原因(表6-37)。

表6-37 李尚洙/郑荣植男双组合整体三段得失分统计

板数	发抢段		接抢段		相持段			总计
	发球	第三板	接发球	第四板	第五板	第六板	六板后	
得分	34	86	83	67	47	20	30	367
失分	7	80	39	68	50	41	62	347
得分率	57.97%		58.37%		38.80%			51.40%
使用率	28.99%		35.99%		35.02%			100.00%
总计	207		257		250			714

二、李尚洙/郑荣植八个发接轮次特征

表 6-38 李尚洙/郑荣植八个发接轮次得失分统计

发接轮次	得分	失分	合计	得分率
李尚洙发－左手接	46	49	95	48.42%
李尚洙发－右手接	52	35	87	59.77%
李尚洙接－左手发	47	40	87	54.02%
李尚洙接－右手发	48	40	88	54.55%
郑荣植发－左手接	43	41	84	51.19%
郑荣植发－右手接	46	48	94	48.94%
郑荣植接－左手发	45	51	96	46.88%
郑荣植接－右手发	40	43	83	48.19%
总计	367	347	714	51.40%

八个发接轮次中,李尚洙四个轮次中有李尚洙发－右手接、李尚洙接左手发和李尚洙接－右手发三个轮次表现较好,得分率分别为 59.77%、54.02% 和 54.55%。其中李尚洙发－右手接轮次得分率最高为 59.77%;李尚洙发－左手接轮次在四个轮次中得分率最低为 48.42%;而郑荣植四个轮次中,仅有郑荣植发－左手接轮次得分率 51.19%。其他三个轮次得分率都低于 50.00%。从整体来看,李尚洙发接四个轮次表现好于郑荣植发接四个轮次(表 6-38)。

三、李尚洙/郑荣植发抢段结合四个发球轮次技战术特征

从整体来看,发抢段结合四个发球轮次表现较好。其中李尚洙发－右手接轮次表现突出,直接得分较多,得 28 分失 13 分,使用率为 19.81%,主要原因为第三板得分较多得 22 分。郑荣植发－左手接表现较好得 34 分失 23 分,使用率为 27.54%,第三板表现一般,得 24 分失 20 分。李尚洙发－左手接轮次和郑荣植发右手接轮次表现一般,虽发球直接得分较多,但第三板失分较多(图

6-4、表6-39)。

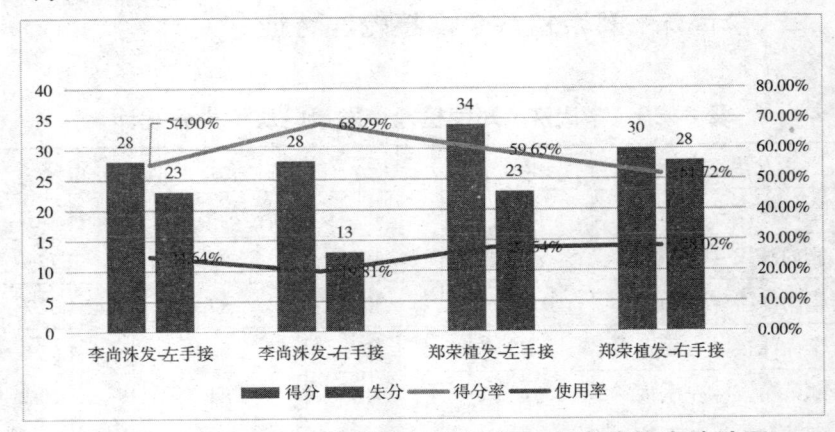

图6-4 李尚洙/郑荣植发抢段结合四个发球轮次统计图

表6-39 李尚洙/郑荣植发抢段结合四个发球轮次统计表

	发球		第三板		总计
	得分	失分	得分	失分	
李尚洙发-左手接	9	3	19	20	51
李尚洙发-右手接	6	0	22	13	41
郑荣植发-左手接	10	3	24	20	57
郑荣植发-右手接	9	1	21	27	58
总计	34	7	86	80	207

(一)李尚洙、郑荣植发抢段对比分析

李尚洙的发抢段指李尚洙发球、第三板李尚洙发球后抢攻，包含李尚洙发两个轮次中发球直接得失分和郑荣植发两个轮次中第三板直接得失分；郑荣植的发抢段指郑荣植发球、第三板郑荣植发球后抢攻，包含郑荣植发两个轮次中发球直接得失分和李尚洙发两个轮次中第三板直接得失分。

经非参数(Mann-Whitney U test)检验，李尚洙发抢段得分率(60.35%±15.18%)与郑荣植(51.86%±21.81%)差异不显著，P=0.436>0.05；李尚洙发抢段使用率(15.31%±2.48%)与郑荣植(13.16%±5.02%)差异不显著，P=0.481>0.05。表明李尚洙/郑

第六章 2020年东京奥运会乒乓球项目主要对手日韩男子双打技战术特征分析

荣植发抢段技战术发挥稳定，无论是郑荣植还是李尚洙发球轮，两人发球与第三板抢攻表现均较为优异（表6-40）。

表6-40 李尚洙/郑荣植发抢段对比（n=10）

	得分率 M ± SD	使用率 M ± SD
李尚洙	60.35% ± 15.18%	15.31% ± 2.48%
郑荣植	51.86% ± 21.81%	13.16% ± 5.02%
P	0.436	0.481

（二）李尚洙/郑荣植发抢段结合四个发球轮次中发球的分析

从四个发球轮次来看，李尚洙/郑荣植－左手接轮次发球直接得分较多。从发球旋转来看，李尚洙发球两个轮次主要以转与不转为主，分别得6分和4分，使用率分别为50.00%和66.67%。郑荣植发－左手接轮次发球得分以侧旋为主得6分，配合转与不转得3分；而右手接轮次发球得分以转与不转为主得7分，使用率为70.00%（表6-41）。

表6-41 李尚洙/郑荣植四个发球轮次发球旋转统计

	侧旋	转与不转	勾子发球	发球失误	总计
李尚洙发－左手接	2	6	1	3	12
使用率	16.67%	50.00%	8.33%	25.00%	100.00%
李尚洙发－右手接	1	4	1	0	6
使用率	16.67%	66.67%	16.67%	0.00%	100.00%
郑荣植发－左手接	6	3	1	3	13
使用率	46.15%	23.08%	7.69%	23.08%	100.00%
郑荣植发－右手接	2	7	0	1	10
使用率	20.00%	70.00%	0.00%	10.00%	100.00%
总计	11	20	3	7	41
使用率	26.83%	48.78%	7.32%	17.07%	100.00%

李尚洙/郑荣植发球主要1区左路近网短球为主,分别得11分和14分,其他落点使用较少。两人发转与不转和侧旋以1区左路近网为主,能后很好地限制对手接发球拧拉技术的使用,为第三板进攻创造机会(表6-42)。

表6-42 李尚洙/郑荣植发球落点与得分关系

		1区	2区	3区	4区	总计
李尚洙	得分	11	1	2	1	15
	使用率	73.33%	6.67%	13.33%	6.67%	100.00%
郑荣植	得分	14	1	2	2	19
	使用率	73.68%	5.26%	10.53%	10.53%	100.00%
总计		25	2	4	3	34
使用率		73.53%	5.88%	11.76%	8.82%	100.00%

(三)李尚洙/郑荣植发抢段结合四个发球轮次中第三板的分析

1. 第三板战术的分析

表6-43 李尚洙/郑荣植发抢段结合四个发球轮次第三板战术统计

	发球后抢下旋		发球后抢上旋		发球后控制		意外		总计
	得分	失分	得分	失分	得分	失分	得分	失分	
李尚洙发-左手接	7	0	13	18	3	1	1	1	44
得分率	100.00%		41.94%		75.00%		50.00%		54.55%
使用率	15.91%		70.45%		9.09%		4.55%		100.00%
李尚洙发-右手接	13	20	6	5	1	1	1	1	48
得分率	39.39%		54.55%		50.00%		50.00%		43.75%
使用率	68.75%		22.92%		4.17%		4.17%		100.00%
郑荣植发-左手接	5	5	12	13	2	1	0	1	39
得分率	50.00%		48.00%		66.67%		0.00%		48.72%
使用率	25.64%		64.10%		7.69%		2.56%		100.00%
郑荣植发-右手接	12	9	3	3	5	0	2	1	35

续表

	发球后抢下旋		发球后抢上旋		发球后控制		意外		总计
	得分	失分	得分	失分	得分	失分	得分	失分	
得分率	57.14%		50.00%		100.00%		66.67%		62.86%
使用率	60.00%		17.14%		14.29%		8.57%		100.00%
总计	37	34	34	39	11	3	4	4	166
得分率	52.11%		46.58%		78.57%		50.00%		51.81%
使用率	42.77%		43.98%		8.43%		4.82%		100.00%

两人一、三板战术组合表现一般，共166分，得分率为51.81%。李尚洙打两个轮次中，李尚洙发－左手接轮次好于右手接轮次，得分率为54.55%；郑荣植发两个轮次，郑荣植发－右手接表现好于左手接轮次，得分率为62.86%。发球后抢下旋战术组合中，郑荣植发两个轮次中，右手接好于左手接轮次，得分率为57.14%；李尚洙发两个轮次，左手接轮次得7分，但右手接轮次失分较多失20分。发球后抢上旋战术组合中，两人左手接轮次使用次数比右手多，但失分较多，尤其是李尚洙发－左手接轮次失18分（表6-43）。

两人第三板抢下旋手段有明显的区别。李尚洙第三板抢下旋以拉冲和挑打使用率较高分别为35.00%和47.50%，但失误较多，都失9分。拧拉使用次数较少，得5失2分；郑荣植第三板拧拉和拉冲失误较少，分别得7失3分和得9失4分，但挑打失误较多，失7分（表6-44）。

表6-44　李尚洙/郑荣植发球后抢下旋战术中的技术手段

		拉冲	拧拉	挑打	总计
李尚洙	得分	5	5	10	20
	失分	9	2	9	20
	得分率	35.71%	71.43%	52.63%	50.00%
	使用率	35.00%	17.50%	47.50%	100.00%

续表

		拉冲	拧拉	挑打	总计
郑荣植	得分	7	9	1	17
	失分	3	4	7	14
	得分率	70.00%	69.23%	12.50%	54.84%
	使用率	32.26%	41.94%	25.81%	100.00%
总计		24	20	27	71
得分率		50.00%	70.00%	40.74%	52.11%
使用率		33.80%	28.17%	38.03%	100.00%

两人在接发球抢上旋战术组合中主要以正手反拉和反手反撕为主，具有一定威胁，但失误也较多。李尚洙正手反拉得9分失9分，反手反撕得5分失6分；郑荣植正手反拉得6分失6分，反手反撕得8分失5分；且正反手防御失分较多，主要原因为控制不够严密，导致第三板被攻失分较多；同时在侧身技术使用方面，李尚洙善于侧身，得5分失2分，而郑荣植第三板抢上旋未使用侧身技术（表6-45）。

李尚洙第三板控制技术使用多于郑荣植，摆短得5分失2分，劈长直接得3分。郑荣植使用次数较少共得3分失1分（表6-46）。

表6-45 李尚洙/郑荣植发球后抢上旋战术中的技术手段

反拉		正手		反手		侧身		总计
		防御	反撕	防御	反拉	防御		
李尚洙	得分	9	0	5	0	5	0	19
	失分	9	5	6	1	2	0	23
	得分率	50.00%	0.00%%	45.45%	0.00%	71.43%	0.00%	45.24%
	使用率	42.86%	11.90%	26.19%	2.38%	16.67%	0.00%	100.00%
郑荣植	得分	6	1	8	0	0	0	15
	失分	6	3	5	2	0	0	16
	得分率	50.00%	25.00%	61.54%	0.00%	0.00%	0.00%	48.39%
	使用率	38.71%	12.90%	41.94%	6.45%	0.00%	0.00%	100.00%
合计		30	9	24	3	7	0	73

续表

反拉	正手		反手		侧身		总计
	防御	反撕	防御	反拉	防御		
得分率	50.00%	11.11%	54.17%	0.00%	71.43%	0.00%	46.58%
使用率	41.10%	12.33%	32.88%	4.11%	9.59%	0.00%	100.00%

表 6-46　李尚洙/郑荣植发球后控制战术中的技术手段

		摆短	劈长	总计
李尚洙	得分	5	3	8
	失分	2	0	2
	得分率	71.43%	0.00%	80.00%
	使用率	70.00%	0.00%%	100.00%
郑荣植	得分	2	1	3
	失分	1	0	1
	得分率	66.67%	100.00%	75.00%
	使用率	75.00%	25.00%	100.00%
总计		10	4	14
得分率		70.00%	100.00%	78.57%
使用率		71.43%	28.57%	100.00%

2. 第三板战术得分线路落点的分析

在发球后抢下旋得分线路中，两人主要以攻斜线为主。李尚洙反手抢下旋攻斜线得 11 分，使用率为 61.11%；正手进攻方面使用相差不多，攻斜线分别得 5 分和 2 分，攻直线都得 3 分；李尚洙侧身攻斜线得 4 分，攻直线得 2 分（表 6-47）。

表 6-47　李尚洙/郑荣植发球后抢下旋得分线路

	李尚洙		郑荣植		总计
	攻斜线	攻直线	攻斜线	攻直线	
正手	5	3	2	3	13
使用率	38.46%	23.08%	15.38%	23.08%	100.00%
反手	5	1	11	1	18
使用率	27.78%	5.56%	61.11%	5.56%	100.00%

续表

侧身	4	2	0	0	6
使用率	66.67%	33.33%	0.00%	0.00%	100.00%
总计	14	6	13	4	37
使用率	37.84%	16.22%	35.14%	10.81%	100.00%

在发球后抢上旋得分线路中，正手进攻方面，李尚洙攻斜线较多得 6 分，郑荣植攻直线和斜线相差不多，分别得 3 分和 4 分；反手进攻方面，两人都以攻斜线为主，李尚洙攻斜线得 4 分，郑荣植攻斜线得 7 分；李尚洙侧身攻斜线得 3 分攻直线得 2 分（表 6-48）。

表 6-48 李尚洙/郑荣植发球后抢上旋得分线路

	李尚洙		郑荣植		总计
	攻斜线	攻直线	攻斜线	攻直线	
正手	6	3	3	4	16
使用率	37.50%	18.75%	18.75%	25.00%	100.00%
反手	4	1	7	1	13
使用率	30.77%	7.69%	53.85%	7.69%	100.00%
侧身	3	2	0	0	5
使用率	60.00%	40.00%	0.00%	0.00%	100.00%
总计	13	6	10	5	34
使用率	38.24%	17.65%	29.41%	14.71%	100.00%

李尚洙第三板仅控制中路得 4 分。郑荣植第三板控制得分中，控左路得 4 分，控中路得 2 分，控右路得 1 分（表 6-49）。

表 6-49 李尚洙/郑荣植发球后控制得分落点

	左路	中路	右路	总计
李尚洙	0	4	0	4
使用率	0.00%	100.00%	0.00%	100.00%
郑荣植	4	2	1	7
使用率	57.14%	28.57%	14.29%	100.00%
总计	4	6	1	11
使用率	36.36%	54.55%	9.09%	100.00%

3. 第三板战术失分位置的分析

在发球后抢下旋方面,李尚洙中路和左路失分较多,分别为 10 分和 7 分。郑荣植中路和右路失分较多,分别为 5 分和 7 分。发球后抢上旋方面,李尚洙比郑荣植失分多,李尚洙右路和上路为薄弱环节,分别失 10 分和 11 分。郑荣植右路和中路分别失 9 分和 6 分。结合视频发现,两人抢下旋和抢上旋多因一、三板衔让位不够迅速,这是由于两人均为右手,在跑位的过程中两人均向左路移动,而导致第三板在击球的过程中身体位置不理想从而失分较多(表 6-50)。

表 6-50 李尚洙 / 郑荣植第三板战术失分位置的统计

		发球后抢下旋	发球后抢上旋	发球后控制	总计
李尚洙	右路	3	10	1	14
	使用率	21.43%	71.43%	7.14%	100.00%
	中路	10	11	1	22
	使用率	45.45%	50.00%	4.55%	100.00%
	左路	7	2	0	9
	使用率	77.78%	22.22%	0.00%	100.00%
郑荣植	右路	5	9	0	14
	使用率	35.71%	64.29%	0.00%	100.00%
	中路	7	1	1	9
	使用率	77.78%	11.11%	11.11%	100.00%
	左路	2	6	0	8
	使用率	25.00%	75.00%	0.00%	100.00%
总计		34	39	3	76
使用率		44.74%	51.32%	3.95%	100.00%

四、李尚洙 / 郑荣植接抢段结合四个接发球轮次技战术特征

从接抢段结合的四个接发球轮次中可以看出,李尚洙接 - 右手发轮次优势明显,得 38 分失 12 分,使用率为 19.46%,主要原

因是第四板直接得分较多,得23分失5分。其他三个轮次得失分相差不多,虽接发球直接得分较多,但第四板失分也较多。结合视频观察,李尚洙接发球手段多样,在接发球进攻和控制质量较高,不仅直接得分较多,且为郑荣植第四板抢攻和进攻创造机会。郑荣植接发球主要以拧拉为主,虽然接发球直接得分较多,但对手适应较快并且准备充分,导致李尚洙第四板失分较多(图6-5、表6-51)。

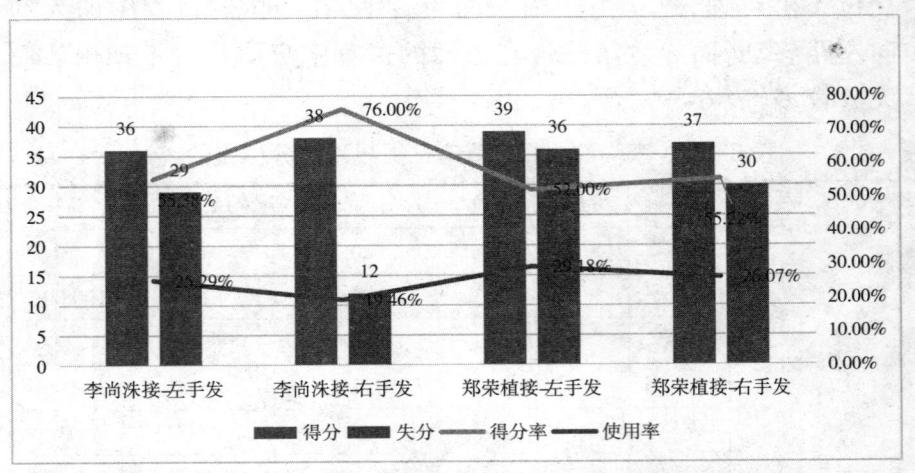

图6-5 李尚洙/郑荣植接抢段结合四个接发球轮次统计图

表6-51 李尚洙/郑荣植接抢段结合四个接发球轮次统计表

	接发球		第四板		总计
	得分	失分	得分	失分	
李尚洙接－左手发	17	9	19	20	65
李尚洙接－右手发	15	7	23	5	50
郑荣植接－左手发	28	12	11	24	75
郑荣植接－右手发	23	11	14	19	67
总计	83	39	67	68	257

(一)李尚洙、郑荣植接抢段对比分析

李尚洙的接抢段指李尚洙接发球、第四板李尚洙接发球后抢攻,包含李尚洙接两个轮次接发球直接得失分和郑荣植接两个轮次第四板直接得失分；郑荣植的接抢段指郑荣植接发球、第四板郑荣植接发球后抢攻,包含郑荣植接两个轮次接发球直接得失分和李尚洙接两个轮次第四板直接得失分。

经非参数（Mann-Whitney U test）检验,李尚洙接抢段得分率（49.32%±14.76%）小于郑荣植（66.33%±17.67%）,差异显著,P=0.035<0.05；李尚洙接抢段使用率（17.28%±4.77%）与郑荣植（18.74%±6.71%）,差异不显著,P=0.739>0.05。表明接抢段郑荣植进攻效果好于李尚洙（表6-52）。

表6-52　李尚洙/郑荣植接抢段对比（n=10）

	得分率 M±SD	使用率 M±SD
李尚洙	49.32%±14.76%	17.28%±4.77%
郑荣植	66.33%±17.67%	18.74%±6.71%
P	0.035	0.739

（二）李尚洙/郑荣植接抢段结合四个接发球轮次中接发球的分析

1. 接发球战术的分析

李尚洙在接左手和右手发球时接发球控制和抢攻得失分相差不多,接发球直接控制都得6分,接发球抢攻分别得8分失5分和得7分失3分。而郑荣植在接左右手发球时得失分明显,接左手发球控制得分较少,为3分,但接发球直接抢攻得23分,失11分；接右手发球时控制较多得9分,失4分,但接发球较少,得11分,失7分。整体来看,郑荣植接发球抢攻效果好于李尚洙（表6-53）。

表6-53　李尚洙/郑荣植接发球战术的统计

	接发球控制		接发球抢攻		对手发失和意外		总计
	得分	失分	得分	失分	得分	失分	
李尚洙接-左手发	6	2	8	5	3	2	26
得分率	75.00%		61.54%		60.00%		65.38%
使用率	30.77%		50.00%		19.23%		100.00%

续表

	接发球控制		接发球抢攻		对手发失和意外		总计
	得分	失分	得分	失分	得分	失分	
李尚洙接–右手发	6	4	7	3	2	0	22
得分率	60.00%		70.00%		100.00%		68.18%
使用率	45.45%		45.45%		9.09%		100.00%
郑荣植接–左手发	3	1	23	11	2	0	40
得分率	75.00%		67.65%		100.00%		70.00%
使用率	10.00%		85.00%		5.00%		100.00%
郑荣植接–右手发	9	4	11	7	3	0	34
得分率	69.23%		61.11%		100.00%		67.65%
使用率	38.24%		52.94%		8.82%		100.00%
总计	24	11	49	26	10	2	122
得分率	68.57%		65.33%		83.33%		68.03%
使用率	28.69%		61.48%		9.84%		100.00%

接发球控制共计 35 分，得分率较高为 68.57%，主要以摆短为主，李尚洙摆短得 10 分失 6 分，劈长得 2 分；郑荣植摆短得 10 分失 5 分，劈长得 2 分（表 6-54）。

表 6-54 李尚洙/郑荣植接发球控制中的技术手段

		摆短	劈长	总计
李尚洙	得分	10	2	12
	失分	6	0	6
	得分率	62.50%	100.00%	66.67%
	使用率	88.89%	11.11%	100.00%
郑荣植	得分	10	2	12
	失分	5	0	5
	得分率	66.67%	100.00%	70.59%
	使用率	88.24%	11.76%	100.00%
总计		31	4	35
得分率		64.52%	100.00%	68.57%
使用率		88.57%	11.43%	100.00%

两人接发球抢攻主要以拧拉为主,但郑荣植接发球抢攻更为有效,得29分。其中,李尚洙接发球拧拉得12分失6分,郑荣植接发球拧拉得29分失15分,且拉冲直接得5分(表6-55)。

表6-55 李尚洙/郑荣植接发球抢攻中的技术手段

		拉冲	拧拉	挑打	总计
李尚洙	得分	3	12	0	15
	失分	2	6	0	8
	得分率	60.00%	66.67%	0.00%	65.22%
	使用率	21.74%	78.26%	0.00%	100.00%
郑荣植	得分	5	29	0	34
	失分	1	15	2	18
	得分率	83.33%	65.91%	0.00%	65.38%
	使用率	11.54%	84.62%	3.85%	100.00%
总计		11	62	2	75
得分率		72.73%	66.13%	0.00%	65.33%
使用率		14.67%	82.67%	2.67%	100.00%

2. 接发球战术得分线路的分析

接发球控制得分落点中,李尚洙接发球控制直接得分以右路和左路较多,分别得6分和4分;郑荣植接发球控制以右路和中路较多,分别得5分和6分(表6-56)。

表6-56 李尚洙/郑荣植接发球控制得分落点统计

	右路	中路	左路	总计
李尚洙	6	2	4	12
使用率	50.00%	16.67%	33.33%	100.00%
郑荣植	5	6	1	12
使用率	41.67%	50.00%	8.33%	100.00%
总计	11	8	5	24
使用率	45.83%	33.33%	20.83%	100.00%

接发球抢攻得分线路中,两人拉冲均以攻直线较多,分别得3分和4分;拧拉以攻斜线较多,李尚洙拧拉攻斜线得9分,攻直

线得 3 分；郑荣植攻斜线得 19 分，攻直线得 10 分（表 6-57）。

表 6-57 李尚洙/郑荣植接发球抢攻得分线路统计

	李尚洙		郑荣植		总计
	攻斜线	攻直线	攻斜线	攻直线	
拉冲	0	3	1	4	8
使用率	0.00%	37.50%	12.50%	50.00%	100.00%
拧拉	9	3	19	10	41
使用率	21.95%	7.32%	46.34%	24.39%	100.00%
挑打	0	0	0	0	0
使用率	0.00%	0.00%	0.00%	0.00%	0.00%
总计	9	6	20	14	49
使用率	18.37%	12.24%	40.82%	28.57%	100.00%

（三）李尚洙/郑荣植接抢段结合四个接发球轮次中第四板的分析

1. 第四板战术的分析

李尚洙/郑荣植接抢段结合四个接发球轮次中共计 135 分，得分率为 49.63%。接球后抢下旋优势明显，得 34 分失 7 分，且使用率较高，其中李尚洙接－右手发轮次直接得分较多，得 12 分；在接球后抢上旋方面，两人表现一般，虽得分率较高，但使用率较低；但接发球被攻相对被动失分较多，郑荣植接两个轮次失分明显多于李尚洙；在接发球被攻方面，李尚洙接－右手发轮次仅失 2 分，说明李尚洙能够有效使用控制和抢下旋技术，为郑荣植第四板创造机会，减少被攻可能性。但李尚洙接－左手发轮次失分较多失 14 分；郑荣植两个轮次右手接轮次失 13 分好于左手接轮次失 21 分；接球后控制战术组合直接得失分较少，李尚洙接两个轮次得 4 分失 3 分，郑荣植接两个轮次得 1 分失 1 分（表 6-58）。

第六章 2020年东京奥运会乒乓球项目主要对手日韩男子双打技战术特征分析

表 6-58 李尚洙/郑荣植接抢段结合四个接发球轮次第四板战术统计

	接球后抢下旋		接球后抢上旋		接球后被攻		接球后控制		意外		总计
	得分	失分	得分	失分	得分	失分	得分	失分	得分	失分	
李尚洙接-左手发	8	1	6	1	1	14	2	3	2	1	39
得分率	88.89%		85.71%		6.67%		40.00%		66.67%		48.72%
使用率	23.08%		17.95%		38.46%		12.82%		7.69%		100.00%
李尚洙接-右手发	12	3	5	0	1	2	2	0	3	0	28
得分率	80.00%		100.00%		33.33%		100.00%		100.00%		82.14%
使用率	53.57%		17.86%		10.71%		7.14%		10.71%		100.00%
郑荣植接-左手发	5	0	5	3	0	21	1	0	0	0	35
得分率	100.00%		62.50%		0.00%		100.00%		0.00%		31.43%
使用率	14.29%		22.86%		60.00%		2.86%		0.00%		100.00%
郑荣植接-右手发	9	3	2	2	3	13	0	1	0	0	33
得分率	75.00%		50.00%		18.75%		0.00%		0.00%		42.42%
使用率	36.36%		12.12%		48.48%		3.03%		0.00%		100.00%
总计	34	7	18	6	5	50	5	4	5	1	135
得分率	82.93%		75.00%		9.09%		55.56%		83.33%		49.63%
使用率	30.37%		17.78%		40.74%		6.67%		4.44%		100.00%

两人接发球控制后,第四板拧拉直接得分较多,共得11分仅失1分。在控制-拉冲方面,得23分失6分,且使用率较高。郑荣植控制后李尚洙第四板拉冲得9分失3分,李尚洙控制后郑荣植第四板拉冲得14分失3分,可以看出,李尚洙接发球控制效果好于郑荣植(表6-59)。

表 6-59 李尚洙/郑荣植接球后抢下旋战术中的技术手段

	控制-拧拉/挑打		控制-拉冲		总计
	得分	失分	得分	失分	
李尚洙接两个轮次（李发球-郑第四板）	6	1	14	3	24
得分率	85.71%		82.35%		83.33%
使用率	29.17%		70.83%		100.00%
郑荣植接两个轮次（郑发球-李第四板）	5	0	9	3	17
得分率	100.00%		75.00%		82.35%
使用率	29.41%		70.59%		100%
总计	11	1	23	6	41
得分率	91.67%		79.31%		82.93%
使用率	29.27%		70.73%		100%

控制-反拉/撕战术中李尚洙接两个轮次得4分，郑荣植得2分。拉冲-连续抢上旋战术李尚洙接两轮次得5分失1分，郑荣植接两个轮次得7分失5分（表6-60）。

表 6-60 李尚洙/郑荣植接球后抢上旋战术中的技术手段

	控制-反拉/反撕		拉冲-连续抢上旋		总计
	得分	失分	得分	失分	
李尚洙接两个轮次（李发球-郑第四板）	4	0	5	1	10
得分率	100.00%		83.33%		90.00%
使用率	40.00%		60.00%		1
郑荣植接两个轮次（郑发球-李第四板）	2	0	7	5	14
得分率	100.00%		58.33%		64.29%
使用率	14.29%		85.71%		1
总计	6	0	12	6	24
得分率	100.00%		66.67%		75.00%
使用率	25.00%		75.00%		100%

郑荣植接两个轮次(李尚洙第四板)失分较多失 32 分。李尚洙失分的主要原因有几个方面：郑荣植控制后第四板李尚洙被攻失 12 分；郑荣植抢下旋后,对手准备充分反拉,导致李尚洙第四板失 22 分,仅得 1 分；李尚洙控制后郑荣植第四板被攻失 12 分,李尚洙抢下旋后郑荣植第四板防御得 2 分失 4 分。从整体来看李尚洙接发球抢下旋效果好于郑荣植,第四板被攻较少（表 6-61）。

表 6-61 李尚洙/郑荣植接球后被攻战术中的技术手段

	控制-防御		抢下旋-防御		总计
	得分	失分	得分	失分	
李尚洙接两个轮次 （李发球-郑第四板）	0	12	2	4	18
得分率	0.00%		33.33%		11.11%
使用率	66.67%		33.33%		100.00%
郑荣植接两个轮次 （郑发球-李第四板）	2	12	1	22	37
得分率	14.29%		4.35%		8.11%
使用率	37.84%		62.16%		100.00%
总计	2	24	3	26	55
得分率	7.69%		10.34%		9.09%
使用率	47.27%		52.73%		100%

李尚洙/郑荣植摆短-摆短技术得 4 分失 3 分,摆短-劈长得 1 分失 1 分（表 6-62）。

表 6-62 李尚洙/郑荣植接球后控制战术中的技术手段

	摆短-摆短		摆短-劈长		总计
	得分	失分	得分	失分	
李尚洙接两个轮次 （李发球-郑第四板）	3	2	1	1	7
得分率	60.00%		50.00%		57.14%
使用率	71.43%		28.57%		100.00%
郑荣植接两个轮次 （郑发球-李第四板）	1	1	0	0	2

续表

	摆短-摆短		摆短-劈长		总计
	得分	失分	得分	失分	
得分率	50.00%		0.00%		50.00%
使用率	100.00%		0.00%		100.00%
总计	4	3	1	1	9
得分率	57.14%		50.00%		55.56%
使用率	77.78%		22.22%		100%

2. 第四板战术得分线路落点的分析

李尚洙/郑荣植正手位抢下旋以攻直线为主,得11分,使用率为32.35%；反手位以攻斜线为主,得13分,使用率为38.24%（表6-63）。

表6-63　李尚洙/郑荣植接球后抢下旋得分线路

	正手位		反手位		总计
	攻斜线	攻直线	攻斜线	攻直线	
李尚洙	2	3	7	2	14
使用率	14.29%	21.43%	50.00%	14.29%	100.00%
郑荣植	3	8	6	3	20
使用率	15.00%	40.00%	30.00%	15.00%	100.00%
总计	5	11	13	5	34
使用率	14.71%	32.35%	38.24%	14.71%	100.00%

可以明显看出,两人接球后抢上旋反手位攻斜线使用次数较多,李尚洙攻斜线得4分,郑荣植攻斜线得9分（表6-64）。

表6-64　李尚洙/郑荣植接球后抢上旋得分线路

	正手位		反手位		总计
	攻斜线	攻直线	攻斜线	攻直线	
李尚洙	1	1	4	1	7
使用率	14.29%	14.29%	57.14%	14.29%	100.00%
郑荣植	1	0	9	1	11

续表

	正手位		反手位		总计
	攻斜线	攻直线	攻斜线	攻直线	
使用率	9.09%	0.00%	81.82%	9.09%	100.00%
总计	2	1	13	2	18
使用率	11.11%	5.56%	72.22%	11.11%	100.00%

接球后被动防御得分较少。李尚洙第四板正手防斜线得 2 分,反手位防直线得 1 分;郑荣植第四板反手位防直线和斜线各得 1 分(表 6-65)。

表 6-65　李尚洙/郑荣植接球后被攻得分线路

	正手位		反手位		总计
	防斜线	防直线	防斜线	防直线	
李尚洙	2	0	0	1	3
使用率	66.67%	0.00%	0.00%	33.33%	100.00%
郑荣植	0	0	1	1	2
使用率	0.00%	0.00%	50.00%	50.00%	100.00%
总计	2	0	1	2	5
使用率	40.00%	0.00%	20.00%	40.00%	100.00%

李尚洙第四板控左路得 1 分;郑荣植第四板控左路得 3 分,右路得 1 分(表 6-66)。

表 6-66　李尚洙/郑荣植接球后控制得分线路

	左路	中路	右路	总计
李尚洙	1	0	0	1
使用率	100.00%	0.00%	0.00%	100.00%
郑荣植	3	0	1	4
使用率	100.00%	0.00%	0.00%	100.00%
总计	4	0	0	5
使用率	80.00%	0.00%	0.00%	100.00%

3. 第四板战术中失分位置的分析

接球后抢下旋、接球后抢上旋和接球后控制均为失误失分，失分位置没有明显规律性可寻，分别失 7 分、6 分和 4 分；接球后被攻战术组合失分较多，其中，李尚洙失分明显多于郑荣植，右路失分最多失 14 分，中路失 10 分，左路失 10 分，主要原因为郑荣植接发球拧拉线路单一，对手准备充分抢上旋，导致李尚洙第四板被攻失分较多；而郑荣植失分的主要原因为李尚洙控制不够严密而导致郑荣植第四板失分较多，右路失 5 分，中路失分最多失 7 分和左路失 4 分（表 6-67）。

表 6-67 李尚洙/郑荣植第四板战术中失分位置的统计

		接球后抢下旋	接球后抢上旋	接球后被攻	接球后控制	总计
李尚洙	右路	0	1	14	0	15
	使用率	0.00%	6.67%	93.33%	0.00%	100.00%
	中路	1	3	10	1	15
	使用率	6.67%	20.00%	66.67%	6.67%	100.00%
	左路	2	1	10	0	13
	使用率	15.38%	7.69%	76.92%	0.00%	100.00%
郑荣植	右路	0	1	5	2	8
	使用率	0.00%	12.50%	62.50%	25.00%	100.00%
	中路	2	0	7	0	9
	使用率	2.00%	0.00%	77.78%	0.00%	100.00%
	左路	2	0	4	1	7
	使用率	28.57%	0.00%	57.14%	14.29%	100.00%
总计		7	6	50	4	67
使用率		10.45%	8.96%	74.63%	5.97%	100.00%

五、李尚洙/郑荣植相持段结合八个发接轮次技战术特征

（一）相持段结合八分发接轮次的分析

从整体来看，四个发球轮次表现好于四个接发球轮次。四个

第六章　2020年东京奥运会乒乓球项目主要对手日韩男子双打技战术特征分析

发球轮次中,李尚洙发两个轮次好于郑荣植发两个轮次。四个接发球轮次中,李尚洙接－右手发轮次失分最多(图6-6)。

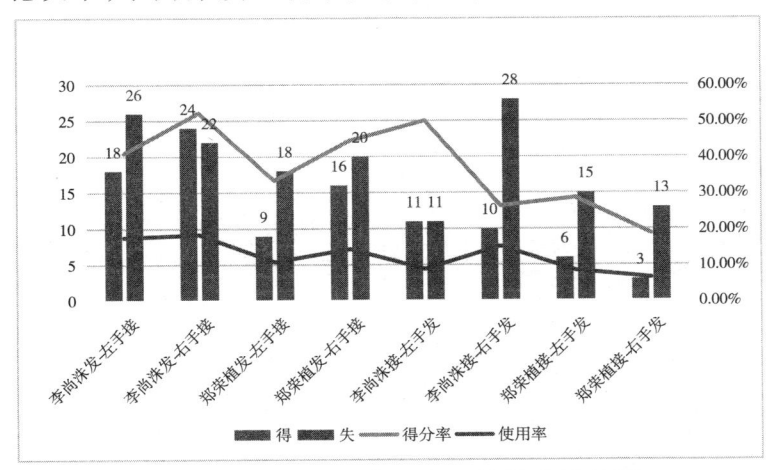

图6-6　相持段结合八个发接轮次统计图

注：意外6(+3-3),本研究不包括意外。

(二)相持段五、六板技战术的分析

表6-68 李尚洙/郑荣植相持段第五、六板得失分手段统计

		侧身	正手	反手	控制	总计
李尚洙	得分	5	14	20	2	41
	失分	4	19	30	3	56
	得分率	55.56%	42.42%	40.00%	40.00%	42.27%
	得分率	9.28%	34.02%	51.55%	5.15%	100.00%
郑荣植	得分	4	7	10	1	22
	失分	1	9	22	1	33
	得分率	80.00%	43.75%	31.25%	50.00%	40.00%
	使用率	9.09%	29.09%	58.18%	3.64%	100.00%
总计		14	49	82	7	152
得分率		64.29%	42.86%	36.59%	42.86%	41.45%
使用率		9.21%	32.24%	53.95%	4.61%	100.00%

两人相持段第五、六板中反手得分率较低为 36.59%，但使用率最高为 53.95%，正手正常发挥，李尚洙得 14 失 19 分，郑荣植得 7 失 9 分。结合视频发现，两人都为右手配对双打组合，因此在相持段第五、六板易被压反手位（表 6-68）。

相持一、三、五板衔接具备一定实力，共计 89 分，得分率为 51.69%。其中，右左左落点组合优势明显，李尚洙发两个轮次得 12 分失 6 分，郑荣植发两个轮次得 7 分失 2 分。重复落点组合两人失分稍多，分别失 10 分和 7 分。其他两个落点组合得失分相差不多（表 6-69）。

表 6-69 李尚洙/郑荣植一、三、五落点组合统计

		重复落点	右左左	右右左	全台调动	总计
李尚洙发两个轮次	得分	5	12	5	7	29
	失分	10	6	5	7	28
	得分率	33.33%	66.67%	50.00%	50.00%	50.88%
	使用率	26.32%	31.58%	17.54%	24.56%	100.00%
郑荣植发两个轮次	得分	3	7	2	5	17
	失分	7	2	2	4	15
	得分率	30.00%	77.78%	50.00%	55.56%	53.13%
	使用率	31.25%	28.13%	12.50%	28.13%	100.00%
总计		25	27	14	23	89
得分率		32.00%	70.37%	50.00%	52.17%	51.69%
使用率		28.09%	30.34%	15.73%	25.84%	100.00%

表 6-70 李尚洙/郑荣植二、四、六落点组合统计

		重复落点	右右左	左左右	右左左	左右右	全台调动	总计
李尚洙接两个轮次	得分	6	0	2	2	1	2	13
	失分	4	7	2	7	1	2	23
	得分率	60.00%	0.00%	50.00%	22.22%	50.00%	50.00%	36.11%
	使用率	27.78%	19.44%	11.11%	25.00%	5.56%	11.11%	100.00%

续表

		重复落点	右右左	左左右	右左左	左右右	全台调动	总计
郑荣植接两个轮次	得分	2	0	0	1	0	2	5
	失分	1	2	0	6	1	3	13
	得分率	66.67%	0.00%	0.00%	14.29%	0.00%	40.00%	27.78%
	使用率	16.67%	11.11%	0.00%	38.89%	5.56%	27.78%	100.00%
总计		13	9	4	16	3	9	54
得分率		61.54%	0.00%	50.00%	18.75%	33.33%	44.44%	33.33%
使用率		24.07%	16.67%	7.41%	29.63%	5.56%	16.67%	100.00%

两人二、四、六板衔接共计 54 球，得分率仅为 33.33%。李尚洙接两个轮次中仅重复落点得分多于失分得 6 分失 4 分，右右左和右左左失分较多，都失 7 分。郑荣植接两个轮次，右左左落点组合失分较多。从整体来看，两人第六板被攻反手位失分较多（表 6-70）。

（三）相持段六板后技战术的分析

李尚洙/郑荣植六板后相持相对被动，失分较多。两人仅有侧身得分率最高为 53.33%，但使用率较低为 16.30%。正手和反手都失分较多，分别失 28 分和 24 分，相持段六板后为薄弱环节（表 6-71）。

表 6-71　李尚洙/郑荣植相持段六板后得失分手段统计

	侧身	正手	反手	控制	总计
得分	8	9	13	0	30
失分	7	28	24	3	62
总计	15	37	37	3	92
得分率	53.33%	24.32%	35.14%	0.00%	32.61%
使用率	16.30%	40.22%	40.22%	3.26%	100.00%

两人六板后相持比较被动,其中压右、压左和左－右落点组合失分最多,分别失 12 分、21 分和 19 分(表 6-72)。

表 6-72 李尚洙/郑荣植相持六板后得失分落点组合统计

	压右	压左	右－左	左－右	总计
得分	4	9	8	9	30
失分	12	21	10	19	62
总计	16	30	18	28	92
得分率	25.00%	30.00%	44.44%	32.14%	32.61%
使用率	17.39%	32.61%	19.57%	30.43%	100.00%

六、小结

李尚洙/郑荣植发抢能力强、接抢能力突出,相持能力一般。发球以发左路近网转与不转配合侧旋发球为主;第三板进攻以斜线为主,控制多到左路和中路,第三板中路进攻是其弱点。接抢段以郑荣植进攻为主,李尚洙进攻为辅;接发球控制落点多变,李尚洙第四板失分较多,在相持中易被压反手位而导致失分。

参考文献

[1] 吴焕群,张晓蓬等.中国乒乓球竞技制胜规律的科学研究与创新实践 [M].北京:人民体育出版社,2009.

[2] 张晓蓬.中国乒乓球队战术训练水平定量诊断方法及实践效用 [D].北京体育大学,2004.

[3] 国家体育总局《乒乓长盛考》研究课题组.乒乓长盛的训练学探索 [M].北京:北京体育大学出版社,2002.

[4] 杜翠娟.乒乓球技战术统计软件的设计 [D].北京体育大学,2007.

[5] 赵养清,虞丽娟,张辉.序列模式挖掘在乒乓球比赛技战术分析中的应用 [J].上海体育学院学报,2008(2):83-85.

[6] 虞丽娟,张辉,凌培亮.隔网对抗项目技战术分析的系统研究 [J].体育科学,2008(10):41-48.

[7] 王明波.基于Sportscode软件手球技战术视频统计系统的构建与应用研究 [D].河北师范大学,2010.

[8] 王辉.视频标注技术在体育比赛分析中的应用研究 [D].北方工业大学,2011.

[9] 张辉,霍赫曼·安德烈亚斯.球类比赛数学模拟竞技诊断的理论与实践——以乒乓球比赛分析为例 [J].体育科学,2005(8):39-44.

[10] 张辉,李晓东,傅悦.计算机视频技术在乒乓球比赛分析中的应用 [J].上海体育学院学报,2005(6):47-50.

[11] 张辉,霍赫曼·安德烈亚斯.乒乓球比赛的数学模拟竞技诊断 [J].上海体育学院学报,2004(2):68-72.

[12] 虞丽娟,张辉,凌培亮.乒乓球比赛技战术分析的系统研究与应用[J].上海体育学院学报,2008（6）:39-43.

[13]] 徐赟,张辉.数据挖掘在体育领域中的应用[J].武汉体育学院学报,2012（11）:27-30.

[14] 王晓玲.基于标注的视频编辑技术在体育比赛分析中的应用研究[D].北方工业大学,2011.

[15] 李强.对乒乓球技战术分析统计方法的新探讨[D].上海体育学院,2011.

[16] 胡水清,肖丹丹,冯葆欣,米奕翔.乒乓球技战术分析统计软件的开发与应用[A].中国体育科学学会.2013年全国竞技体育科学论文报告会论文摘要集[C].中国体育科学学会,2013:2.

[17] 李忍.一个体育比赛技战术分析数据挖掘工具的设计与实现[D].北方工业大学,2008.

[18] 郑福泽.视频技术在乒乓球比赛技战术分析中的应用研究[D].北方工业大学,2006.

[19] 高洪歌.数据挖掘技术在乒乓球比赛技战术分析中的应用研究[D].北方工业大学,2006.

[20] 刘冰.沙滩排球比赛技术统计系统"BVSS"的设计与实现[D].北京体育大学,2007.

[21] 陈健.现代信息技术在篮球运动技战术分析中的应用研究[D].上海体育学院,2008.

[22] 王杰.基于人工智能的乒乓球比赛技战术诊断与评估研究[D].上海体育学院,2010.

[23] 张伟.基于Android平台的体育视频播放技术应用研究[D].北方工业大学,2014.

[24] 林海强.SportsCode软件在排球技战术统计方面的开发研究[D].北京体育大学,2013.

[25] 杨剑.数字编码软件在网球比赛技战术统计中应用效果的研究[D].北京体育大学,2013.

[26] 张雨佳.排球比赛临场技战术统计分析系统设计与实现

[D]. 北方工业大学, 2007.

[27] 于文爽. 数据挖掘技术在篮球技战术分析中的应用研究 [D]. 北方工业大学, 2010.

[28] 谭效辉. 一个篮球比赛技战术采集系统的设计与实现 [D]. 北方工业大学, 2010.

[29] 李今亮, 赵霞, 章潮辉. 新规则对世界乒乓球运动技术发展趋势的影响 [J]. 北京体育大学学报, 2005, 28 (10): 1414-1416.

[30] 兰彤, 马丽, 张樯. 新规则下竞技乒乓球比赛各阶段战术策略研究 [J]. 沈阳体育学院学报, 2008, 27 (1): 116-120.

[31] 蒋津君, 徐金陆, 郭锐. 乒乓危机——以竞赛规则改革促乒乓球运动顺势发展的研究 [J]. 天津体育学院学报, 2012, 27 (2): 177-181.

[32] 成波锦. 新型无缝塑料乒乓球的特征及对技战术发展影响的初步研究 [J]. 中国体育科技, 2014 (5): 68-72.

[33] 李今亮, 苏丕仁. 对部分世界优秀男子乒乓球进攻型选手技术实力的评估——兼谈十项指标评估法的建立 [J]. 北京体育大学学报, 1998 (4): 71-76.

[34] 吴飞, 刘国兵, 华承健, 等. 关于改进乒乓球 3 段技战术统计方法的研究 [J]. 中国体育科技, 2014, 50 (1): 71-74.

[35] 杨青, 张辉. 乒乓球比赛技战术"四段指标评估法"的构建与应用 [J]. 天津体育学院学报, 2014, 29 (5): 439-442.

[36] 蒋津君, 姚家新. 乒乓球单打比赛技战术实力评估体系及其诊断方法的重构与应用 [J]. 天津体育学院学报, 2015, 30 (5): 432-437.

[37] 黄文文, 施之皓. 关于丁宁乒乓球个性化 3 段指标法的研究 [J]. 中国体育科技, 2016, 52 (5): 126-130.

[38] 吴飞. 乒乓球技、战术分析的新思路——纵贯数据分析的应用 [J]. 中国体育科技, 2016, 52 (2): 135-140.

[39] 虞丽娟, 张辉, 戴金彪, 等. 隔网对抗项目比赛技战术分析的理论与方法 [J]. 上海体育学院学报, 2007, 31 (3): 48-53.

[40] 张晓栋, 肖丹丹, 周星栋, 房文宇. 乒乓球技战术动态三段指标统计法的构建与应用 [J]. 中国体育科技, 2018, 54（1）: 80-83.

[41] 张钱伟. 优秀男女乒乓球运动员单打和双打比赛的时间和板数特征分析 [D]. 上海体育学院, 2011.

[42] 任杰, 张辉, 施之皓, 等. 基于比分变化的乒乓球运动员赛中心理状态分析 [J]. 体育科学, 2013, 33（11）: 94-96.

[43] 赵群. 我国优秀乒乓球运动员开局尾局比分与技战术特征的关系分析 [D]. 上海体育学院, 2016.

[44] 施之皓. 基于比分的我国顶级乒乓球运动员赛中心理分析 [D]. 上海体育学院, 2015.

[45] 2020年东京奥运会乒乓球项目参赛规则. 2018, https://cdn.dosb.de/user_upload/Olympische_Spiele/Tokio_2020/internationale_Qualifikationskriterien/ITTF_-_Table_Tennis_20180522.pdf

[46] 蔡学玲. 当代中外优秀双打选手配对规律的研究 [A]. 中国体育科学学会. 第六届全国体育科学大会论文摘要汇编（二）[C]. 中国体育科学学会, 2000: 1.

[47] 郭威利. 中国优秀乒乓球男子双打运动员线路与落点战术组合特征分析 [D]; 辽宁师范大学, 2014.

[48] 刘铮. 对我国优秀女子乒乓球选手双打技战术使用及个人贡献特征的研究 [D]; 北京体育大学, 2012.

[49] 唐建军, 刘丰德, 蔡学玲, 赵霞, 张瑛秋. 规则修改对乒乓球比赛观赏性影响的研究 [J]. 北京体育大学学报, 2007（6）: 843-845.

[50] 张若波, 彭博, 梁恒. 乒乓球四分赛制的应用与实证研究 [J]. 北京体育大学学报, 2009（8）: 102-104.

[51] 蒋津君, 姚家新. 乒乓球单打比赛技战术实力评估体系及其诊断方法的重构与应用 [J]. 天津体育学院学报, 2015（5）: 432-437.

参考文献

[52] 乔云萍. 乒乓球比赛技战术的视频快速反馈与诊断方法的研究 [J]. 北京体育大学学报, 2008（10）: 1351-1356, 1360.

[53] 安东. 世界优秀男子乒乓球运动员单打比赛中技战术运用的分层次研究 [D]. 北京体育大学, 2007.

[54] 赵群. 我国优秀乒乓球运动员开局尾局比分与技战术特征的关系分析 [D]. 上海体育学院, 2016.

[55] 葛鸿, 肖丹丹. 2007年乒乓球世界杯1/4决赛中马琳反手技术使用的微观分析 [J]. 哈尔滨体育学院学报, 2011（3）: 86-89.

[56] 赵欣慧. 我国优秀男子乒乓球运动员处理关键比分段运用的技战术分析 [D]. 天津体育学院, 2013.

[57] 杨成波. 持拍隔网对抗类项目（乒、羽、网）训练学特征的比较分析 [J]. 中国体育科技, 2008（6）: 96-106.

[58] 王伟, 周曙, 张春合, 陈玉群. 德约科维奇2016澳网公开赛关键比分段技战术运用研究——基于角度、线路、区域视角 [J]. 河南师范大学学报（自然科学版）, 2016（5）: 182-188.

[59] 李圆圆. 职业网球女单选手在"关键比分段"领先与落后情况下的技战术特征分析 [D]. 成都体育学院, 2014.

[60] 肖寒. 国内外优秀女子网球选手对不同关键比分段的把握与胜负关系的研究 [D]. 北京体育大学, 2014.

[61] 胡效芳, 张元哲, 王西营. 2011年羽毛球世锦赛男单决赛技战术特征探究 [J]. 福建体育科技, 2012（3）: 25-26, 30.

[62] 李肇民. 乒乓球赛中处理关键球心理的探讨 [J]. 军事体育进修学院学报, 2011（2）: 71-72, 75.

[63] 李明, 黄芳. 如何打好乒乓球的关键球 [J]. 成才之路, 2014（14）: 76-77.

[64] 唐建军. 乒乓球战术体系: 技术动作的战术形成及其运用模式 [J]. 北京体育大学学报, 2009（4）: 105-107.

[65] 唐建军, 曹海波, 邓艳香. 乒乓球比赛中战术组合模式的构成及其应用 [J]. 北京体育大学学报, 2010（11）: 108-110.

[66] 唐建军, 赵喜迎. 乒乓球进攻类型打法比赛战术制胜模

式构成及其研究 [J]. 北京体育大学学报, 2013（3）: 123-127.

[67] 袁玉峰. 对世界优秀乒乓球运动员波尔关键球处理手段及效果研究 [J]. 四川体育科学, 2012（4）: 68-72, 76.

[68] 王艳. 第 51 届世乒赛张继科技战术制胜因素 [J]. 武汉体育学院学报, 2012（10）: 82-87.

[69] 张卫军, 郭可雷. 从柳承敏发球与发球抢攻看乒乓球发球趋势 [J]. 西安体育学院学报, 2009（1）: 96-100.

[70] 肖劲翔. 中国乒乓球男子右手横拍选手张继科与王励勤的技战术分析 [D]. 北京体育大学, 2015.

[71] 王晓斐. 中国优秀男子乒乓球运动员发球轮与接发球轮技战术特征的分析 [D]. 北京体育大学, 2015.

[72] 李金校. 中国乒乓球男队重点队员的技战术特征分析 [D]. 成都体育学院, 2015.

[73] 陈德林, 朱晓伟. 乒乓球世界杯男子单打冠军许昕的技战术分析 [J]. 体育文化导刊, 2016（7）: 86-89, 117.

[74] 王飞. 世界优秀男子乒乓球直拍与横拍运动员技战术特征分析 [D]. 北京体育大学, 2014.

[75] 云煜韬. 中国四名优秀男子乒乓球运动员发球轮技战术分析 [D]. 沈阳体育学院, 2015.

[76] 赵喜迎, 刘永立. 世界优秀男子乒乓球运动员单打比赛发球轮和接发球轮的战术运用特征分析 [J]. 运动, 2010（3）: 11-13.

[77] 王强. 2013-2014 年重大比赛中许昕发球与接发球技战术研究 [D]. 陕西师范大学, 2015.

[78] 修冬晓. 我国优秀男子乒乓球选手马龙、张继科前四板及相持技战术特征对比分析研究 [D]. 山东体育学院, 2015.

[79] 杨青, 张辉. 优秀乒乓球运动员战术因素关系特征研究 [J]. 南京体育学院学报（社会科学版）, 2016（1）: 124-128.

[80] 赵军南. 优秀乒乓球运动员张继科的技战术分析 [D]. 郑州大学, 2013.

[81] 施旭辉. 当今中国男子乒乓球队主力队员的技战术运用

特点研究 [D]. 北京体育大学, 2011.

[82] 赵喜迎, 唐建军. 伦敦奥运会乒乓球男单决赛张继科发球轮和接发球轮技战术分析 [J]. 安徽体育科技, 2012（6）: 26-29.

[83] 郝哲. 国外优秀男子乒乓球选手技战术分析 [D]. 北京体育大学, 2014.

[84] 于鹏. 中外优秀男子乒乓球运动员技战术使用及其得失分特征的比较研究 [D]. 北京体育大学, 2009.

[85] 徐靖波. 世界优秀男子乒乓球运动员接发球技术分析 [D]. 辽宁师范大学, 2012.

[86] 段苏香. 2012-2014年我国优秀男子乒乓球运动员樊振东技战术的特征研究 [D]. 扬州大学, 2015.

[87] 赵喜迎, 唐建军, 刘永立. 乒乓球奥运冠军张继科技战术分析 [J]. 河北体育学院学报, 2014（6）: 48-51.

[88] 廖自园. 乒乓球直板进攻类型打法接发球轮技战术运用研究 [D]. 北京体育大学, 2014.

[89] 王普. 中国优秀乒乓球运动员许昕技战术分析 [D]. 北京体育大学, 2015.

[90] 康凯. 我国乒乓球直拍反胶打法运动员技战术分析 [D]. 郑州大学, 2015.

[91] 高明. 对优秀男子乒乓球直横拍运动员在比赛中技战术组合的研究 [D]. 北京体育大学, 2014

[92] 陈春雨. 刘雅玲. 对中国新、老女子乒乓球运动员交替的对比分析与探究 [J]. 剑南文学（经典教苑）, 2013（1）: 272-274.